青 年 创 新 基 金
SSAP YOUTH INNOVATION FUND

THE SOCIAL SEX
A HISTORY OF
FEMALE FRIENDSHIP

〔美〕玛丽莲·亚隆 (Marilyn Yalom) /
〔美〕特雷莎·多诺万·布朗 (Theresa Donovan Brown) 著

张宇 / 邹明晶 译

闺蜜

女性情谊的历史

社会科学文献出版社
SOCIAL SCIENCES ACADEMIC PRESS (CHINA)

圣人和神秘主义者宾根的
希尔德加德的生活场景

宾根的希尔德加德所
在的修道院

百纳被

照片表现了闺蜜举杯欢庆的场景，拍摄于 1920 年

好友，绘于 1893 年

1942 年 11 月，第一夫人埃莉诺·罗斯福（右）在英国进行亲善访问时与一名女机械师交谈

两位女性朋友在小汉普顿郊游时的合影留念

译者序

闺蜜，会让你想到什么？

是陪着你从幼儿园到大学的发小儿，还是约上你四处"拔草"的美食知己，是能和你一起"买买买"的同道中人，还是能安抚你内心痛苦的那个"小太阳"……对很多现代女性而言，闺蜜是一个充满感情的称谓，它不仅指一群关系亲密的朋友，而且与有温度的友谊相关。作为现代女性中的一员，如果不是因为这本书，我想我不会了解，我们今天看起来轻松随意的平常小事，对于以前的女性却是可望而不可即的禁忌。

《闺蜜》从一个全新的视角关注女性，本书的作者玛丽莲·亚隆和特雷莎·多诺万·布朗带领我们穿越到男性作为友谊代言人的时代，用翔实的资料展示了大多数友谊故事以男性为主角的时候，仅有的关于女性友谊的画像。通过她们的文字，我们看到了《圣经》中关于女性友谊的记录、中世纪修女们的友谊，以及15世纪欧洲女性对友谊的看法，还有21世纪女性的友谊面面观。

早期女性之间的友谊与她们的生存环境息息相关。当婚姻与爱情无关时，女性宁愿带着丰厚的嫁妆，将自己奉献给上帝。虽然这样可以避免部分世俗纷扰，但是她们不得不面临新的问题：如何在忠贞的信仰和世俗的友谊之间取得平衡。

下层女性的友谊往往与生活紧密相连，艰难度日中的守望相助，往往成为女性友谊最具韧性的纽带。虽然在这样的友谊中，不时可以看到母亲甚至更老一辈女性的身影，但 15 世纪后期女性在文学、艺术、社会发展方面做出的贡献更让我赞叹。遗憾的是，在女性友谊的发展道路上总是布满了荆棘。即使在今天，一个没有亲密朋友的女人，无论她多么成功，也可能被指责缺少女人味。可女人味到底是什么？如何测量和评估？我想，就连那些指责的人也未必能说得清楚。当我们带着对刻板印象的宽容，去观照历史对女性友谊的忽视时，就不难理解明争暗斗、争风吃醋、不够忠贞等污名化的标签，为什么会被贴在女性身上如此之久。纵观几千年历史，对于女性智力和品德的质疑无处不在，这些偏见极大地贬损了女性友谊的价值，也扭曲了女性的本来面貌。

其实只要我们稍作回望，就会看到，女性为人类历史发展贡献的智慧与力量都不容小觑。如果非要因为性别偏见将其抹杀，不仅是对历史的亵渎，而且是对其他性别的蔑视。

《闺蜜》由我与好友邬明晶合译，我负责第一至七章，她负责第八至十四章。邬教授是我的闺中密友，她年长博学，文笔细腻，对英语国家文化历史素有积累。每每与她合作，都使我获益良多。本书的作者是两位女性朋友，我们这次能够以闺蜜的身份翻译这本关于女性友谊的著作，或也是冥冥中的注定。

《闺蜜》梳理了从《圣经》中零星的关于女性的记录到今天的关于女性的文献，资料繁复、人物众多，译起来颇费功夫。但通过这本书，我们可以看到，女性从被忽视、漠视、歧视，到今天可以受到正视甚至重视，经历了漫长而又曲折的历程。《闺蜜》不仅见证了女性友谊的发展史，而且是促使女性壮大内心、了解自我、认知世界的重要推动力。

这是我翻译本书之原因，亦是我译此书后之所得。

2020 年 6 月 6 日

张宇于浙江嘉兴

中文版序

　　这本书的诞生缘于一位深受我爱戴的好友黛安娜·米德尔布鲁克的离世。2017 年，亲爱的黛安娜去世了，我失去了一个相交三十多年的挚友。她是我的同事、闺蜜，也是与我志同道合的作家。在她去世后的几个月里，我痛苦地意识到，她的友谊是多么珍贵和不可替代。认识黛安娜的其他人也有这种喜忧参半的感觉，忧的是黛安娜下定决心与肿瘤做斗争，但最终还是被它吞噬；喜的是，她在写作中找到寄托，直到生命的最后一刻。我想不出有比专心致志地写一本关于女性友谊的书更适合纪念她的方式了。

　　美国人认为女性交朋友是理所当然的，她们可以随心所欲地与朋友们共度时光。我们欣然假定这是一种"自然"的状态，然而在当今世界的许多地方，女孩和妇女必须得到父亲、母亲、丈夫、兄弟或姐姐的允许，才能与朋友见面——如果真的允许她们交朋友的话。即使在美国，友谊也常常受到父母或配偶的控制。父母当然会试图把自己的孩子引向其他他们认为"合适"的孩子，而婚姻往往意味着新婚妻子花在单身朋友身上的时间比婚前少。即使在美国，女性选择朋友和与朋友相处的自由也受到家庭、经济和文化因素的限制。

　　友谊主题没有爱情主题那么绚烂迷人，后者仍然在生活和文学领域占据中心地位，更不用说在出版界了。我承认，自己也写过大量关于爱情的书［例如，《法国人是如何创造爱情的》（*How the*

French Invented Love）]。在合撰本书的数月里，特雷莎·多诺万·布朗与我探讨了爱情和友谊的重叠之处，并且发现很难在这两者之间划出明确的界限。何谓友谊？和爱情有何不同吗？

特雷莎既是我的好友，也是合作者。她和我都清楚地意识到，我们是在一个特定的时间，书写着一个特定的领域。毫无疑问，我们对女性朋友的看法受到自身境遇的影响，但我们希望把视野拓展到北加州之外的世界，涵盖其他地方女性的经历。友谊是今天所有美国女性与生俱来的权利，对她们中的许多人而言，友谊更是生命中的瑰宝。回顾整个人类历史，我们可以看到友谊不但引人注目，而且变成女性真正的选择。对于任何关心或依赖女性的人来说，友谊是珍贵且重要的，但女性友谊的历史提醒我们，绝不可把女性友谊视为理所当然。

玛丽莲·亚隆

目　录

第二部分 女性友谊进入历史舞台

第三部分　21 世纪面对面

引　言

　　男性和女性，谁的朋友更多？在今天的美国，这个问题的答案很可能是女性。固有观念认为，与男性相比，女性本质上更善于交际、更开放、更善解人意、更有教养、更易于合作、更"友善"。媒体则通过电影、电视节目，还有描写少女与成熟女性享受一生亲密关系的"小妞文学"，强化了这种固有印象。此外，一些学术研究认为，女性比男性更容易建立深厚、亲密的友谊，而且女性之间的友谊对她们的心理健康至关重要。从进化的角度来看，友谊对她们后代的生存也至关重要。[①]　就已婚夫妇而言，如果妻子先去世，丈夫往往会形单影只、郁郁寡欢，甚至病痛缠身。反之，如果丈夫先去世，妻子往往会得到朋友的关心和支持[②]。现在，好朋友被认为是美国女性安适生活中不可或缺的一部分，不管这些朋友是男性还是女性，也不管他们的年纪有多大。

　　男性与女性之间友谊模式的差异，成为流行文化和学术研究的热点至少有二十五年了。[③]　大多数学术研究的结论是，男性之间的友谊与女性之间的友谊大不相同。一位社会学家这样说："男性聚

1

[①] Shelley E. Taylor, *The Tending Instinct: How Nurturing Is Essential to Who We Are and How We Live* (New York: Henry Holt, 2002), 90.

[②] 露安·布哲婷博士（Dr. Louann Brizendine, *The Female Brain and The Male Brain* 的作者）与作者的私人交谈，2013 年。

[③] 例如，Peter M. Nardi, ed., *Men's Friendships* (London: Sage Publications), 1992。

在一起，形成一种'肩并肩'的关系——我们一起做事。相比之下，女性更容易形成一种'面对面'的关系。"① 许多女性向朋友倾诉心事，而许多男性则纯粹喜欢混在一起。很多时候，互相较劲会使男性友谊变色，让男性不愿向朋友流露自己的脆弱和痛苦。因此，男人的亲密谈话通常只会留给他们的女友、妻子或者红粉知己。这使许多男人能够塑造独立和自给自足的公众形象，即"阳刚之气"。

反之，一个没有亲密朋友的女人，无论她多么成功，往往被认为缺少女性特有的情感资本。十几岁或二十几岁的女孩往往被认为在很大程度上习惯向朋友倾诉心事、获得共鸣。虽然年轻女性在婚姻的最初阶段可能会以家庭为重，减少与朋友们相聚的时光，但渐渐地，有需要时，她们会再次找到过去的朋友：在职场上，有需要时她们会寻求女性同事或良师益友的帮助；有孩子后，她们会与其他妈妈大聊妈妈经；步入更年期或离婚时，她们会互相倾诉令人烦忧的秘密；如果不幸罹患癌症或其他疾病，或者配偶去世，她们会相互扶持。我经常听见女人说："如果没有朋友，我恐怕无法撑过去。"

在现代社会，女性友谊的突出地位会让生活在遥远过去的人们感到惊讶。在西方历史的前两千多年里（从公元前 600 年到公元 1600 年），几乎所有提到友谊的文献都与男性有关。当然，这些文献几乎是男人为男人书写的。但对男性友谊的关注不仅仅是作者身份和读者性别的问题。男性作者将友谊赞颂为男性的事业，不仅是获得个人幸福必备的条件，而且是公民和军队团结的必要条件。当一位古希腊哲学家把友谊称为人类最高贵的依恋形式时，他认为它

---

① Geoffery L. Greif, *Buddy System*: *Understanding Male Friendships* (New York: Oxford University Press, 2009), 6.

与女性无关，因为她们不是公民，不是士兵，也不是公共领域的参与者。女性被隔绝在希腊家庭内部，她们之间有些人可能是朋友，但那对更广泛的社会利益有什么贡献呢？

此外，在希腊人和罗马人之后很长一段时间里，人们对女性友谊一直持否定态度，普遍认为女性比男性更"脆弱"，天生不配拥有最高层次的友谊。在接下来的几个世纪里，明争暗斗、争风吃醋和不够忠贞的标签被贴在女性身上。事实上，直到 19 世纪中期，《英国星期六评论》（Saturday Review）才提出这样一个问题：女性之间是否能够建立友谊？① 多产的加州作家格特鲁德·阿瑟顿在 1902 年说："男人之间的友谊是人类有限思维中最深刻、最高贵的情感，而女性一辈子也达不到那种境界。"② 《纳尼亚传奇》（Chronicles of Narnia）的作者 C. S. 刘易斯③在 1960 年写道：女人出现在男性圈子里"贬低了现代友谊"，应该让她们"没完没了地闲聊"，不应该让她们玷污男性思想的优质交流。④ 即使在今天，电影和电视节目仍乐于展示心胸狭隘的少女和求偶竞争中的年轻女性，她们拉帮结派，组成自己的小圈子。这些延续了传统赋予女性的刻板印象，长久以来，削弱了女性作为朋友的价值。

---

① Pauline Nestor, *Female Friendships and Communities*：*Charlotte Bronte, George Eliot, Elizabeth Gaskell*（New York：Oxford University press, 1985），4.

② Gertrude Franklin Horn Atherton, *The Conqueror*：*Being the True and Romantic Story of Alexander Hamilton*（New York：The MacMillan Company, 1904），231.

③ 克莱夫·斯特普尔斯·刘易斯（Clive Staples Lewis, 1898 年 11 月 29 日—1963 年 11 月 22 日）：英国 20 世纪著名的文学家、学者和杰出的批评家，也是公认的 20 世纪最重要的基督教作者之一。所著系列儿童小说《纳尼亚传奇》享誉全球。其他作品有《爱情的寓言：对中世纪传统的研究》（1936 年），以及空间三部曲《沉寂的星球》（1938 年）、《皮尔兰德拉星》（1943 年）、《黑暗之劫》（1946 年）等。——译者注

④ C. S. Lewis, *The Four Loves*（Orlando, FL：Harcourt Books, 1960）.

　　在古希腊和罗马的公民之间，在中世纪的神职人员之间，在十字军战士、文艺复兴时期的人文主义者之间，友谊的存在可谓"证据确凿"。尽管他们受到时间、空间、语言和文化的阻隔，但他们在信件、论著、回忆录和小说等各种文体中广泛地书写了男性友谊的高尚。例如，激动人心的法国史诗《罗兰之歌》（*The Song of Roland*，约 1100 年），主要描写了罗兰和奥利维尔在战场上的英勇事迹。故事遵循的文学传统可以追溯到两千年前荷马的《伊利亚特》（*Iliad*）中的人物——阿喀琉斯和帕特洛克罗斯，甚至追溯到更早之前，巴比伦帝国时期的吉尔伽美什和恩奇都的故事。相比之下，在古典文学或中世纪文学中，女性友谊并非主题。在罕见的个例中，女性友谊通常伴随着异性恋曲，一位女性不过是扮演另一位女性的知己而已。

　　在中世纪僻静的基督教修道院中，共同生活、一起工作和祈祷的僧侣之间产生了亲密的友谊。德高望重的领袖和未来的圣人，如坎特伯雷的安瑟伦（Anselm of Canterbury，1033—1109）和克莱尔沃的圣伯尔纳铎（Bernard of Clairvaux，1090—1153），都写了许多信来表达对其他教士的深厚感情。信件涵盖教会多个层级，如男修道院院长、副院长、主教、修道院士同僚。到了 1109 年安瑟伦去世时，女修道院的修女之间也写起了类似的信。宾根的希尔德加德（Hildegard of Bingen，1098—1179）用拉丁文写的信件数量不亚于安瑟伦，它们证明了女性在修道院的亲密友谊。通过希尔德加德寄给几位她熟识并喜爱的女性的书信，她坚强的个性跃然纸上。今天，她的信件和安瑟伦的信件一样，被汇编成三卷。虽然那时有这么多女性朋友收到并回复了希尔德加德的信，但是友谊在一般人心中仍只存在于男性之间。

　　认为友谊专属于男性，这是一个典型的男性假设。著名的意大利人文主义者莱昂·巴蒂斯塔·阿尔伯蒂（Leon Battista Alberti，

1404—1472）写了一篇文章《论家庭》（*On the Family*），他在文章中想象了如下场景，一位富有的佛罗伦萨商人在婚后不久说道："她（商人的妻子）和我跪下来祈祷……祈祷上帝让我们可以过和睦融洽的生活……祈祷上帝能赐给我财富、友谊和尊荣，并赐给她正直、纯洁和完美主妇应有的品格。"① 姑且不论阿尔伯蒂是否打算认真对待这位商人的话，它都反映了意大利丈夫的愿望，对他们来说，与其他男性之间的友谊在日常生活中占有重要地位。相对于此，女性的活动则被限制在家庭和居所中。

16 世纪法国作家米歇尔·蒙田（Michel de Montaigne，1533—1592），提供了男性友谊的典型范例。他与艾蒂安·德·拉博埃蒂相交甚短，却充满热情。蒙田的随笔《论友谊》（*Of Friendship*）记述了两人的友谊并使它永世流传。《论友谊》是蒙田最著名的随笔之一，以两人一起学习过的希腊和拉丁文学作品中的人物为原型。为了实现古典主义理想，他们渴望达到相当于亚里士多德"一个灵魂寄居在两个身体里"的结合。在拉博埃蒂英年早逝之后，他化身为蒙田笔下的文字，流芳百世，启发后人。当蒙田问自己为什么喜欢拉博埃蒂时，他的答案揭示了他们之间相互吸引的奥秘："因为是他，因为是我。"

蒙田对女人成为朋友的公开看法完全是负面的，这在他那个时代和更早些时候是司空见惯的。他写道："女性平庸的能力不足以促成这种交流……她们的灵魂似乎无法承受如此紧密而持久的联系所带来的压力。"② 具有讽刺意味的是，在蒙田生命的最后时刻，他

---

① Leon Battista Alberti, "On the Family," quoted in Julia O'Faolain and Lauro Martines, eds., *Not in God's Image: Women in History from the Greeks to the Victorians* (New York: Harper & Row, 1973), 189.

② Michel de Montaigne, *The Complete Essays of Montaigne*, trans. Donald M. Frame (Stanford, CA: Stanford University Press, 1965), 138.

结交了自拉博埃蒂去世后最为真挚的朋友。不过对方是一位年轻的女性——玛丽·德·古尔内。她帮助蒙田编辑了《蒙田随笔》的最终版本，并且全身心地满足他个人和文学的需求。

6　　　鉴于歌颂男性友谊的历史由来已久，女性又将如何把友谊带到世人面前？可以肯定的是，虽然缺乏记录，但是在过去女性之间还是有某种联系。从什么时候起，全世界的人都能看到女性之间的友谊，并把它当作女性生活中重要的一部分来歌颂？除了中世纪的修女们，欧洲女性直到 15 世纪才开始写下她们对友谊的看法。在写作方面，一旦本国语言取代了拉丁语，女性就更容易拿起笔来，更频繁地给朋友写信。有些女性还写了散文和小说，所以从克里斯蒂娜·德·皮桑（Christine de Pizan）在 1405 年前后用法语写成的《淑女之城》（*The City of Ladies*）① 开始，我们就有了从女性的观点来看女性友谊的证据。在意大利，莫德拉塔·冯特（Moderate Fonte，1555—1592）写了一篇关于友谊的小对话，基于这样的论点："一个女人跟其他女人交朋友比一个男人跟其他男人交朋友更容易"，而且女性间的友谊更持久。②

1592 冯特去世时，不仅在法国和意大利，而且在英吉利海峡对岸的英国，一个友谊的新时代已经为女性开启。在那里，许多上层社会和中产阶级的女性获得了新的自由，其中包括公开与其他女性建立联系的自由。莎士比亚的戏剧反映出女性形成了新的联盟，尤其是为了保护彼此免受男性的误导［比如《无事生非》（*Mucho Ado About Nothing*）中的贝特丽丝和希罗，《威尼斯商人》（*The Merchant of Venice*）中的鲍西娅和尼莉莎］。

---

① 《淑女之城》于 2014 年由中国对外翻译出版有限公司出版发行。——译者注
② 出自 Carolyn James and Bill Kent, "Renaissance Friendships: Traditional Truths, New and Dissenting Voices," *Friendship: A History*, ed. Barbara Caine (Oakville, Ontario: Equinox, 2009), 149。

后来，由 17 世纪的法国女雅士和 18 世纪的英国蓝袜社（该团 7
体由 18 世纪英国伦敦的女文人组成。——译者注）创办的沙龙允
许女性成为当时社会地位最高的社交圈里的一员。这些社交圈鼓
励女性寻找可能的朋友，然后就可以私底下在自己的闺房和客厅
会面。到了 18 世纪末，一个女人和其他女人之间的友谊已经成
为她们生活中受到尊敬且消耗时间的重要部分，仅次于她们对家
庭的照料时间。事实上，这种模式主要适用于有经济能力的女
性。农妇有足够的时间照顾她们的家人、牲畜和庄稼，就算很幸
运了，哪里还有时间交友；工薪阶层的女性也不可能像上层社会
的女性那样讲究友谊的细节。职业女性通常无法静享友谊，她们
往往是在分娩、生病或生命快走到尽头时，才会打电话叫女性朋
友来。但是对于生活更优渥的女性来说，款待女性朋友是她们社
会地位的象征。她们可以通过款待女性朋友增加社会情趣，还可
以向贵妇圈的其他人炫耀。

这种情况并不局限于欧洲。到美国独立战争时，这种友谊的
"仪式"已遍及十三个殖民地。同一地区的朋友经常互相拜访；如
果她们的家相距遥远，信件则会为她们搭桥铺路。阿比盖尔·亚当
斯和默茜·奥蒂斯·沃伦之间引人注目的互通信件为我们提供了两
位典型美国女性之间友谊的详细写照。① 她们两个都是公务员的妻
子，养育了几个孩子，承担了很多家庭责任。不过，她们每个人都 8
留出大量时间来维持友谊，主要是通过书信往来，因为她们的居住
地相隔甚远——阿比盖尔住在马萨诸塞州的布伦特里，而默茜则住
在普利茅斯。

---

① 出自伊迪丝·盖尔（Edith Gelles）的著作 "*First Thoughts*"：*Life and Letters of Abigail Adams*（New York：Twayne，1998）的第三章。

如果说 1600 年欧洲社会开始勉强认同女性对友谊的诉求，那么 1800 年则是欧洲和美国的女性友谊的公众形象改变的转折点。友谊逐渐被认为女性也可拥有，而不仅专属于男性。事实上，可以说整个友谊的概念——尤其是在英美世界——变得女性化了。女孩和妇女们开始用充满爱的语言互相写信，这和异性之间表达思念之情所使用的语言没有太大的区别。当维多利亚时代的女孩和妇女们热情地通信时，像"最亲爱的""亲爱的""宝贝""真心""爱"和"奉献"这样的字眼很容易就从她们的笔下流淌出来。基于宗教、种族、政治和文化利益建立的众多俱乐部，使中产阶级和上层社会的女性有机会在社会团体中会面，并促成无数的友谊。女子学校、神学院和大学的建立也成为女性终生友谊的温床。这一时期的大学有：在美国东北部的曼荷莲女子学院、瓦萨学院、韦尔斯利学院，南部的蓝道夫马肯学院、玛丽鲍德温学院、艾格尼丝斯科特学院，还有西海岸的密尔斯学院。

到了 19 世纪和 20 世纪，那种认为友谊完全或者主要存在于男性之间的观点在很大程度上已经被推翻了。女性被认为比男性更体贴、更温柔、更有爱心，因此更适合做朋友。友谊本身被视为具有女性特质的亲密感情，尽管男性时不时地试图重建早期男人友谊的主导地位，但它已不再是英雄或公民间情谊的代名词。女性之间的友谊曾被男性诋毁，而女性也常常觉得它只不过是家庭关系的副产品，现在却因女性自身价值的提高而受到重视。在过去的一百五十年里，女性友谊的重要性不断提升。

谷歌的 Ngram 网站扫描了 1500～2008 年的五百二十万本图书，将其数字化，便于从中搜索特定词语的出现频率。检索显示 19 世纪下半叶"女性友谊"这一短语在经过三个半世纪的平稳发展之后，显示出了巨大的上升趋势。①

　　我们这本关于友谊的书涵盖了两千多年的历史，但我们不敢妄称它包罗万象。我们探讨这个主题，是希望以一种全新的视角呈现一个熟悉的主题。我们应在特定的时间框架内和特定的文化背景下观察女性作为朋友的嬗变，因为我们认为，如果不关注友谊产生的环境，就无法理解友谊。中世纪的德国修女、16 世纪英国乡村"长舌妇"、17 世纪法国的贵族、早期美国殖民地的女性、工业革命时期的女工、美国西部边疆的拓荒妇女、20 世纪的女权主义者，以及 21 世纪的工薪阶层，这些群体中的每一个人都受到其周围社　　10
会结构的支持。

　　从历史的视角来看友谊，我们或许能够理解为什么女性的友谊——这么关键的人际关系曾经被边缘化，以及为什么它现在终于占据了主导地位。我们为什么要在意？因为过去是序幕，我们生活在这个拥挤、充满冲突的星球上，必须利用一切可用的关系工具。女性友谊一直存在，但不幸的是，前人倾向于忽视它。如今情况大不相同了。女人在友谊中寻求的力量和发现的智慧，可以引领后人过上有尊严、有希望且和平的生活。　　11

---

① "Ngram Viewer," Google Books books. google. com/ngrams; Jean-Baptiste Michel et al. , "Quantitative Analysis of Culture Using Millions of Digitized Books," *Science* online, December 16, 2010.

第一部分

男性作为友谊代言人的时代

第一章

寻找圣经中的友谊

你的朋友和父亲的朋友，你都不可离弃。

——箴言 27：10［英王钦定版《圣经》（*King James Bible*）］

人为朋友舍命，人间没有比这更伟大的爱了。

——《约翰福音》15：13（英王钦定版《圣经》）

　　《希伯来圣经》和《新约》中大多数的友谊故事是以男性为中心的，但我们常常能在其叙述中感知潜藏其中的女性身影。那个年代，男人垄断了写作，并对女人之间的所作所为不感兴趣。令人惊讶的是，我们居然有女人成为朋友的记录。以男性为主角的友谊故事备受瞩目，也更为我们所熟知，但一些对女性友谊的描绘补充了我们对圣经人物之间友谊的理解。

《约伯记》

　　在《约伯记》中，主人公约伯是受上帝祝福的正直的人。然而，在撒旦的鼓动下，上帝决定剥夺约伯所有的财产，并杀害他的孩子。这还不够，约伯从头到脚都长了毒疮。上帝为什么会这样做？这个问题近三千年来一直困扰着读者。当约伯坐下来哀叹自己的命运时，三个男性朋友来安慰他并为他分忧解愁："他们和他一起坐在地上，七天七夜。"[①] 整整一个星期没人说话。最后，约伯用一句有名的、自哀自怜的责骂来打破沉默，诅咒他出生的那一天。接着，一个戏剧性的互动循环开始了，每个人都和约伯争论，试图让他承认自己犯了罪，毫无异议地接受上帝的惩罚。但是，极度痛苦的约伯仍维护自己的清白，在这样做的过程中，他提出了关于善、恶和神圣正义本质的永恒问题。

　　虽然约伯的朋友们认为他们已经尽了最大努力同情他，但约伯称他们为"令人烦恼的安慰者"，因为他们并不真正理解他的处境："我可以像你们一样说话，如果你们的灵魂代替了我的灵魂。"这不仅是约伯认为的友谊的症结所在，而且每个时代身为朋友的人

---

　　① Job 2：13（King James Bible），kingjamesbibleonline.org. 具体引文参见下文。

也心有戚戚：我们真的能设身处地为他人着想吗？我们真的能体会别人的"境况"吗？当我们的朋友痛苦、沮丧、想自杀时，我们该怎么做？约伯说，他不会批评他的朋友，也不会"用语言攻击你们，又向你们摇头。但我必用语言使你们信心坚定并消解你们的忧愁"（《约伯记》16：2－5）。当你陷入困境时，你需要的是一个善解人意的人——能握住你的手、与你感同身受，而不是批评或责备你的人。

16

最后，上帝从旋风中走出来，约伯承认自己的无知，承认上帝的审判是至高无上的。即使是仅仅作为他抗议的共鸣板，约伯的朋友们在他的心理轨迹中也扮演了重要的角色。当上帝让约伯恢复以前的幸福状态时，朋友们见证了他命运的最后逆转。我们可以假设，作为好朋友，他们分享了约伯的快乐。

大卫与约拿单

和约伯的故事一样，大卫的故事也可以追溯到大约公元前1000年的先祖时代。正如《撒母耳记上》和《撒母耳记下》中所描述的，"约拿单的心与大卫的心深相契合"（《撒母耳记上》18：1），为两人之间崇高的兄弟情谊提供了一个纯爱的范例。约拿单的父亲扫罗吩咐仆人杀大卫的时候，约拿单为大卫说话，保护他免于死亡。扫罗想要除掉大卫，因为他不是自己的儿子，却注定要成为以色列的王。约拿单只关心他朋友的性命，他对大卫说："我们二人曾指着耶和华的名起誓说：'愿耶和华在你我中间与你我后裔中间为证，直到永远。'如今你平平安安地去吧！"（《撒母耳记上》20：1742）约拿单和大卫就这样结成同盟，彼此相爱，彼此忠诚，直到永远。

路得与拿俄米

与大卫和约拿单相比，女性作为柏拉图式的灵魂伴侣，在《希伯来圣经》中是看不到的。路得和婆婆拿俄米之间的情感最接近女性之间的情感。路得寡居以后，不回摩押本族，却跟随拿俄米，并说出了流传至今的名言："你往哪里去，我也往那里去；你在哪里住宿，我也在那里住宿。你的国就是我的国，你的神就是我的神。"（《路得记》1：16）虽然这些女性被描述为彼此忠诚的伴侣，但她们之间之所以产生关系，是因为一个男人把她们联系在一起，在这个故事里，拿俄米的儿子是路得的丈夫。但无论是什么动机激发她做出选择，路得对拿俄米的依恋都被认为发自本心。这是一个女人通过类似婚姻这样的友谊纽带，把自己的命运交给另一个女人。现在，"你往哪里去……"被一些异性夫妻用作婚礼上的誓言，也就不足为奇了。

多妻

在《希伯来圣经》的其他故事中，丈夫往往是女人之间产生摩擦的原因，而不是亲密的纽带。还记得亚伯拉罕的妻子撒拉和她的使女夏甲的故事吗？（《创世纪》16）因为撒拉不生育，她要求亚伯拉罕通过夏甲的身体给她生一个孩子——早在20世纪科技进步之前，希伯来人就有了自己的代孕方式。夏甲生了以实玛利后，撒拉却嫉妒她，把她赶走。后来，在上帝的干预下，撒拉果然孕育了一个儿子以撒，但两个母亲之间的较量并没有结束。两个儿子继续较量，以撒和以实玛利各自建立了不同的部落。以撒延续了亚伯拉罕的希伯来血统，而以实玛利被认为是阿拉伯国家的传奇祖先。

撒拉和夏甲的故事符合女性为了引起男性注意而相互竞争的刻板印象，这种印象一直延续到今天。同样的竞争也发生在拉结和利亚之间，她们是雅各（撒拉和亚伯拉罕之孙）的妻子。雅各苦苦工作7年，要娶拉结为妻，却被骗娶了她的姐姐利亚。然后，他必须为娶到最初想娶的女人再工作七年。经过十四年的辛勤工作，他发现自己有了两个妻子——利亚和拉结，她们出于不同的原因嫉妒彼此。利亚嫉妒拉结，因为雅各更爱拉结；拉结嫉妒利亚，因为利亚生了孩子，自己却没生育。两个女人就生育问题展开了一场较量。拉结让自己的侍女为雅各生了一个儿子，后来，她自己也生了一个儿子。利亚又生了更多的儿子，等她不能生育的时候，就请她的侍女为雅各生更多的孩子。总之，雅各的众多儿子，还有一个女儿底拿，组成了一个小部落。《圣经》的作者没有把女人描绘成姐妹或朋友，在分娩和哺乳时互相帮助，就像她们必须做的那样。相比之下，《圣经》的作者选择把她们描述成互相嫉妒的对手，在争夺丈夫感情和生育方面相互竞争。这一切的历史真相在哪里？

《希伯来圣经》以部落或国家为背景，讲述生育的故事。使希伯来人世世代代延续下去的想法是如此重要，所以一个男人如果没有子女，经过妻子的同意，或者在妻子的敦促下，与妻子的侍女生下孩子，并没有错。但当我们读《新约》时，就会发现个人的行动和互动开始优先于对部族的考量。因此，在《新约》里我们可以看到比《希伯来圣经》中更多的非家庭成员和不同部落成员之间的关系。《福音书》中对耶稣和他的门徒的描述，为我们今天的兄弟情提供了原型。

19

耶稣和他的门徒

耶稣的门徒中有几个人个性非常鲜明——彼得，一个坚定的领袖，有时迟钝而懦弱，有时则聪明而果敢；托马斯，固执的实用主义者；马修，一个精于算计的人；约翰，耶稣最爱的人（至少约翰自己这样认为）；犹大，一个缺乏自信的人。除了部落或家庭关系，这些人物背后有许多故事，这些故事强化了他们的个性。他们中的大多数被塑造成普通人——渔民、税吏，或许是有个富爸爸却游手好闲的儿子。我们在《福音书》中看到的友谊，除了下面讨论的两个外，都是男人与男人之间的友谊。《新约》的男性作者们，在叙述中毫不顾忌地忽视女性。即使是圣母玛利亚，在一个重要的场景中，也被她的儿子冷落，这个儿子强调一个人选择伙伴比选择家庭更具价值：

> 耶稣在对众人说话的时候，不料，他母亲和他弟兄站在外边，要与他说话。
>
> 有人告诉他："看哪，你母亲和你弟兄站在外边，要与你说话。"
>
> 他……伸手指着他的门徒，说："看哪，我的母亲，我的弟兄！凡遵行我天父旨意的人，就是我的弟兄、姐妹和母亲。"
>
> [《马太福音》12:46-50]

虽然《新约》和《希伯来圣经》之间存在明显的差异，但这两本书中关于女性的内容相差不大。我们的确看到书中提到支持耶稣传道的女性，以及在他死后，在新兴的教会中继续追随他的女

性。这些妇女提供资金、食物、住处和聚会场所，却鲜有关于她们
的人格发展和友谊的描述。

21

伊丽莎白和马利亚

然而，《新约》中有一个故事是围绕女性友谊展开的，这是关
于圣母往见的故事。年轻的、刚刚怀孕的马利亚去拜访她的亲戚伊
丽莎白，而伊丽莎白长期不孕，终于怀上了孩子。当谈到怀孕时，
没有人能否认女性的中心地位。

在简短、隐晦的《圣经》段落中，提到了施洗约翰的妈妈（伊
丽莎白）和耶稣的妈妈（马利亚）之间的会面。《圣经》作者坚持
自己的剧本，并强化了圣母受孕的奇想。伊丽莎白高龄怀孕是如此
的离奇，以至于天使长加百利把这件事告诉了马利亚，以证明上帝
无所不能，不但可以让马利亚怀孕，还可以让她保持童贞。

马利亚拜访伊丽莎白的举动很可能也得到了马利亚家人的支
持，因为他们发现自己正面临一个难题——家中一个有婚约的处女
怀孕了。拿撒勒人约瑟完全有权利拒绝马利亚并公开羞辱她的家
人。但是不管出于什么原因，约瑟还是选择了接受。马利亚一怀
孕，就"急忙"（《路加福音》1∶39）造访犹大山，那里正是伊丽
莎白和她丈夫撒迦利亚所住的地方。

马利亚进了撒迦利亚的家，"伊丽莎白一听马利亚问安，所
怀的胎就在腹里跳动"（《路加福音》1∶41）。这个情节被解释为
子宫里的施洗约翰与马利亚所怀的耶稣神胎相遇时所感受到的喜
悦。准妈妈们碰见，一般会谈论孕期的不适与恐惧，可伊丽莎白与
马利亚对此只字未提。她们中的一个已经怀孕六个月了，另一个可
能也显现出怀孕初期常见的晨吐症状。《路加福音》告诉我们，马

22

利亚和伊丽莎白在一起待了三个月，正好到伊丽莎白待产的时候。

伊丽莎白和马利亚的故事流传至今。几百年来，它强化了基督教最基本的信条之一：童贞圣母。《路加福音》在圣母往见这一节中，一直将注意力集中在男性胎儿身上，两个孕妇会面的最根本动因却被隐匿于表象之下。故事的力量在于每个人都会回应的主题：两个相爱如友的女人之间的情感纽带。而且，自古以来，当一个女人请求与另一个女人建立友谊并获得许可时，怀孕和分娩很可能是最重要的契机。

这个重要的故事中的细节很少。两位女性显然都需要帮助。我们不知道伊丽莎白多大了，也不知道一个女人在多大年纪被认为毫无生育希望，但我们知道怀孕对所有人而言，特别是对年纪较大的母亲来说，是复杂和困难的。另外，当时的社会习俗表明马利亚是一个处女，年纪在十二至十五岁，的确很年轻。尽管考虑到这是她的使命，但是我们也能很容易地推测出这个女孩被吓坏了。我们可以想象这两个女人为彼此提供了相当大的慰藉，马利亚年轻，充满朝气，营造欢快的氛围，伊丽莎白则以成熟女人的实际经验和情感体验照顾玛利亚。

抹大拉的马利亚

《新约》中还有一位杰出的马利亚，即抹大拉的马利亚，但我们对她的了解甚至比耶稣的母亲还要少。四部《福音书》中仅有几句提到"抹大拉"，暗示了她侍奉耶稣所处的地位。耶稣的追随者提到，她和另外两个女人（约亚拿和苏撒拿）"用自己的财物供给耶稣和门徒"，也就是给他提供物质上的支持（《路加福音》8：3）。抹大拉的马利亚一度被一种神秘的疾病折磨，这时，耶稣把邪灵从她的身体里驱赶了出来。与耶稣的母亲、他母亲的妹妹（革罗罢的马利亚）一道，抹大拉的马利亚见证了耶稣受难（《约翰福音》19：25）。在耶稣被钉死在十字架后的第三天，她发现放置耶稣尸体的坟墓空了。事实上，她是四部《福音书》中唯一一个发现耶稣尸体失踪并相信他已经复活的人（《马太福音》28：1 - 10，《马可福音》16：1 - 11，《路加福音》24：1 - 11，《约翰福音》20：11 - 18）。《马可福音》和《约翰福音》都称抹大拉的马利亚是向心存怀疑的门徒宣布耶稣重生消息的人。

由于抹大拉的马利亚见证了耶稣受难和复活的重要时刻，一些学者和富有创造性的作家推测，她在耶稣的生活中不只是一个小角色——热切崇拜他的学生，也可能是他的爱人或妻子。他们在现存的希腊科普特语译本《抹大拉的马利亚非正典福音》中找到了证据，其中明确指出，耶稣爱马利亚胜过爱其他任何女人。[1] 在这方面，抹大拉的马利亚启发了很多研究《新约》的学者，最著名的是伊莱恩·帕格尔斯[2]，还有小说家丹·布朗。丹·布朗创作了《达·芬奇密码》，作曲家马克·阿达莫创作了歌剧《抹大拉的马利亚福音》。有人问为什么马利亚、马利亚的妹妹和抹大拉的马利亚是耶稣被钉在十字架上时，仅有的、侍奉在侧的女性？为什么马利亚和抹大拉的马利亚一起去坟墓认领耶稣的遗体？这些问题可以证明抹大拉的马利亚是耶稣的妻子。耶稣的母亲和他的妻子一起履行这些职责是合适的。正如我们在上面对伊丽莎白和马利亚孕期友谊所做的推测一样，我们同样可以想象两个马利亚之间的友谊——

24

① Willis Barnstone, trans., "Miryam of Magdala," *The Restored New Testament* (New York: Norton, 2009), 583.

② Elaine Pagels, *The Gnostic Gospels* (New York: Random House, 1979); Karen King, *The Gospel of Mary of Magdala: Jesus and the First Woman Apostle* (Santa Rosa, CA: Polebridge Press, 2003).

一个是耶稣的母亲，另一个是他的门徒，可能还是他的妻子。不难想象，在耶稣受难时，她们一起哀悼、互相安慰。

同样，如果回到耶稣传道的年代，我们可以想象抹大拉的马利亚、苦撒的妻子约亚拿和苏撒拿之间的友谊，这三个人为耶稣提供了食物。当她们在简陋的厨房里准备面包和葡萄酒（这些面包和葡萄酒后来被仪式化为圣餐）时，彼此之间说了些什么？她们如何以三个女性同伴的身份，与其他追随耶稣的门徒一起长途跋涉？耶稣接纳女性追随者，这并不是一件小事。当然，这几位女性之间建立了友谊，也有可能与男性门徒们建立了友谊。《福音书》中给予十二个男性门徒浓墨重彩的描述，使他们之间的友谊成为世界上基督教兄弟情谊的典范。与此相比，书中关于这些女性的记载过于粗疏，对此，我们只能深感惋惜。

因为《圣经》是基督徒和犹太人的基础文献，所以它关于友谊的章节仍然能引起全世界千百万人的共鸣。无论是异性恋还是同性恋的男性，都可以把大卫和约拿单看作男性友谊的象征，当他们面临危及生命的战争或杀戮时，《圣经》用诗意的语言描述了他们对彼此的爱与忠诚。女人们没有类似的《圣经》偶像。女性朋友也许能受到关于路得和拿俄米故事的启发，但它本质上不过是一个家庭故事。虽然在马利亚和伊丽莎白的故事中，我们可以感受到一种"姐妹情谊"，但它主要关注的是两个胎儿的相遇。如果《圣经》能告诉我们更多关于抹大拉的马利亚的故事那该多好，她就会作为最有意义的人物给当代女性留下深刻的印象。抹大拉的马利亚是耶稣的门徒之一，见证了耶稣被钉死在十字架上，也见证了耶稣的复活。她与其他两位女性之间的友谊让我们难以想象。最近，作家和作曲家们开始把她的故事作为创作素材，并试图想象在基督教早期，像抹大拉的马利亚这样的女人会有怎样的社会关系。

第二章

哲学家和神职人员

友谊就是一个灵魂寄居在两个身体里。完美的友谊存在于善良人之间。

——亚里士多德（Aristotle），《尼各马可伦理学》（*Nicomachean Ethics*），公元前 335 ~ 前 322 年

掠夺世界上的友谊就如同掠夺世上的太阳。

友谊使我们的快乐加倍，使我们的悲伤锐减，从而增进幸福，减轻痛苦。

——西塞罗（Cicero），《论友谊》（*On Friendship*），公元前 44 年

友谊是众多乐趣的源泉，没有朋友，即使是最愉快的追求也会变得乏味。

——圣托马斯·阿奎那（Saint Thomas Aquinas），《神学大全》（*Summa Theologica*），1265 ~ 1274 年

从公元前 6 世纪到公元 4 世纪，古希腊 – 罗马世界在男性友谊的
基础上不断扩张。无论是在体育馆、市场、参议院，还是私人宴会上，
27 男人们大部分时间待在一起。日常生活中，他们相互扶持。拉丁语
manus manum lavat, 通常被翻译成 "一只手洗另一只手"，这是基于古
希腊 – 罗马的观念，即朋友之间必须互相支持、回馈，特别是在政治
领域。简言之，希腊人和罗马人的原则是：帮助朋友，一致对敌。在
战争时期，男人们一起睡在帐篷里，在严寒中肩并肩站立，保卫他们
的人民不受外敌侵犯。当然，妇女被排除在所有活动之外。男性之间
可能存在的任何友谊都不会影响友谊的公众形象。

哲学家们写了很多关于友谊重要性的巨著，成为后世经典著作
中的标准读物。因此，亚里士多德和西塞罗关于友谊的宣言在基督
教早期的教父、中世纪的神职人员、文艺复兴时期的人文主义者、
18 世纪的思想家，甚至一些 21 世纪的知识分子中流传甚广。[1]

一位曾撰写古典时期友谊的杰出作家将友谊定义为 "两个或
几个人之间亲密、忠诚和友爱的纽带"，这种纽带并非主要来自家
庭或部族关系。[2] 另一位学者将古典时期的友谊定义为一种基于互
惠、选择，至少是基于平等幻想的私人的、非正式的关系。[3] 带着
这些标准，希腊的男人们在名为 "座谈会" 的酒会上，在冗长的
28 传单、信件，甚至是私人谈话中，认真地讨论友谊的组合方式。古
希腊人谈论男性之间的友谊时，带着我们今天讨论恋人、配偶或家
庭成员之间关系时所特有的严肃与热情。

---

[1] 例如，Todd May, "Friendship in an Age of Economics," *New York Times*, July 4, 2010; Ray Pahl, *On Friendship* (Cambridge, UK: Polity Press, 2000)。

[2] David Konstan, *Friendship in the Classical World* (Cambridge, UK: Cambridge University Press, 1977), 1.

[3] Eva Österberg, *Friendship and Love, Ethics and Politics: Studies in Mediaeval and Early Modern History* (New York: Central European University Press, 2010), 26.

亚里士多德

古典哲学家提出，友谊不仅是获取快乐的目标，而且是通向美好生活（品行端正的生活）的手段——友谊应该帮助一个人成为道德更高尚的人。亚里士多德（公元前384—前322年）在《尼各马可伦理学》中阐述了这种理想化的观点。他提出三种友谊模式：第一种友谊最低端，基于效用；第二种友谊基于快乐；第三种友谊是最高尚的，基于美德。在第一种和第二种友谊中，朋友是受人喜爱的，只要他们对彼此有用，或者令人愉快。"这种友谊也很容易断绝……如果一方不再有用，另一方就不再爱他。"然而，真正的友谊建立在品德高尚的基础上，有可能长久维系。

对亚里士多德来说，真正的友谊只能在相互扶持的两个人之间实现，他们更关心对方的安乐，而不是自己的。理想情况下，两人的心灵和思想相互契合，以至于最好的朋友变成了"一个灵魂寄居在两个身体里"。这种友谊的定义代表了亚里士多德所能想象到的完美的友谊，以今天的标准来看，可能显得过于崇高和空灵。今天有多少朋友会想要"一个灵魂寄居在两个身体里"所暗示的完全融合？虽然两个人因感情而联系在一起是很常见的事，但有多少朋友把对方的安乐置于自己的安乐之上呢？这样的定义可能仍然只代表婚姻、育儿和交友的共同理想。

虽然我们对亚里士多德关于友谊的一些说法的可取性有异议，但它们始终值得我们深思——想想他在爱情（性爱）和友谊（友爱）之间所做的区分。亚里士多德认为，由于性爱主要基于身体上的吸引和炽烈的情感，它不能引发持久的依恋，因此多情的年轻人迅速地坠入爱河，又迅速地失恋。然而，亚里士多德对

29

友情与情爱的分辨并不总是一成不变的。鉴于古希腊社会普遍存在对男性和男孩之间性关系的宽容态度，他不得不承认，有些恋人确实成了朋友。尽管男孩的青春逝去时，大多数这种友谊也会消逝。

古希腊的同性爱情和友谊是当前许多学术研究的主题，它们往往提醒我们，今天的同性恋关系与过去的同性恋关系并不相同。我们今天所假设的平等关系在古希腊根本不是平等的。那时，同性性爱关系本质上是不对等的，年长的男性承担起照顾年轻男性的责任。亚里士多德的老师柏拉图在《费德鲁斯篇》（*Phaedrus*）中说，恋人会经历强烈的欲望，即性爱，而年轻的恋人则会因受到的关怀而感受到友好的感情，即友爱。在这里，像在其他地方一样，在我们考虑两千五百年以来的友谊时，必须把它置于一种特殊文化框架内，这种文化的规范可能与我们自己的文化规范非常不同。

亚里士多德对一个人可以拥有或应该拥有的朋友数量做了更明确的界定，他坚持认为，"从拥有完美友谊的意义上来说，一个人不可能成为很多人的朋友，就像一个人不可能同时爱上很多人一样"。如今，一个人在交友和维持友谊方面究竟有多排他，这个问题可以有不同的诠释。亚里士多德如何看待脸书（Facebook）上的朋友？他们与海量的网友交流高度个人化的资讯和思想，但这些人往往只通过网络了解彼此。

很明显，亚里士多德对友谊的观察中只考虑了男性，鲜有例外。他承认父母和孩子之间存在一种"友谊"关系。他认可女人和"女性化的男人"有与悲伤的同伴分担痛苦的倾向。相比之下，"有男子气概的男人"会对朋友隐瞒自己的感受，以免给他们带来痛苦。直到今天，"真正的男人不哭"仍然是西方传统思想的一部分。

在亚里士多德以男性为中心的论断中，发现"丈夫和妻子之间的友谊似乎是自然存在的"。这一论述非常令人惊喜。他认为，丈夫和妻子住在一起不仅是为了生孩子，而且是为了让每个人都能为家庭的幸福贡献自己的力量。在之后的几个世纪里，当女性开始向与男性的社会平等迈进时，夫妻间的友谊问题变得更加紧迫。

亚里士多德关于夫妻之间友谊的论著对 21 世纪的美国有着特殊的意义。今天，即使妻子或丈夫有家庭圈之外的朋友，通常也会把配偶看作自己最好的朋友。把友谊局限于工作上的同事，将妻子视为自己最好的朋友的男人，可能觉得自己不需要其他朋友。这种态度也许会让亚里士多德感到惊讶，因为他坚信，有男性朋友的男人才能获得个人幸福，社会是由男性间的友谊维系的。

在希腊哲学家所写的关于友谊的各种著作中，亚里士多德的著作是最全面、最容易理解的，如果我们偶尔用"男人和女人"来代替"男人"，就能创造出一个囊括两性的讨论。然而，即使不用这种巧妙的手法，亚里士多德的话中也有一些表述，对今天的男人和女人都适用。再看一看本章开头所列的那些名言，然后再加上下面这句话："朋友是另一个我"，是不是格外发人深省？①

伊壁鸠鲁②

与亚里士多德同时代的年轻哲学家伊壁鸠鲁（Epicurus，公元前

---

① 这句话与前文的引文出自 Aristotle, Books Ⅷ and Ⅸ in *Nicomachean Ethics*, in *Introduction to Aristotle*, ed. Richard McKeon（New York：The Modern Library, 1947）。
② 伊壁鸠鲁：古希腊哲学家、无神论者，伊壁鸠鲁学派的创始人。——译者注

341～前270年）也把友谊（友爱）看得比其他任何关系都重要。
尽管他的作品散佚，但友谊的主题，在他完整的哲学体系的重建中
32 显得十分突出，友谊始终被他描述为"完美幸福生活"的基本要
素。① 在他所处的时代，伊壁鸠鲁颇具争议，他被曲解为一个贪图
享乐、道德败坏、毫无作为的家伙。今天我们用"享乐主义者"
这个词来指代热衷于各种感官享受的人。这完全是对伊壁鸠鲁的误
解。他的哲学以避免身体和精神上的痛苦为基础，轻视任何形式的
过度，强调对个人幸福、宁静和伙伴之趣的追求。

伊壁鸠鲁把他的哲学付诸实践，在花园——一个靠近古代雅典
西面大门的开放区域——他定期与朋友和学生见面，纯粹是为了享
受聊天的乐趣。令人惊讶的是，这些朋友和学生中有一些是女性。
她们可能不是来自公民阶层的"受人尊敬的"妻子，甚至可能包
括妓女和奴隶，但无论她们是谁，都受到欢迎，可以参加聚会。聚
会提供简单的食物，并以哲学讨论为主。在那里，她们受到和男人
一样的对待，因为大家都在讨论一些令人兴奋的问题，比如是否有
来世（伊壁鸠鲁不相信有来世），一个人是否应该为朋友而死，而
不是背叛他（伊壁鸠鲁相信这一点）。

然而，在赞同朋友这种利他行为的同时，伊壁鸠鲁却毫无愧意
33 地承认，友谊往往是基于个人利益和个人需要。他甚至说："每一
种友谊都有其自身的价值，但它的起点都是提供帮助。"② 你可以
想象亚里士多德会如何回应这种功利主义的观点，它与亚里士多德的
核心立场相矛盾，他认为真正的友谊建立在美德之上，而不是建立在

---

① 第二十七条授权原则出自 Norman Wentworth DeWitt, *Epicurus and His Philosophy*
(Minneapolis: University of Minnesota Press, 1954), 190。
② 梵蒂冈第二十三条箴言，出自 Norman Wentworth DeWitt, *Epicurus and His
Philosophy* (Minneapolis: University of Minnesota Press, 1954), 308。

功利或快乐之上的。尽管如此，在亚里士多德和伊壁鸠鲁所处的时代，"提供帮助"是友谊的常态，至少在希腊公民阶层中是如此。我们对下层社会男性的生活了解不多，对奴隶的生活更是知之甚少，因此无法确定这种互惠机制是否向下层社会渗透，或者是否适用于女性。

亚里士多德也会反对伊壁鸠鲁认为一个人应该有很多的朋友，而不是几个朋友的观点。事实上，伊壁鸠鲁建议他的学生尽可能多地结交朋友——你永远不知道自己什么时候会需要他们——但他也警告说，"不断寻求帮助"的人不可能成为真正的朋友。①

对伊壁鸠鲁来说，哲学是人生的实用指南。在今天，他可能会成为一名心理治疗师、一名辅导员，或者一位咨询师。如果现在他可以直接跟我们对话，他会敦促我们：**指望你的朋友吧，他们会分享你的快乐，抚慰你，帮助你获得内心的平静，这是哲学的真正目标，也是人生最大的福气。**

西塞罗

罗马演说家、政治家和哲学家西塞罗（公元前106—前43年）与亚里士多德和伊壁鸠鲁相隔近三个世纪。西塞罗在他关于友谊的著作《论友谊》中，召唤了盖乌斯·莱利乌斯的灵魂作为他的代言人。莱利乌斯是著名的罗马政治家，他与著名的军事英雄西庇阿之间有着亲密的友谊。对西塞罗来说，这两位传奇人物之间的关系是友谊的典型代表，因为这段关系不仅使两个人获得幸福，而且为公民的福祉做出了贡献。

34

---

① 梵蒂冈第三十九条箴言，出自 Norman Wentworth DeWitt, *Epicurus and His Philosophy* (Minneapolis: University of Minnesota Press, 1954), 308。

在西塞罗的论著中，他想象了莱利乌斯和另外两个讲话者之间的对话，这两个讲话者只不过是应声虫。莱利乌斯告诉他们，友谊是人生中最好的礼物，胜过健康、财富、权力、荣誉和快乐，因为这些是不稳定的，依赖于变幻莫测的命运。他敦促这两个人把友谊置于人类关心的所有事情之上，因为"无论在顺境还是逆境中，没有什么比友谊更适合人类的本性，没有什么比友谊对人类更重要"。他指出，自己与西庇阿之间的友谊是长久的、令人满意的。他说："我的生活丰富而美好，因为我是在西庇阿的陪伴下度过的。我和他肩并肩站在一起，关心国家大事，讨论个人私事；作为公民，我们分享住所；作为士兵，我们共享帐篷；我们分享了友谊中不可或缺的要素，那就是在目标、抱负和态度上达成了完全一致。"这种将公民身份和士兵身份紧密结合的态度和行为，代表了古罗马人友谊的最高理想。

显然，女性并没有融入这个氛围。到西塞罗时代，罗马妇女肯定比以前的希腊妇女更自由。已婚的希腊妇女被限制在家中属于女性的区域内活动，当然也不可能参加座谈会，而罗马公民的妻子不仅能享受女性朋友的陪伴，甚至能享受同性友人和异性友人共同的陪伴。尽管如此，生活在希腊和罗马社会的普鲁塔克①（46—120）在西塞罗死后很久仍提醒我们，女性的友谊往往受到她们丈夫的约束。在他的《婚姻戒律》（*Precepts on Marriage*）中，普鲁塔克甚至说："妻子不应该有自己的朋友，应该和丈夫拥有共同的朋友。"②虽然我们认为这是一段古老的历史，但当今世界上仍有一

① 普鲁塔克：罗马帝国时代的希腊作家、哲学家、历史学家，以《比较列传》（又称《希腊罗马名人传》或《希腊罗马英豪列传》）一书闻名后世。——译者注
② Plutarch, *Oeuvres Morales* (Paris: Société d'Édition "Les Belles Lettres," 1985), 2:152, 该书英译本由玛丽莲·亚隆翻译。

些地方，女性嫁入丈夫的家庭，不仅要放弃自己的家庭，而且要放弃婚前的朋友。

让我们回到西塞罗关于友谊的话题：他的代言人莱利乌斯同意亚里士多德的观点，即美德是真正完美友谊的基础。莱利乌斯举了一些具体的例子，说明了道德高尚的朋友在某些情况下应该怎么做。我们绝不能要求朋友做任何在道德上会受到谴责的事，特别是在公共领域，对权力和金钱的贪婪有时会让友谊经受考验："即使是为了朋友而做错事，也不能原谅。"道德高尚的朋友是西塞罗唯一尊重的一类朋友。他认为友谊必须遵守这样一个前提：我们只向朋友要求高尚的东西。

在美德的约束下，朋友可以完全控制他们的人际交往。朋友之间应该"毫无保留地分享他们所有的关注、计划和目标"。当任何一人有需要时，他们应该互相帮助。友谊会随时间的推移和患难与共的经历而不断强化，正如一句经典的谚语所说：路遥知马力，日久见人心。

莱利乌斯/西塞罗甚至就如何结束一段失败的友谊给出了切实可行的建议。如果有必要与朋友断绝关系，他更希望友谊"应该逐渐淡去，而不是被迅速抹去"，因为他担心这会造成痛苦，或者演变成严重的个人仇恨。①

西塞罗和伊壁鸠鲁一样，也清楚地意识到他那个时代的友谊是建立在互惠互利的基础上，这似乎与无私的依恋这一理想相矛盾。在西塞罗的私人信件中，他曾多次雄辩地使用友谊的语言作为寻求帮助的前奏。② 尽管如此，西塞罗坚持他的理想主义友谊观，并把

---

① 这句话与前文的西塞罗名言均出自：Cicero, *On Old Age and On Friendship*, trans. Frank O. Copley (Ann Arbor: University of Michigan Press, 1967), 45 – 90。
② Constant J. Mews, "Cicero on Friendship," *Friendship: A History*, ed. Barbara Caine, 67 – 71.

它传递给两千多年后那些继续阅读《论友谊》的人。在中世纪，当神学家们试图将西塞罗的友谊观融入基督教语境时，它产生了巨大的影响。在文艺复兴时期，人们继续阅读这本书，那时年轻人阅读的书籍通常包括《论友谊》。即使基督徒的价值观超过了古代的价值观，友谊也从属于人与上帝的关系，但莱利乌斯和西庇阿——以及早期希腊文学作品中的阿喀琉斯和帕特洛克罗斯、俄瑞斯忒斯和皮拉德斯——都可以被解读为耶稣与门徒所享受的亲密男性伙伴关系的原型。①

圣奥古斯丁②

最早描写友谊的基督徒之一是希波的奥古斯丁（Augustine of Hippo，354—430）。他出生在北非，在迦太基大学接受教育，信奉一个名为摩尼教的非基督教派别，过着他后来认为充满错误和罪恶的生活，直到 386 年迁居米兰并改信基督教。圣奥古斯丁在 394 年前后写的自传《忏悔录》（*Confessions*）中，讲述了他在一位挚友去世时所经历的剧痛。用圣奥古斯丁对上帝的话来说："在只赋予我一年的友谊之后，你就把他从这个世界带走了，这段友谊对我来说，比我一生中所知道的任何愉快的事情都令人欢喜。"他和挚友在一起聊天、大笑、开玩笑、阅读，在经历了友谊的欢娱之后，圣奥古斯丁因挚友的溘然长逝而悲恸。

---

① Introduction to *Friendship in the Middle Ages and Early Modern Age*, ed. Albrecht Classen and Marilyn Sandidge（Göttingen：De Gruyter，2010），11.

② 圣·奥勒留·奥古斯丁：亦称希坡的奥古斯丁，天主教译为"圣思定""圣奥斯定""圣奥古斯丁"，古罗马帝国时期天主教思想家，欧洲中世纪基督教神学、教父哲学的重要代表人物。——译者注

朋友的去世让他悲痛不已，这种悲痛让我们更容易联想到失去了作为终身伴侣的爱人或配偶。用现代的说法，他变得抑郁了："我的眼睛到处寻找他，但他不见了；我怨恨一切，因为一切都没有留住他。"当圣奥古斯丁意识到他朋友的灵魂和自己的灵魂已经变成两个身体中的一个灵魂时，已经太晚了（这与亚里士多德的话相呼应），他发现"只有半个自己活着"是无法忍受的。①

圣奥古斯丁对友谊的理解与希腊和罗马前辈的不同之处在于，他披上了基督教的外衣。例如，他非常感激他的朋友濒死时在毫无意识的状态下所接受的那次洗礼。受洗后不久，他的朋友恢复了正常，并被灌输了基督教的良知，因此他谴责当时不信教的圣奥古斯丁嘲笑受洗。很久以后，当圣奥古斯丁自己受洗时，他开始相信不管多么深沉的友谊，如果不被上帝的爱所约束，终会变质。圣奥古斯丁把希腊和罗马思想家对美德的评价归功于上帝。正如在古典哲学中，美德是联结两个朋友的必要因素一样，对圣奥古斯丁来说，上帝的爱是注入真正友谊的包罗万象之光。这种将上帝置于所有血肉之躯上的关注是基督教的明显标志。

圣托马斯·阿奎那②

中世纪伟大的天主教神学家和哲学家圣托马斯·阿奎那

---

① 这句话与前文的引文均出自：Maria Boulding, trans., *The Works of Saint Augustine*: *The Confessions* (Hyde Park, N.Y.: New City Press, 1997), Part I, Vol. 1, Book IV :7, 96 - 100。

② 托马斯·阿奎那：亦称圣托马斯·阿奎那，中世纪经院哲学的哲学家、神学家。他把理性引进神学，用"自然法则"来论证"君权神圣"说，是自然神学最早的提倡者之一，也是托马斯哲学学派的创立者。死后被封为天使博士（天使圣师）或全能博士。——译者注

（1225—1274）在他的宗教教义中赋予友谊至高无上的地位。通过追溯圣奥古斯丁，甚至更远的亚里士多德，他在不朽的《神学大全》中，以追问基督教的慈善美德能否被理解为友谊作为《论爱德》一册的开篇。反对这一假设是阿奎那常用的论证方法，他最终在耶稣给门徒的临别话语中找到了自己的核心论点："以后我不再称你们为仆人……我乃称你们为朋友"（《约翰福音》15∶15）。如果耶稣把他所爱的人当作朋友，那么基督徒要效法他们的主，也要把朋友置于一切人际关系之上。

在亚里士多德之后，阿奎那再次区分了友谊和爱情。他认为，后者基于满足自己的渴望，而前者则基于一个人为另一个人谋求福祉的渴望。虽然友谊之爱和情欲之爱都可以被看作爱的形式，但根据阿奎那的观点，只有友谊才具有超越爱情的仁爱品质。

像他的精神榜样圣奥古斯丁一样，阿奎那坚持认为上帝之爱是通向爱他人的大门；只有通过对上帝的爱，一个人才能真正将友谊所必需的精神内化。根据 21 世纪天主教会一位发言人的说法，先与上帝"建立友谊"，然后再与他人"建立友谊"，就是对整部《神学大全》的总结。①

对于没有受过哲学论证和神学辩论教育的人来说，圣托马斯·阿奎那的著作是艰涩、枯燥的经院读物。他既不像圣奥古斯丁那样风度翩翩，也不像西塞罗那样脚踏实地。不过，他偶尔也会写一些直白的句子，展现人性化的一面，让当代读者喜欢他。他写道："友谊是众多乐趣的源泉，没有朋友，即使是最愉快的追求也会变得乏味。"

---

① 2002 年 6 月 8 日克里斯托弗·施伯恩红衣主教在加州托马斯·阿奎那学院的毕业典礼上的讲话。

修道院的友谊：安瑟伦的例子

虽然大多数中世纪的神职人员生活在城市或农村，向信徒布道，与男女教友互动，但也有些人选择与世俗隔绝，住在修道院。早在三四世纪，埃及就建立了基督教修道院和女修道院，随后欧洲也 40 建立了类似的机构。从 6 世纪开始，由圣本笃（Benedict of Nursia，约 480—547）所写的《本笃规程》（*Rule of Saint Benedict*）确立了大多数欧洲僧侣应遵守的规章制度。考虑到自己的修道院，即卡西诺山修道院，圣本笃撰写了一套指导方针，旨在使修道院的所有成员可以有序地一起生活、就餐、睡觉、祈祷、工作。该指导方针主要强调集体活动，不支持个体发展，因为圣本笃担心个体会破坏集体的利益。圣本笃的第二条规则特别警告修道院院长不要"厚此薄彼"。

不同于古典哲学家，尤其有别于古希腊人，基督教思想家谴责男人之间的性爱。然而，这并没有阻止一些男基督徒感受到彼此的吸引力，并像情人一样表达自己的情感。读一读安瑟伦（1033/34—1109）写给他两个男性亲属的信，在他早已动身去英格兰后，这两个亲属来到诺曼底的贝克修道院看望安瑟伦。"当我听说你们从那么远的地方来看我时，我无法表达内心的巨大喜悦……至爱的人，我的眼睛渴望看到你的脸，我的双臂张开，想拥你入怀。"[1] 或者想想他写给僧侣莫 41 里斯信中的这句话："虽然我越爱你，就越想和你在一起，但因为我不能拥有你，所以我更爱你。"[2] 在甘达夫离开他们一起居住的贝

---

[1] Walter Frölich, trans., *The Letters of Saint Anselm* (Kalamazoo, MI: Cistercian Publications, 1990), 1:285.

[2] Walter Frölich, trans., *The Letters of Saint Anselm* (Kalamazoo, MI: Cistercian Publications, 1990), 1:210.

克修道院后，他又对他的同伴甘达夫说："无论你走到哪里，我的爱都会跟随你；无论我身在何处，我对你的思念都围绕在你左右。"①

这是我们很难从一个苦行僧口中听到的话。从上下文来看，他们似乎传达了对同性爱恋的欲望；然而，当我们把他们置于安瑟伦的全部书信之中，你会看到一种情感模式，它总是从属于安瑟伦对他人幸福的关心，以及对他们所属的修道院整个团体的关心。布莱恩·麦奎尔写了一本关于中世纪僧侣间友谊的巨著，他这样说："安瑟伦把友谊看作丰富僧侣生活的一种方式，他认为这是最好的也是唯一通往天堂的途径。"② 麦奎尔在这些书信中，将爱的语言追溯到 11 世纪后半叶"友谊的重生"。"友谊的重生"起源于某些法国和德国的天主教学校，最著名的有法国沙特尔大教堂、兰斯大教堂、博韦大教堂与德国沃尔姆斯大教堂、希尔德斯海姆大教堂。③ 在对拉丁语语法和亚里士多德、西塞罗等古典作家进行研究的基础上，这些学校的新课程将友谊视为一种高尚的、自然的事业，能够且应该融入基督徒生活。无论是世俗的学生，还是宗教的学生，都是根据使用手册练习写信，手册教会他们表达友谊的恰当修辞，无论是简单的公式化问候，还是充满激情的爱的表达。这一时期的学生和他们的老师，以及各种教会人物所写的信件，被收藏在德国和法国的档案馆中保存了一千年。

我们不应忘记，所有这些信件都注定要被大声朗读，首先由收

---

① Walter Frölich, trans., *The Letters of Saint Anselm* (Kalamazoo, MI: Cistercian Publications, 1990), 1:81.

② Brian Patrick McGuire, *Friendship and Community: The Monastic Experience 350 – 1250* (Ithaca: Cornell University Press, 2010), 214.

③ Brian Patrick McGuire, *Friendship and Community: The Monastic Experience 350 – 1250* (Ithaca: Cornell University Press, 2010), 194.

信人朗读，然后由许多能够得到副本的人朗读。安瑟伦以半公开的方式写信给他的朋友们，既表达了他对某个人的感情，也展示了一幅理想化的兄弟之爱的画面。

在担任贝克修道院院长之前，安瑟伦鼓励僧侣之间建立个人友谊。后来，当他于1093年成为坎特伯雷大主教时，将这一愿景扩大到所有神职人员。（1066年后，征服者威廉入侵英格兰，来自法国的教士穿越英吉利海峡到对岸担任要职；拉丁语把他们和英国的兄弟们团结在一起。）安瑟伦的信是僧侣团体间重新庆祝友谊的见证。早期的禁欲团体曾对僧侣间私人友谊的危险发出过警告，但安瑟伦认为只要一个人对另一个人的爱不妨碍他对团体中其他兄弟的爱，就可以被接受。虽然他用新的方式和新的语言不断地阐述个人情感的价值，但他总是把这种情感置于爱上帝、爱所有人的总体目标之下。

今天，安瑟伦不如他的精神后裔阿西西的圣方济那样有名。当我们想到爱时，圣方济更容易进入我们的脑海，尤其是因为他爱所有的生灵。以他的名字命名的旧金山市，常被称为"爱之城"。这个城市包容各色人等，大家生活在一起，有着惊人的宽容与和谐。离旧金山三十二公里远的圣安塞尔莫，也可以被称为"爱的社区"，以纪念其主保圣人（安瑟伦）——这位圣人显著地改变了教会历史上的友谊版图。

正是由于安瑟伦和他后来的追随者——例如生活在12世纪的克莱沃的伯纳德、里沃兹的埃尔雷德、索尔兹伯里的约翰和布洛瓦的彼得——僧侣之间的私人友谊才获得了新的认可。神职人员不能有妻子或情妇（尽管许多人有外妾，她们通常被称为"教士的妻子"），所以教会习惯上允许他们以非常开放的态度表达彼此间的感情。他们留下的信件记录了他们的朋友圈，从教皇、大主教、主教、红衣主教、修道院院长到教区教士和普通僧侣。无论他们写信是为了寻求施加教会的影响、争论神学观点，还是传递个人信息，他们都在互相寻求情感和智力上的支持。友谊再一次成为珍贵的商品，就像在耶稣的门徒之间的友谊一样。为了效仿最早的基督徒，中世纪的僧侣们在一起工作、祷告和吃饭的时候，都承担了关爱兄弟的责任。他们之间所经历的任何分歧和对抗，都服从于他们的首要目标，用圣奥古斯丁的话说，就是"和谐地生活在一起，一心一意地爱上帝"①。我们将在下一章中看到，修女们也依靠与同性成员的友谊，形成了基督教女性团体，致力于为上帝服务。

---

① George Lawless, ed., *Augustine of Hippo and His Monastic Rule* (Oxford: Oxford University Press, 1987), 81.

第二部分

女性友谊进入历史舞台

第三章

近代修女

　　我深深地爱上了一位高贵的年轻女子……她与我结下了深厚的友谊，当我经历磨难时，她会安慰我。

　　——宾根的希尔德加德《圣希尔德加德的生活》（*The Life of Holy Hildegard*），约 1170~1180 年

　　姐妹彼此不可拥抱，也不可触摸彼此的脸或手。姐妹之间不应该有特殊的友谊，而应像基督吩咐他的门徒那样，彼此相爱，彼此包容。

　　——阿维拉的特雷莎（Teresa of Ávila），《赤足加尔默罗修会会规》（*Constitutions of the Discalced Carmelite order*），1581 年

　　纵观历史，大多数女孩和妇女生活在家庭中，先是与父母、兄弟姐妹生活在一起，然后与丈夫和孩子生活在一起。在一夫多妻制的社会中，妻子们共同生活在一起，孩子们经常生活在多个母亲的陪伴下。无论是过去还是现在，女性的朋友圈主要是由她们的亲姐妹、表（堂）姐妹、姨（姑）母和嫂子（弟妹）组成的，而不是由家庭以外的人组成的。

　　当一些早期的基督教区单独辟出修道院的一部分给修女时，女性有了另一种可能的选择。在这些性别隔离的地区，修女和僧侣一样，远离社会，独守贞节、贫穷与顺从。既然修女和僧侣们发誓放弃性行为，在这里就没有建立新家庭的问题。

　　正如一位研究天主教修女的历史学家所言，性别隔离的好处在于"把女性带到彼此友谊的巨大乐趣和回报中去"[1]。在宣誓之后，修女们几乎完全相互依靠来维系她们在世俗世界中的友谊。

　　到 4 世纪，在埃及全境和欧洲部分地区已经有了为妇女设立单独区域的修道院和妇女专用的修道院。圣奥古斯丁鼓励一个修道院的修女们彼此相爱，他的姐姐曾在这家修道院担任过院长，但他又担心友谊可能导致性亲密。因此，他指示修女们只能三人或三人以上为一组去公共浴室。每当一个修女因为某种原因不得不走出修道院时，她都会奉命跟院长挑选的人一起外出，而不是独自外出。后来这种对同性友谊的早期恐惧在基督教修道院和女修道院的历史中延续了几个世纪。[2]

---

① Jo Ann Kay McNamara, *Sisters in Arms*: *Catholic Nuns through Two Millennia* (Cambridge, M. A.: Harvard University Press, 1996), 76.

② Bernadette J. Brooten, *Love Between Women*: *Early Christian Responses to Female Homoeroticism* (Chicago: University of Chicago Press, 1996), 350 - 351.

当圣本笃在 16 世纪建立卡西诺山修道院时，他的妹妹斯科拉丝蒂卡在附近与一群女弟子建立了一座女修道院。在接下来的几个世纪里，本笃会为男性修建的修道院和为女性修建的女修道院从意大利扩展到了法国、德国和英国。建立于 12、13 世纪的其他宗教团体——圣伯纳德时期的西多会、圣方济会和圣方济下的贫穷佳兰隐修会以及圣多米尼克管理的道明会，也为修女们建造了单独的住所。

这些女修道院中有许多只接受上层社会的女性，条件是她们要随身携带大量嫁妆。这些迎合富人而建的修道院，满足了大户人家讲究派头的诉求：这些家庭知道，他们的女儿只会和同一阶层的人交往，做一些与她们身份相称的事，比如阅读、写作、唱歌和刺绣。家务活和体力劳动可以留给无薪的、从事仆役工作的修女，也可以留给出身卑微、拿薪水的非专业仆人。充当女仆的修女不一定要宣誓，她们往往被限制在厨房和服务区活动。只有蒙着面纱的，或者参加"唱诗班"的来自富裕贵族家庭的修女才会参与修道院的管理，并能晋升到司库、初级教师、女修道院副院长和女修道院院长的职位。就这样，世俗的阶级制度在女修道院得以复制。①

我们对这些机构中的女性友谊了解多少？由于中世纪修女需要阅读和背诵拉丁文来完成礼拜仪式，有些修女还能用拉丁文和当地方言写作，因此她们留下了大量的信件、回忆录和神学论著。这类女性的识字率在整个中世纪都是极高的，事实上，当时男性十分害怕受过教育的女性，以至于 13 世纪和 14 世纪由男性撰写的法国和

50

51

---

① Silvia Evangelisti, *Nuns: A History of Convent Life 1450 – 1700* (Oxford: Oxford University Press, 2007), 30 – 31.

意大利的手册中明确规定，妇女不应该学习读写，"除非她们将来要做修女"①。除了修女留下的文字外，还有男性撰写的女性隐修士的生活记录，这些撰写者包括举行弥撒和聆听女性忏悔的当地牧师、每年到访的主教和大主教，还有其他教会当局负责监督女性的其他教会权威人士。通过这些文件，我们可以从修道院女性错综复杂的联系中梳理出一些线索。

宾根的希尔德加德

宾根的希尔德加德才华横溢、富有创造力、充满激情，为我们记录下了她和修女姐妹们的生活点滴。1098 年前后希尔德加德出生于现在德国莱茵黑森地区的一个上层社会家庭，不过这个家庭并没有什么头衔。她是家里的第十个孩子。八岁时，她的家人把她以抵扣什一税的形式送给了斯朋海姆的尤塔照顾。尤塔是一位贵族少女，彼时已经表露出想从事宗教事业的渴望。1112 年，尤塔宣誓成为一名隐修士，打算去迪斯伯登堡本笃会修道院中与僧侣们一道闭关修行。同年，十四岁的希尔德加德跟着她去了那里。②

"划地而居"意味着尤塔和希尔德加德都不能离开她们的小单间，除了去做礼拜以外，她们只能通过带格栅的窗户或门获得食物和其他必需品。在希尔德加德的帮助下，修士沃尔玛撰写了《尤塔的生平》（*Vita Jutta*）一书，书中对尤塔的生平进行了描述，但没有提供太多的细节。可以肯定的是，希尔德加德和尤塔在极端情

52

---

① Philippe de Navarre, *Les Quatre Ages de l'Homme* (Paris: Librairie Firmin Didot, 1888), 16.

② Fiona Maddocks, *Hildegard of Bingen: The Woman of Her Age* (New York: Doubleday, 2001), 17 – 24.

况下相互依赖，发展了友谊。

尤塔的年纪比希尔德加德大，她教希尔德加德宗教生活的基本常识，还教她唱赞美诗。她们一起遵循本笃会每天祈祷、工作、学习、吃饭、睡觉的时间表。虽然希尔德加德后来哀叹自己缺乏基础以外的指导，但她从尤塔那里学会了拉丁语，具有用拉丁语阅读和写作的能力。她们为教堂做针线活儿，互相帮助。毫无疑问，在生活中她们一定是互相依赖的，比如每月来月经和处理日常废物的时候。当然，没有一份书面文件提到这些说不出口的内容。

人们知道希尔德加德频繁患病的情况和她早年看到的种种幻象。当时这些幻象被视为上帝选择潜修者的标志，并最终出现在她杰出的作品和音乐中。但作为一个女孩、一位年轻的女性，她将这些深藏在自己的心里——因为谁也不知道这些幻象是上帝的恩赐，还是魔鬼的杰作。然而，她无法掩饰它们给她带来的疼痛，那感觉应该就像我们今天所说的偏头痛。我们猜想，在这些危难时刻，尤塔守在她的床边，也许会遮住希尔德加德的眼睛，为她祈祷。当希 53
尔德加德可以下床走动后，开始为自己的老师和朋友担任助手。尤塔作为圣女声名鹊起，越来越多的贵族妇女希望分享她的宗教生活。久而久之，尤塔在自己和希尔德加德周围建立了一个小型的女性教区，甚至接受了修院领袖（Magistra）的职位。

尤塔于1136年去世，享年四十五岁。她在迪斯伯登堡隐居了二十四年。希尔德加德和另外两名女性按照古老的仪式为她准备葬礼，包括清洗和摆放遗体。尤塔先被安葬在修道院，后来被重新埋葬在教堂的祭坛前。

同年，希尔德加德接替她的导师（尤塔），被任命为修道院领袖。尽管她仍然服从修道院院长库诺的领导，但这个职位依然赋予她相当大的权力。在任期，她创作宗教音乐和供修女演唱的歌曲。其中一些音乐流传了下来，至今仍由表演中世纪音乐的团体演奏。（比如，震撼人心的全女生版《哦，耶路撒冷》，这首歌由希尔德加德创作，由戴勒·康索特演唱。）我们可以想象在修女们准备日课，也就是在每天的礼拜仪式上唱歌时，希尔德加德教她们认识复杂的乐谱和发声方式时的情景。不难想象，修女们在一起唱歌时会产生一种亲密感。

1140 年，居住在迪斯伯登堡的十八名妇女生活在这样的氛围中，她们之间有许多共同之处。所有的人都来自贵族家庭，作为基督的新娘，每个人都带着嫁妆。大家都是主动选择或者被她们的家庭强迫远离世俗世界，履行本笃会关于贞节、贫穷与顺从的誓言。但是，说到贫穷的誓言，她们似乎都不愿意放弃奢华的衣服和长发。在迪斯伯登堡，这些对于贵族女性来说是被允许的，但对其他女修道院的下层女性是不允许的，她们必须剪发，每年要剪几次。希尔德加德赞成那些圣洁的修女们在节日里唱圣歌时，头戴金色的王冠，身穿及踝的白色长袍，把头发放下来。这种情景源自她内心的幻象，沃尔玛修士作为希尔德加德的精神导师和挚友长达三十余年。在他的帮助下，希尔德加德开始记录下这些幻象。希尔德加德心有异象，并创作神学著作的消息，很快由修道院院长库诺汇报给了他的上级美因茨大主教。大主教派了一个代表团去调查希尔德加德是一个真正的预言家还是一个骗子，代表团确信她是预言家，把报告寄给了大主教，最后大主教也相信她是一个真正神选的神秘主义者了。

大约在 1150 年，在主教的支持下，加上她所在的修道院的批准，希尔德加德说服了当局，她要为修女建立一个专门的新机构。希尔德加德在一座叫鲁伯斯堡的偏远山丘上，在原有的修道院遗址上建造了一座新的修道院，这只是她众多惊人成就中的一个。在那里，她继续指导她的女性追随者，包括她最喜欢的施塔德的理查兹。这份"特殊"的友谊在希尔德加德所写的信件以及收到的众人的回信中得到了很好的证明。它显示了一个修女对另一个修女的感情有多么强烈，尽管在《本笃规程》中明确反对个人友谊。

55

希尔德加德和理查兹

施塔德的理查兹是一个贵族家庭的女儿，与斯朋海姆的尤塔有亲戚关系，比希尔德加德小二十多岁。理查兹不仅接受了修道院领袖希尔德加德的宗教指导，而且帮助希尔德加德编写了她的第一部手稿《认识上帝之道》。希尔德加德是这样描述她的："当我写《认识上帝之道》这本书的时候，我深深地爱上了一位高贵的年轻女子……她与我结下了深厚的友谊，当我经历磨难时，她会安慰我，直到我完成那本书。"①

希尔德加德与理查兹之间的"友爱"是有问题的，因为理查兹比希尔德加德年轻很多，地位也不高。但是正如我们在这里和其他地方所看到的，无论亚里士多德的观点如何，年龄和地位是否相当并不总是友谊中必不可少的元素。希尔德加德称理查兹为她的"女儿"，并拒绝放弃控制女儿的"母亲"角色，即使理查兹被选为另一个本笃会女修道院——巴苏姆的院长时，也是如此。希尔德加德不能容忍她心爱的朋友被人从身边带走。她向理查兹的母亲、

① *Jutta and Hildegard*: *The Biographical Sources*, ed. Anna Silvas（University Park, P. A.：The Pennsylvania State University Press, 1999），165.

56　大主教甚至教皇都寄出了很多令人心碎的信，试图将理查兹留在鲁伯斯堡。她在给理查兹的哥哥——不来梅大主教的一封信中描述了自己的困境："现在请听我说，我这样垂头丧气，伏在您脚下哭泣。我极度悲伤，因为有一个可怕的人践踏了我的愿望……把我亲爱的女儿理查兹拖出了修道院。"①

　　理查兹对这一切有何感想？我们并不知情。但她似乎自愿搬去了新的修道院，当她在 1152 年前后收到希尔德加德那封悲伤的信时，她一定很不安。如下几段出自这封信：

　　　　女儿，听我说，你的母亲，用心对你诉说：我的忧愁直达上天。我的悲伤正在摧毁我对人类曾有的巨大信心和安慰……

　　　　我再说一次：我有祸了，你的母亲，我有祸了，我的女儿。你为什么离弃我呢？……我非常喜欢你的高尚品格、你的智慧、你的贞节、你的精神，以及你生活的方方面面……

　　　　现在，让所有像我一样悲伤的人和我一起哀悼，所有人栖身于上帝之爱中，他们是否对一个人有过如此强烈的爱，就像我对你的情感一样，却立刻被夺了去，就像你从我身边被夺走一样。②

　　当然，这些话就像出自一位愤愤不平的朋友，甚至也可能是一个心烦意乱的情人。在我们对女性朋友的研究中，一次又一次地发
57　现，一位女性可以对另一位女性充满感情，甚至会有身体上的爱抚

---

① Letter 12 in *The Letters of Hildegard of Bingen*, trans. Joseph L. Baird and Radd K. Ehrman（New York：Oxford University Press，1994），1:48.

② Letter 64 in *The Letters of Hildegard of Bingen*, trans. Joseph L. Baird and Radd K. Ehrman（New York：Oxford University Press，1994），143 - 144.

和激吻，但不一定是性行为。这就是我们所说的"友爱"。虽然希尔德加德明确希望理查兹留在鲁伯斯堡，但事实并未如她所愿。理查兹在巴苏姆待了两年，因病去世。理查兹的哥哥——不来梅大主教，肩负着一项悲伤而艰巨的任务，那就是把妹妹的死讯告知希尔德加德。他很懊悔。他说理查兹在临终圣礼上含泪表达了要返回鲁伯斯堡的愿望，哪怕回去一次也好。不来梅大主教又谦恭地补充道："因此，如果我有权利要求的话，我竭尽所能地恳求，恳求您爱她，就像她爱您一样……上帝报答一切善行，愿他无论在现世，还是在天国，都永远眷顾您。您为理查兹所做的一切，超过了亲友。"①

　　这个感人的故事描绘了一个修女和另一个修女之间可能存在的深厚情感，即使她们在年龄和地位上存在巨大的差异。这表明，即使修女们受到警告，在简朴的修道院里也会发展出深厚的友谊，虽然人们总是担心这种依恋会冲淡对上帝的爱。此外，如果两个修女表现出对彼此的偏爱，可能会破坏修道院维护和谐所必需的凝聚力。更糟糕的是，高度情绪化的朋友关系可能会导致肉体的罪恶。从早期开始，教会就痛斥同性恋关系。例如，除了圣奥古斯丁和圣本笃所表达的担忧之外，该留撒（470—542）明确地建议他所在教区中，初出茅庐的修女们避免与他人形成"不合适的亲密关系"。他说："任何人都不应该有秘密的亲密关系或任何形式的友谊。"与其陷入由情感依恋引起的肉体诱惑，不如与其他人保持一定的距离。②

---

① Letter 13 in *The Letters of Hildegard of Bingen*, trans. Joseph L. Baird and Radd K. Ehrman (New York：Oxford University Press, 1994), 50.

② Julie Ann Smith, *Ordering Women's Lives*：*Penitentials and Nunnery Rules in the Early Medieval West* (Burlington, VT：Ashgate, 2001), 191 - 192.

大多数修女只限于结交修道院里的朋友。虽然只能隔着栅栏见面，但修女偶尔也能与到访的家人和其他熟人建立友谊。还有修女通过书信的方式，与其他修道院的修女结成了友谊。

希尔德加德和舍瑙的伊丽莎白

宾根的希尔德加德和她年轻的同行舍瑙的伊丽莎白（Elisabeth of Schönau，1129—1165）就是这样的例子。伊丽莎白是舍瑙双修道院女区的修院领袖。她们的信从本笃会的一个修道院寄到另一个修道院，在信中，她们描述神秘经历，讨论教义，表露同情，表达处于相似立场的各种关切。

和希尔德加德一样，伊丽莎白很小的时候就被招收为修道院的学生，并在那里度过余生。与幻象始于童年的希尔德加德不同，伊丽莎白出现幻象时，已经是一个成熟的女性了。1152 年前后，在二十三岁时，她开始在写给希尔德加德的信中描述那种恍惚状态。在那些痛苦的时刻，与她同修的修女们悉心照顾她，后来，一些修女帮她记录下她的幻象。不久，伊丽莎白的兄弟埃克伯特开始传阅这些记录，她因此出了名。①

当伊丽莎白第一次写信给希尔德加德寻求建议时，她已经感受到了混杂的名人效应。她抱怨说，出现了假冒她名义的伪造信，她的名誉正在被流言蜚语所玷污。伊丽莎白认为作为一个神秘主义者的希尔德加德会理解她的困境。希尔德加德报以慈母般的忠告，充满同情地回应她。若有人被神挑选出来，正如她们一直所坚信的，要谦卑，要

---

① M. Colman O'Dell, "Elisabeth of Schönau and Hildegard of Bingen: Prophets of the Lord," *Peace Weavers: Medieval Religious Women*, ed. Lillian Thomas Shank and John A. Nichols (Kalamazoo, MI: Cistercian Publications, 1987), 2:88.

相信主。虽然希尔德加德对内心的骚动并不陌生，但她的信仰依然坚定不移。她对伊丽莎白公开表示："我也畏缩在自己渺小的世界里，被焦虑和恐惧折磨得疲惫不堪。然而，我时不时地听到些回响，就像生活之光中传来的号角声。愿上帝帮助我，让我继续服侍他。"① 这两个女人把彼此视为知己，可以把她们的个人焦虑向对方倾诉。毕竟，如果不能毫无顾虑地宣泄，朋友还有什么用呢？

　　修道院的生活促使我们今天所说的导师制的出现。年轻的修女期望得到年长修女的照顾，以适应环境，努力成为基督的新娘。就像尤塔教育希尔德加德那样，希尔德加德指导理查兹，甚至远程指导舍瑙的伊丽莎白。年轻的修女注定要远离家庭和世俗社会，住在一起，她们希望年长的修女教她们宗教仪式，这对共同生活和最终的救赎必不可少。年长的修女并没有轻视这些责任。随着时间的推移，年轻的修女融入了修道院的生活，她们的地位变得更加平等，年长的修女和年轻的修女可以成为真正的朋友。

　　甚至当一名修女离开她年轻时居住的修道院，去往另一个修道院时，她仍然可能依靠她的前任上司，并寻求她的建议。阿德尔海德就是这样一个例子，她和她的亲戚理查兹·冯·斯塔德一样，在她想接受另一个修道院院长的职位时，遭到了希尔德加德的反对。在新职位上，她写信给希尔德加德，乞求恢复她们的"早期友谊"，并愿为希尔德加德和她的教会祈祷。阿德尔海德的语言温柔而贴心："您应该把我常记于心，众所周知，我在亲密的爱和奉献中追随您。我不希望这朵花，从前一直被温柔呵护的花——在您温和教育我的时候，曾经在我们两人之间盛开的那朵花——在您心中

---

① Letter 201r in *The Letters of Hildegard of Bingen*, trans. Joseph L. Baird and Radd K. Ehrman (New York: Oxford University Press, 1994), 2: 181.

枯萎。"① 希尔德加德对阿德尔海德这封充满情感的书信所做的回应没有被保存下来，但后来的一封信显示阿德尔海德和希尔德加德通信超过了二十年，在这期间，年长的希尔德加德继续给年轻的阿德尔海德提供建议和帮助。

61　　其他的女修道院院长、小修道院院长和修女们，不管是否认识希尔德加德，都写信给她，请求她给予祝福或者忠告。一位深陷困境的女修道院院长坚持认为，她感受到自己与希尔德加德被"深深的爱"联系起来。② 一位忧心忡忡的隐修院女院长想知道，面对年轻修女们不守规矩的行为，她该如何去做。因为，用她自己的话来说，"我有责任纠正姐妹们的任性行为，尽管我几乎无法战胜周围的危险"。希尔德加德告诉她，只要她还有能力，就继续"在上帝的女儿中劳作"。希尔德加德总是劝告那些身居要职的修女们坚持不懈，而不是放弃她们的行政职责。③

　　基钦根女修道院的院长索菲娅写信给希尔德加德，说她将在另一位修女的陪同下来访。在信中，她这样描述她的同伴："我会带来一位出身很好的同辈，她是一位值得称赞的修女，一个在各方面都得到认可的修女，她是天父为我创造的灵修姐妹。让我们俩结识您，是上帝的旨意。"④ 这位女修道院院长为她优秀的朋友感到骄傲，并渴望在希尔德加德赞许的目光中展示她们的友谊，这是多么

① Letter 100 in *The Letters of Hildegard of Bingen*, trans. Joseph L. Baird and Radd K. Ehrman (New York: Oxford University Press, 1994), 15.

② Letter 157 in *The Letters of Hildegard of Bingen*, trans. Joseph L. Baird and Radd K. Ehrman (New York: Oxford University Press, 1994), 104.

③ Letter 140 in *The Letters of Hildegard of Bingen*, trans. Joseph L. Baird and Radd K. Ehrman (New York: Oxford University Press, 1994), 80.

④ Letter 150 in *The Letters of Hildegard of Bingen*, trans. Joseph L. Baird and Radd K. Ehrman (New York: Oxford University Press, 1994), 95.

有人情味，且完全不受时间影响的情感。索菲娅院长坚定地认为，与这样一个值得尊敬的人交往，提高了她的自身价值。但是，我们不应嘲笑这种通过与其他人关联而进行自我验证的尝试，请扪心自问，今天，我们当中有多少人可以坦诚地说，自己从来没有因为类似的原因而报出过一个有声望的朋友的名字？

从这些给希尔德加德与其他人的信中，可以明显地看出修女们互相寻求支持、关爱和友谊。就像安瑟伦的信件广为流传一样，这些修女们不再回避用爱、真心和忠诚这样的词汇来描述她们的感情。而且，很明显，像希尔德加德这样更年长、更资深的修女，得到了他人热情的敬与爱。有名望的圣女们不仅有责任为她们直接负责的修女们提供忠告和慰藉，而且有责任为那些寻求精神指导的远方修女们提供咨询与安慰。

哈克伯恩的米歇尔德和大格特鲁德

在希尔德加德管理下的鲁伯斯堡繁荣了一百年后，另一座德国修道院因其圣洁的修女和她们的博学而闻名。在 13 世纪的黄金时代，位于萨克森北部赫尔夫塔的圣玛丽本笃会修道院诞生了能感知神示的哈克伯恩的米歇尔德（Mechtilde of Hackeborn，约 1240—1298）。她是另一位神秘主义者大格特鲁德的朋友和导师。通过她们的文字，我们可以初步感受到她们之间亲密的友谊：年长的修女教导年轻的修女，两个人互相激励。

哈克伯恩的米歇尔德七岁时就走进了这个与世隔绝的世界。当时，她的母亲带她去离家不远的地方看望十六岁的姐姐——哈克伯恩的格特鲁德。（几个世纪以来，许多人都把哈克伯恩的格特鲁德与大格特鲁德混为一谈。）接下来的十年里，在姐姐的监督和其他

63 孩子的陪伴下，米歇尔德逐渐长大。她的姐姐于 1251 年成为修道院院长。1258 年，当这个修道院从罗德斯多夫搬到赫尔夫塔时，米歇尔德也跟着搬了过去。

米歇尔德在赫尔夫塔的圣玛丽本笃会修道院学校教孩子们学习，还教修女们演奏音乐。她以动人的歌声和出众的唱诗班指挥能力而闻名，这两样能力为她赢得了一个非官方的头衔——domna cantrix（女咏叹者）。与米歇尔德同一时代，但稍晚一些的大格特鲁德，称她为"基督的夜莺"①。

在将近四十年里，米歇尔德先后与两位格特鲁德共事，曾协助修道院修女（哈克伯恩的格特鲁德）管理修道院，并担任年轻朋友的精神导师。米歇尔德和大格特鲁德与其他修女一起唱圣礼，私下一起读经文。这两位唱诗班修女一起完成日常工作，包括纺纱和刺绣。她们定期照顾病人，帮助医生给病人放血。

1291 年，哈克伯恩的米歇尔德已经五十多岁了，而且身体也不好，她把自己所得到的神示告诉了格特鲁德，并最终允许她和另一个修女记录下来。没有修女姐妹们的帮助，米歇尔德感知到的神示永远也不会被收入她的《恩典之书》（*Book of Special Grace*）中。在这种情况，以及许多其他情况下，修女有责任记录下她们那些有宗教幻象的同伴们的宣告。②

在米歇尔德的幻象被写在羊皮纸上的三百年后，加尔默罗修会
64 的玛丽亚·马达莱娜·德·帕齐（1566—1607）的幻象也被修女

---

① Mary Jeremy Finnegan, *The Women of Helfta: Scholars and Mystics* (Athens, GA: University of Georgia Press, 1991), 27.

② Ann Marie Caron, "Taste and See the Goodness of the Lord: Mechtild of Hackeborn," in Book Two of *Hidden Springs: Cistercian Monastic Women*, ed. John A. Nichols and Lillian Thomas Shank (Kansas City, MO: Cistercian Publications, 1995), 509–524.

们记录下来。她在修道院里的朋友们把她恍惚时说的话抄录了下来。然后，她们整理文本，最终在玛丽亚·马达莱娜死后，编辑出版了这些文字。① 这种重建女性幻象的合作，可以被看作女性主义学者在 20 世纪末为恢复女性历史体验而采取集体合作的先驱。

同样，伊莎贝尔·德·热苏斯（1584—1648）的生平如果不是被女性朋友记录下来的话，后人也不会知道，因为伊莎贝尔本人是个文盲。她出生于一个西班牙农民家庭，童年时照料羊群，体验神秘的幻象。后来，她嫁给了一个年长的男人。她刚刚成年，这个男人就离开了她，寡居的伊莎贝尔遁入修道院做了一名女侍修女。在那里，她把自己的生平际遇与看到的幻象，都口述给了一位来自上层社会富有家庭的博学姐妹——伊内斯·德尔·桑蒂西莫·萨克拉门托。两人互相帮助：一人担当教育者和抄写员的角色；另一人在其守护人生病时给予对方照顾。后来，当伊内斯成为修道院院长时，伊莎贝尔被提升为唱诗班修女。两个来自截然不同社会背景的修女都获益，社会阶层的界限破例被打破了。②

这是否意味着，所有修女，或者大多数修女，表现得像好朋友，没有经历过敌意或不和谐？绝对不是！不论什么时间和地点，修道院里发生不和谐事件的情况并不少见。关于修女之间争斗的记录包括肢体暴力，甚至企图谋杀，表明神圣的光环背后隐藏着一些隐患。③ 无论何时，不管多么虔诚，只要是一群人生活在一起，就

65

---

① Silvia Evangelisti, *Nuns: A History of Convent Life* 1450 – 1700 (Oxford: Oxford University Press, 2007), 72.

② Silvia Evangelisti, *Nuns: A History of Convent Life* 1450 – 1700 (Oxford: Oxford University Press, 2007), 80 – 81.

③ Silvia Evangelisti, *Nuns: A History of Convent Life* 1450 – 1700 (Oxford: Oxford University Press, 2007), 60.

必然会出现异议、对抗、偏袒和嫉妒，甚至爆发许多扰乱集体秩序的事件。

"不当行为"

在针对中世纪修道院的诸多指控中，有一项是允许修女和来访的牧师发生性关系。一个偶然出生的婴儿就把这些指控坐实了——比如在圣奥宾修道院的一个法国修女生了三个孩子，其中至少有一个孩子的父亲是牧师。欧德斯·里戈大主教于 1248～1269 年记录下这些事件，并对该修道院的修女进行了猛烈的抨击，因为她们为了掩盖罪行而说谎。① 我们听不到修女们对这些事件的说法，我们只想知道她们为什么，又是如何联合起来帮助姐妹渡过怀孕和分娩的难关。她们似乎忠于朋友，即使那个人丢了她们的脸。也许她们中的一些人不自觉地认同这个性生活很活跃的女性，羡慕或同情她的经历。也许在她们抚育新生婴儿时，也会流露出自己的母性。即使知道修女或僧侣的性行为只是一条不大的可赎之罪，她们似乎也会站起来反抗主教，以示女性团结，这激怒了欧德斯·里戈大主教。

在文艺复兴时期，一些修道院因修女道德败坏而臭名昭著。历史学家朱迪斯·布朗对记录近代早期意大利修女异性恋的文献非常熟悉，她称之为"司空见惯"。但她惊讶地发现，1619～1623 年进行的一次广泛的教会调查描述了一位女修道院院长和一位年轻的修

---

① Penelope D. Johnson, *Equal in Monastic Professions: Religious Women in Medieval France* (Chicago: University of Chicago Press, 1991), 121.

女之间的不当关系。①

贝尼代塔·卡利尼出生在托斯卡纳大公国的一个普通家庭，九岁时在佩夏镇与一群有宗教信仰的妇女同住。三十岁时，她被其他修女选为女修道院院长，当时她所在的修道院是一个真正的基廷修道院。此前，她已经有了多次见到基督的幻象，这既为她带来了声名，也导致她最终的毁灭。像之前的其他女性神秘主义者一样，当幻象降临时，她会进入一种恍惚状态，并经历巨大的身体疼痛。贝尼代塔不满足于在其他修女和镇民中拥有宗教幻象者的名声，她举行了一个精心策划的仪式，在这个仪式中，她和耶稣在修道院小礼拜堂内公开结婚，这是一场神秘的婚姻，让人想起了几个世纪前锡耶纳的圣凯瑟琳。这对教会神职人员来说，实在是太过分了，他们决定调查。

事实证明，他们的发现让大家惊恐不已：不仅贝尼代塔对自己幻象的描述疑点重重，而且她引诱了一个年轻的修女巴托洛米亚·克里维利从事"不当行为"。

我们收录这个故事并不是因为它具有典型性（正如一些 18 世纪的丑闻散播者希望我们相信的那样），而是因为它代表了一种友谊被跨越的情况。一些不同年龄段的女性友谊朝着这个方向发展，特别是由于个人选择，或者外力强制，女性被限制在同性群体之中时。

最后，教会神职人员判定贝尼代塔和巴托洛米亚之间的关系是魔鬼的"杰作"，两个女人也都同意这一点。把她们的"不当行为"归咎于恶魔附体，要比归罪于她们的自由意志强得多，因为

---

① Judith C. Brown, *Immodest Acts: The Life of a Lesbian Nun in Renaissance Italy* (New York: Oxford University Press, 1986), 4.

后者很可能招致死刑。最后巴托洛米亚轻松地免于受罚，而贝尼代塔·卡利尼则在修道院里被隔离，在她生命最后的三十五年里孤独一人，接触不到其他修女。

68　　这种彻底隔离是罕见的。欧洲各修道院之间建立严肃友谊的机会各不相同，这取决于国家、时期、教会当局以及修道院院长或女修道院院长的个性。例如，在 13 世纪的西班牙，尽管教会禁止下棋，修女们却被允许下棋。我们从国王阿方索十世 1283 年的著作《游戏之书》（*Book of Games*）中能够了解到这一点。书中有一幅画，一位年长的修女站在棋盘的一边，为对面的新手讲解游戏规则。

　　一些修女专门从事医疗救助。她们参加的救助团队把她们带出教区。例如，一些人在巴黎的主宫医院工作。一本 15 世纪的名为《收容院修女的职业生涯》的手稿描述了修女们的活动，并详细讲述了四个穿着黑袍的修女为卧床不起的病人服务。还有一些年龄很小的修女，只有成年修女一半高，在旁边观察、学习。我们再一次问自己，当这些女性从宿舍走向病床时，她们之间建立了怎样的友谊？一起工作，睡在同一个房间里，可能为修女们提供了讨论她们共同关心的问题（病人、看护医生），甚至讨论她们个人故事的机会。

阿维拉的特雷莎

　　阿维拉的特雷莎[①]（又称圣女大德兰，1515—1582）的个人事迹，正如她在《生命之书》（*The Book of Her Life*，又称《圣女大德兰自传》）中所描述的那样，表明她有一种不同寻常的交友天赋。事实上，她是如此友好和健谈，以至于在成为修女的很长一段时间

[①] 有资料显示，Teresa of Ávila 又译为阿维拉的特雷莎。——译者注

里，她在自己与朋友的关系和自己与上帝的关系之间感到了矛盾。 69
用她自己的话来说："在我开始祈祷的二十八年里，我经历了超过
十八年的斗争与冲突，纠结到底是要忠实于神还是与世俗为友。"①

特雷莎成为修女的前二十年是在阿维拉的加尔默罗的道成肉身修
道院度过的。1562 年，当她有了一个想要完善加尔默罗修会教规的愿
望之后，她和几个朋友在阿维拉的圣荷塞修道院建立了一个改革后的
修道院分支机构，称为"赤足加尔默罗修会"。在那里，她们圈禁自
己，几乎不与外界的亲朋故旧接触，以便更专注于祈祷和自己的内心。

同年，她应忏悔者的要求，撰写了《生命之书》，以便向更多
人解释她的幻象和默祷（精神祈祷）的实践。这本书的传播范围
确实超出了她的小圈子，牧师、神学家、俗世之人，甚至阿维拉的
主教都读过。如果她的神示能把她带到未来，她会看到这本书在
21 世纪仍在被阅读，不仅是在阿维拉，而且是在全球。

特雷莎写了第二本书——《内心的堡垒》（*The Interior Castle*）。
她为其他加尔默罗修会修女明晰了默祷的某些方面，用她的话说，
"因为女人最能理解彼此的语言"。② 她本人当然知道如何与其他女
人清晰地、富有同情心地交谈。特雷莎天生外向，从小就对友谊充
满了兴趣。在《生命之书》中，特雷莎提到了无数的朋友，有些 70
有名有姓，有些则没有。这些朋友在她最需要帮助的时候，为她提
供食物。有一位来自道成肉身修道院的年长修女，当特雷莎身患重
病时，她陪特雷莎去了一个以治病闻名的地方。用特雷莎修女的话

---

① Kieran Kavanaugh, OCD, and Otilio Rodriguez, OCD, trans. , " The Book of Her
   Life," in *The Collected Works of St. Teresa of Ávila* (Washington, DC: ICS
   Publications, 2012), 1:95.

② Kieran Kavanaugh, OCD, and Otilio Rodriguez, OCD, trans. , " The Book of Her
   Life," in *The Collected Works of St. Teresa of Ávila* (Washington, DC: ICS
   Publications, 2012), 70.

来说："出于对我的关心，我的父亲和姐姐把我带到那里，我的朋友也跟着去了，因为她非常爱我。"①

当特雷莎遇到困难时，一位"显要贵族的遗孀"（杜阿·吉奥马尔·乌略亚夫人）为特雷莎提供了多日的住处。吉奥马尔夫人从她丈夫那里继承了一小笔财产，她将这笔钱用于慈善事业，帮助特雷莎在圣荷塞建立了赤足加尔默罗修会。在特雷莎的鼓励下，这位富有的寡妇也在圣荷塞尝试了赤足加尔默罗修会式的生活，但她不够坚强，对此无法忍受。

特雷莎和一个向她忏悔的神父成为朋友。用特雷莎的话来说："他向我解释他邪恶的道德境界。这不是一件小事，因为大约七年和同一个地方的女人的感情，他一直生活在危险的状态中；尽管如此，他依然在做弥撒。"特雷莎承认，她也"深深地爱着他"，并且担心他们频繁的谈话会让他更爱自己。回顾他们的互动，特雷莎有点像西塞罗，她认为如果一段友谊导致一个人做错事，那么这段友谊就不应该持续下去。用她的话说："这是世上的无稽之谈……我们认为不绝交是一种美德，即使友谊违背了上帝。"最后，这位牧师不再见他们一直谈论的那个女人。自特雷莎第一次见这位牧师，仅过了一年，他就去世了。特雷莎与洛萨里奥神父的"友谊"预示了现代女性与男性之间形成的无性又密切的关系。在早些时候，社会往往对这种关系不屑一顾，即使在今天，"只是朋友"的说法也令人担忧。

最终，经过多年的祈祷，特雷莎达到了一种精神状态，在这种状态下，她可以调和自己与普通人的友谊，以及自己对上帝的虔诚。用她的话说："除了那些爱他，并努力为他服务的人之外，我再也不

---

① Kieran Kavanaugh, OCD, and Otilio Rodriguez, OCD, trans. , "The Book of Her Life," in *The Collected Works of St. Teresa of Ávila* (Washington, DC: ICS Publications, 2012), 71.

能和其他任何友谊联系在一起，或是在别人身上寻求安慰，又或是对别人怀有特别的爱。"① 她的精神导师圣奥古斯丁的《忏悔录》，就像其他几部作品引起了阿维拉的特雷莎的共鸣。她认为，只有当友谊披着上帝之爱的外衣时，才有意义，也才会持久。

特雷莎对亲密的关系非常谨慎。她甚至对女性之间常见的亲昵肢体动作提出了警告："姐妹彼此不可拥抱，也不可触碰彼此的脸或手。"她要求修女们"应像基督吩咐他的门徒那样，彼此相爱，彼此包容"。② 72

在她晚年，特雷莎与几位加尔默罗修会的修女成为密友，包括安娜·德·圣巴托洛姆、玛丽亚·圣何塞和安娜·热苏斯。第一个安娜是卡斯蒂利亚的农民，她在特雷莎创办的修会学会了写字。后来，她成为特雷莎的私人助理、秘书、知己和护士。在特雷莎的指导下，安娜也开始体验宗教幻象，这强化了她的信仰。在"精神上的母亲"去世后，安娜撰写了《守护特雷莎的遗赠》一文，以赞扬特雷莎对天主教会的独特贡献，并借此申明自己作为特雷莎精神继承人的地位。③

特雷莎的另外两个忠实的同伴具有更显赫的背景。玛丽亚·圣何塞在进入修道院前是一位贵族的侍女，安娜·热苏斯则来自一个地位较低的贵族家庭。两个人都帮助特雷莎在西班牙和国外传播《赤足加

① Kieran Kavanaugh, OCD, and Otilio Rodriguez, OCD, trans., "The Book of Her Life," in *The Collected Works of St. Teresa of Ávila* (Washington, DC: ICS Publications, 2012), 211 – 212.

② Alison Weber, "'Little Angels': Young Girls in Discalced Carmelite Convents (1562 – 1582)," in *Female Monasticism in Early Modern Europe*, ed. Cordula van Wyhe (Burlington, VT: Ashgate, 2008), 212.

③ Silvia Evangelisti, *Nuns: A History of Convent Life 1450 – 1700* (Oxford: Oxford University Press, 2007), 76. Alison Weber and Amanda Powell, eds., *Book for the Hour of Recreation* (Chicago: University of Chicago Press, 2002), 43.

尔默罗修会会规》，玛丽亚在塞维利亚和里斯本传教，安娜·热苏斯在萨拉曼卡和法国传教。这些女性献身特雷莎修女，致力于教会改革，她们树立了友谊的榜样，即这些友谊服务于比它们自身更伟大的事业。

贝干诺派

73　　　在整个欧洲，其他不需要修道院围墙的妇女宗教团体如雨后春笋般涌现。在这些教区中，最著名的是单身或丧偶妇女为了精神目的而生活在一起的贝干诺派（又称女性贝格派）。这一运动始于低地国家（对欧洲西北沿海地区的荷兰、比利时、卢森堡三国的统称——译者注），最终发展到德国和法国。贝干诺派的成员在一个名叫贝居安会院的房子里共同生活，每个女性都有自己的公寓或者房间。每个团体都有自己的准则，贝居安会院所有女信徒的准则是：贞节、贫穷、慈善和祈祷。不像修道院里的妇女，大多来自贵族家庭，贝干诺派的女性来自社会的各个阶层，她们靠照顾病人或在纺织行业工作而维持朴素的生活。自愿贫穷和拯救灵魂的承诺是这些虔诚女性的标志，但教会倾向于用怀疑的态度来对待她们，因为她们不受既定教规的约束。1215 年，第四次拉特兰会议禁止建立新的宗教团体后，贝干诺派不断地面对来自教会的敌意。其中，《朴素灵魂之镜》的作者玛格丽特·波瑞特甚至因异端邪说于 1310 年在巴黎被烧死在火刑柱上。[1]

---

① Ernest W. McDonnell, *The Beguines and Beghards in Medieval Culture: With Special Emphasis on the Belgian Scene* (New Brunswick, N. J.: Rutgers University Press, 1954); Marguerite Porete, *The Mirror of Simple Souls*, trans. Ellen L. Babinsky (Mahwah, N. J.: Paulist Press, 1993); Dennis Devlin, "Feminine Lay Piety in the High Middle Ages: The Beguines," in *Distant Echoes: Medieval Religious Women*, ed. John Al Nichols and Lillian Thomas Shank (Kalamazoo, M. I.: Cistercian Publication), Vol. 1.

因为这些妇女中有许多是识字的，她们留下了信件、诗歌或论述，所以我们得以窥见她们生活中的各种景象。有些人加入贝干诺派是因为其他两种选择——婚姻或女修道院对她们来说是不可能的：在中世纪，无论是结婚还是进入女修道院，女性通常需要一大笔嫁妆。中世纪社会不允许女性公开地生活在一起，但是贝干诺派教区为女性朋友提供了一种相当体面的生活。如果可以选择，有些人宁愿和其他女性一起生活，也不愿被限制在婚姻或修道院里。一位德国学者甚至把欧洲历史上第一次妇女运动的形成归功于这种独立精神。① 一些贝干诺派团体，特别是在法国的团体，受到神职人员、有权势的赞助人，甚至是法国王室的保护，但贝干诺派通常只靠自己来创建教区，为上帝和她们的同胞奉献爱。

其他欧洲妇女也像贝干诺派一样，出于宗教的目的团结在一起，却没有完全与世俗世界隔离开来。她们在不同的国家有不同的名字，如意大利的第三修道会、西班牙的贝塔斯。在这些非封闭的宗教家庭中建立的友谊，是那些拒绝婚姻或被婚姻拒绝的女性的代用家庭。比利时和荷兰至今仍有一些贝居安会院。

索尔·胡安娜

到 17 世纪末，修道院不仅是欧洲社会的一个主要组成部分，而且是西班牙在新大陆殖民地的主要活动场所。在那里，一般社会所特有的社会地位划分也体现在修道院里。拥有西班牙上层社会背景的修女们被送进修道院，带着嫁妆、仆人，甚至奴隶。虽然修道

---

① Herbert Grundmann, *Religiöse Bewegungen im Mittelalter* (Berlin, 1935; Hildesheim, 1961). 引用希尔德·斯海姆版。

院至少为来自富裕家庭的见习修女提供了基本的教育，但这项福利
75 并没有提供给仆人和修女，更不用说奴隶了。此外，修道院往往根
据种族和血统进行隔离：有专门为出生在西班牙的纯血统西班牙人
设立的修道院；有专门为出生在殖民地的纯血统西班牙人设立的修
道院；有专门为西班牙和印第安混血儿设立的修道院；还有为那些
具有土著印第安或黑人背景的人设立的修道院。

　　一位墨西哥女性身上体现了新西班牙（16 至 19 世纪西班牙殖
民地国家的总称——译者注）的阶级矛盾和机遇，她就是索尔·
胡安娜·伊内斯·德·拉·克鲁斯（Sor Juana Inés de la Cruz，
1648/1651—1695）。胡安娜的一生极不寻常，她是一名私生女，母
亲是一位西班牙裔拉丁美洲人，父亲据说是巴克斯人。这个小女孩
在墨西哥城外的一个农场长大，在一个名为阿米加的机构中学习阅
读，这个机构鼓励当地妇女向农村儿童传授读写的基本知识。胡安
娜被证明是一个对读书情有独钟的人，当她被送到墨西哥城与亲戚
生活时，她被视为神童。通过姨妈的介绍，她被任命为总督夫人的
侍女，侍奉莱昂诺·卡雷托。

　　她经历过两段与上层社会女性的伟大友谊，这里讲的是第一段。
其中一位上层社会女性敏锐地察觉到她的智力天赋，她有成为作家的
才华，为人风趣机智，而且拥有非凡的美貌。墨西哥诗人奥克塔维
奥·帕斯在谈到她与总督夫人的友谊时写道："这是一种上下级关系，
是女性保护人与受保护人之间的关系。但在这种关系中，一位杰出的
年轻女子的价值也得到了认可。"她们"精神上的友谊"和对艺术的
共同热爱，使帕斯想起了其他更多、更著名的男性友谊。①

---

① Octavio Paz, *Sor Juana*, trans. Margaret Sayers Peden（Cambridge, MA：Harvard University Press, 1988），90.

在总督和总督夫人的陪伴下生活了四年后，胡安娜选择成为一名修女。促使她在十九岁时做出这个决定的原因尚不清楚，因为她似乎没有深厚的宗教信仰。她想拥有学习和写作的自由，因此修道院就是最好的选择。我们所知道的是，她最初在一个严格的加尔默罗修道院里宣誓，但后来进入了圣热罗尼莫一个环境更为宽松的修道院，这是一个专门为西班牙裔拉丁美洲人设立的颇有声望的机构。在这里，她创作的文学作品使她声名鹊起，最著名的是宗教戏剧《神圣的纳尔西索》（*El divino Narciso*）。

甚至在她宣誓后，索尔·胡安娜仍与一位在宫廷里与她交好的女性保持密切的联系：玛丽亚·路易莎·德·拉古纳——帕雷德斯伯爵夫人。作为新的总督夫人，玛丽亚·路易莎成为胡安娜最心爱的朋友和赞助人，也是她无数充满激情和诙谐诗歌的主题。由于胡安娜作为一名作家的地位越来越高，并且得益于她所在修道院的宽松环境，因此她接待了许多有名望的客人，包括玛丽亚·路易莎和她宫中的女士们。与外界人士的会面本应该隔着木栅栏进行，木栅栏将修道院的修行者与外界隔离，但是似乎对令人敬畏的访客例外，他们可以在名为接待室（locatorios）的房间里被接待。此外，据了解，总督和总督夫人出席了修道院小礼拜堂的弥撒，之后还花时间和受他们保护的人聊天。

在墨西哥生活了八年之后，玛丽亚·路易莎回到了祖国，她负责把《神圣的纳尔西索》呈献给西班牙王室。她还监督出版了索尔·胡安娜的第一本作品集《灵感之泉》（*Castalian Inundation*，1690 年）。在世界的另一端的殖民地深处，一位与世隔绝的修女的作品在西班牙受到如此宣传，在今天看来简直是奇迹。事实证明，玛丽亚·路易莎对这位被她留在大西洋彼岸的非凡女性格外忠诚。

在《索尔·胡安娜全集》中收录的二百一十六首诗中，有五十二首是献给玛丽亚·路易莎和她的丈夫的，这几乎占诗歌数量的四分之一。这些诗歌表达了胡安娜对贵族朋友惊人的感情。是的，可以说她们遵循了早期诗人赞美情妇或赞助人的惯例：索尔·胡安娜毫不犹豫地称呼伯爵夫人为菲利斯，这是 17 世纪西班牙和法国诗人常用的一个爱称。接下来的几行诗描述了胡安娜和玛丽亚·路易莎关系的细节，诗人认为性别以及彼此间的地理距离，对她们之间持久的爱来说并不重要。

> 你是个女人，远在天涯：
> 可什么都不妨碍我对你的爱，
> 因为你很清楚，
> 灵魂无视距离和性别。①

这可能是有史以来第一首以"性别"一词为两个女人性别做标记的诗歌。在最初的西班牙语中，"性别"这个直白的词让人震惊，尤其是在空灵的"almas"（灵魂）之下。无论是在西班牙还是在其他地方，胡安娜对玛丽亚·路易莎的表白都是发自肺腑的。尽管如此，她明确表示，她的感情构成了"一束纯净的敬慕之火"，使她们远离肉体的折磨。

在解读胡安娜对伯爵夫人的感情时，奥克塔维奥·帕斯谈到了

---

① Sor Juana Inés de la Cruz, *The Answer/La Respuesta*: *Including a Selection of Poems*, trans. Electa Arenal and Amanda Powell (New York: The Feminist Press at the City University of New York, 1994), 11; Sor Juana Inés de la Cruz, *Obras Completas*, ed. Alfonso Méndez Plancarte (Mexico: Fondo de Cultura Económica), 1:240 – 242.

充满激情但贞洁的同性之间"新柏拉图式"的友谊。她们的关系符合这两个妇女的需要，一个是圣洁的修女，另一个是妻子和母亲。她们都在对方身上找到了情感的慰藉，而这些情感并没有完全被宗教或婚姻生活所满足。

玛丽亚·路易莎看起来聪明活泼，对文学作品有着敏锐的鉴赏力。在索尔·胡安娜身上发现了姐妹精神后，她在墨西哥的八年里，尽一切可能维持她们之间的友谊。回到西班牙后，她继续通过书信与她保持友谊。索尔·胡安娜写给玛丽亚·路易莎的信已经不见了，我们必须再一次依靠她的诗来了解她们之间持久的友谊。在一首诗中，胡安娜为自己没有写作而乞求宽恕；然后，她重申了她对伯爵夫人的感情，并提到"您爱的祝福"，这表明她对伯爵夫人的感情得到了回报。① 从索尔·胡安娜和她之前的其他修女的故事中，可以看出我们通常联想到浪漫爱情的情感，也可以在友谊中找到归宿。

2013 年，谭雅·萨拉乔创作的戏剧《第十位缪斯女神》在俄勒冈州莎士比亚戏剧节上首映。情节是：1715 年，在索尔·胡安娜去世二十年后，三个年轻的见习修女出现在圣热罗尼莫修道院。她们发现了一个柜子，里面放着索尔·胡安娜写的一部粗俗戏剧，于是决定制作这部戏剧。这出戏给三个年轻的女人带来了戏剧性的后果，在面对压制她们的力量时，她们形成了紧密的姐妹关系。看来，她们之间的关系似乎受到了索尔·胡安娜作品的启发——这点看起来是合理的。胡安娜的戏剧确实是在圣热罗尼莫修道院创作的，在她有生之年，作为修女和作家的经历中，她与其他女性的友谊是其显著标志。

①　Sor Juana Inés de la Cruz, *Redondilla 91*, *Selected Works*, trans. Edith Grossman (New York: W. W. Norton, 2014), 30.

志趣相投的姐妹情谊

前面提到的修女之间建立友谊的例子，是从 12 世纪到 17 世纪累积起来的，显然这只是那些女性所经历的丰富关系中的一小部分。但它们确实告诉我们，修女和大多数人一样，无论过去还是现在都需要有同情心的朋友来分担她们的忧愁，分享她们的喜悦。我们的例子更倾向于那些以女修道院院长、神秘主义者和作家身份而闻名的修女，因为她们拥有读写能力和社会关系。不管境遇如何，她们都会接触同她们一起隐居的女性，甚至修道院围墙之外的一些女性。

如果没有来自家庭的压力或命令，许多修女可能不会选择
80 修道院。因为把女儿送到修院要陪送一大笔嫁妆，但把她交给一个合适的丈夫则便宜得多。对这些修女来说，当她们听到修道院的门在身后关上时，她们并非全心全意，甚至是叛逆的，其他女性的友谊和教导可能会使她们更容易地过渡到与世隔绝的生活。

对于那些出于真正的宗教信仰而选择修道院的女性来说，志同道合的姐妹情谊会提升她们的幸福感。作为被选择的基督新娘，这些女性互相支持，决心过上典范的生活——不管多么艰苦，希望在这一世的生活之后，会有一个幸福的来世。

作为西方世界第一批在传统家庭之外经历成年期的妇女，这些早期的修女学会了结盟。对她们来说，这就像她们与丈夫、孩子和其他近亲的关系一样。在她们与原生家庭分离之后，她们在修道院中找到了一个支持系统，这个系统赋予她们组织和价值，也给予她们"特别的朋友"，教会当局有时发现这种关系

非常令人担忧。

公众对女性友谊这一丰富的篇章一无所知。在很大程度上，修女们的私人关系就像她们自己一样，被封闭在修道院的高墙之内，对欧洲男女关于友谊的概念几乎没有影响。　　　　　81

第四章

流言蜚语和灵魂伴侣

我们一般可以把朋友的婚姻看作友谊的葬礼。

——凯瑟琳·菲利普斯（Katherine Fhilips）

写给查尔斯·科特罗（Charles Cotterell）的信，1662 年

在修道院之外，友谊的故事继续由男性撰写，他们只关注男性主题。法国哲学家蒙田，受他对艾蒂安·德·拉博埃蒂的柏拉图式感情的启发，写了一篇权威文章《论友谊》。这篇文章很快与亚里士多德和西塞罗的著作一起，为任何对友谊主题真正感兴趣的人提供了三个基础文本。其他像蒙田一样的 16 世纪的人文主义者，继续将理想的友谊概念化，认为它是道德高尚的人通过个人、宗教、军事和公民联系等，产生的一种振奋人心的经历。

然而，蒙田在世时，女性友谊表现得越来越明显。16 世纪 80 年代的一位英国观察家写道，城里富裕的妻子们穿着考究地坐在门前，她们出去散步、骑马、和其他女人打牌，她们花时间"拜访朋友，结伴同行，和同一阶层的人（被她们称为闲谈者）及她们的邻居闲话家常。她们在孩子出生、洗礼时共度欢乐时光，一起去教堂，还一起参加葬礼。而这一切都要经过丈夫的许可，因为这是惯例"①。"闲话"这个词是 16 世纪谈起女性朋友时常用的一个术语，当时还没有像今天这样，带有闲言碎语或传播谣言的贬义。闲谈者交换信息对于个人和社会都有好处，就不良行为而言，她们的谈话会构成一种强制执行社会规范的手段。如果她们对某一事件非常担忧，城镇的管理者可能会感到压力，进而对行为失范者采取正式行动。"闲话"这个词经常被用在诸如遗嘱和法庭记录等文件中，而闲谈者经常出现在伊丽莎白时期的戏剧中。

莎士比亚笔下的女性朋友

莎士比亚（William Shakespeare，1564—1616）刻画了从宫廷

---

① Emanuel van Meteren, *Album*, quoted in Germaine Greer, *Shakespeare's Wife* (New York: HarperCollins, 2007), 30.

到下层酒馆的各阶层女性，为女性友谊提供了充足的证据。《温莎的风流娘儿们》（*The Merry Wives of Windor*）中的福特太太和佩奇太太；《冬天的故事》（*The Winter's Tale*）中的赫米温妮皇后和她忠实的朋友宝琳娜；《仲夏夜之梦》（*A Midsummer Night's Dream*）中的赫米娅和海伦娜；《亨利四世》（*Henry Ⅳ*）下卷中的魁格来夫人和道尔·蒂尔席特；《亨利五世》（*Henry Ⅴ*）中的法国公主凯瑟琳和她的女仆爱丽丝；《皆大欢喜》（*As You like It*）中的罗莎琳德和西莉亚；《安东尼和克利奥帕特拉》（*Antony and Cleopatra*）中克利奥帕特拉和她的女侍从；《无事生非》中的贝特丽丝和希罗；《威尼斯商人》中的鲍西娅和她的侍女尼莉莎——这些只是莎士比亚笔下女性朋友中的一部分，她们是村里的闲谈者或出身高贵的女士们的化身，她们互相帮助，与男人的愚蠢、误解和赤裸裸的暴力形成鲜明对比。在很大程度上，这位剧作家不仅确认了女性朋友的存在，而且让她们的关系享有特权，他经常通过两个女人的合作来推进故事情节，从而带来一个快乐的结局。① 想想《温莎的风流娘儿们》中福特太太和佩奇太太是如何阻止福斯塔夫引诱她们的。那个臃肿、醉醺醺却又魅力十足的恶棍对女性朋友间的交往习惯知之甚少，所以他给每个人都写了同样的求爱信。这些女人比较了各自的求爱信之后，共同策划了报复行动，最后让他灰头土脸地离开。

在《威尼斯商人》中，鲍西娅伪装成一名法律博士，她的侍女尼莉莎扮成律师的书记员，在法庭上为原告安东尼奥辩护。这两个女人配合得天衣无缝，巧妙地阻止了安东尼奥偿还放债人夏洛克那一磅肉。

---

① Melinda Jay, "Female Friendship Alliances in Shakespeare" (doctoral dissertation, Flor-ida State University, 2008).

《冬天的故事》中，赫米温妮皇后和她的朋友宝琳娜与莱昂提斯国王对垒，莱昂提斯错误地指控他怀孕的妻子通奸，并把她送进监狱。宝琳娜将赫米温妮刚出生的女儿带到执拗的国王身边，以软化他的心，但他宣布她为私生女，并下令把她置于恶劣环境中。当然，因为这是一部喜剧，后来女儿和母亲都得救了。最终，在赫米温妮忠实的朋友宝琳娜的努力下，她们与悔过的国王重新团聚。

在《皆大欢喜》中，西莉亚和罗莎琳德是表亲，亦是知心好友，她们从小就相互喜爱，关系密切。

> 我们一直都睡在一起，
> 同时起床，一块儿读书，
> 同游同食，无论到什么地方去，
> 都像朱诺的一双天鹅，永远成着对，拆不开来。①

然而，最终，为了给异性恋腾出时间，她们的亲密关系逐渐消退。无论是在现实生活中，还是在文学作品里，异性恋往往会取代女性之间的友谊。女性之间的关系和婚姻之间的冲突，不仅存在于莎士比亚时代，在 21 世纪的现实生活中也在继续上演。

传记作者彼得·阿克罗伊德提醒我们，莎士比亚的母亲有六个姐妹，而她是年龄最小的，似乎也是女性团体中最受欢迎的那一个。② 莎士比亚很可能从她母亲与她的姐妹还有女性朋友的谈话中，对女性之间的友谊有一定了解。斯特拉特福德，莎士比亚童年

---

① William Shakespeare, *As You Like It*, 1.3. 69 – 72. *The Comedies of Shakespeare*, Vol. Two, (New York: The Modern Library, 1959). 这段出自朱生豪的译文。
② Peter Ackroyd, *Shakespeare: The Biography* (London: Chatto and Windus, 2005), 29.

86 居住的小镇，是一个女人像男人一样依靠邻居进行日常商业往来和相互支持的地方。在那里，已婚妇女被视为社会代理人，她们之间结成联盟，充当一种非官方的警察力量。

有一份记录（这意味着历史上可能也有类似的例子被遗忘了）描述了伊丽莎·尼尔在阻止邻居的丈夫试图谋杀妻子时，自己是如何被杀的。这两个女人是朋友吗？考虑到伊丽莎墓碑上的墓志铭，我们至少可以假设她们之间互相关注："为了拯救邻居，她抛洒了鲜血；就像救世主一样，她为了行善而死。"①

尤其是在结婚前，伊丽莎白时代的女性大部分时间花在与同性相处上。大约五分之一的人从未结婚，这在女性人口中占相当大的比例。到了 20 世纪，就像莎士比亚时代一样，单身女性共用同一间卧室，甚至同一张床。在工薪阶层的妇女中，当女孩们离开家去当学徒，从事家政服务或找到其他工作时，非亲属通常会取代兄弟姐妹，成为她的新室友。

16 世纪，十几岁的女孩在乡下为贵族家庭服务是很常见的，之后她们就搬进了伦敦的大家庭。一般她们会在结婚前做四年的仆人。社会不允许单身女性独自生活，如 1562 年的《议会法案》和《工匠法案》就证明了这一点，这些法案要求所有未婚女性要么服
87 役，要么被送进监狱。当然，这种极端行为并不针对中上阶层家庭的女孩。②

下层社会的女孩必须意识到她们的共同处境，她们需要彼此支

---

① Sara Mendelson and Patricia Crawford, *Women in Early Modern England*, *1550 – 1720* (Ox-ford: Oxford University Press, 1998), 240 – 242.

② Ann Rosalind Jones, "Maidservants of London: Sisterhoods of Kinship and Labor," in *Maids and Mistresses*, *Cousins and Queens*: *Women's Alliances in Early Modern England*, ed. Susan Frye and Karen Robertson (New York: Oxford University Press, 1999), 21 – 23.

持。不难想象，每晚吹灭蜡烛以后，女孩们会有怎样的亲密对话：她们会窃窃私语、互相安慰，她们会谈论一天的辛苦工作，嘲笑别人的缺点，她们会说出私密的愿望，分享人性的温暖。白天，两个年轻女孩在一起（从事）清洁、烹饪、纺纱、缝纫、洗衣和铺床等家务时，或者并肩从市场、水井或教堂走回家时，又或者当她们和同龄人一起参加当地的庆祝活动时，她们便可相互陪伴。

当然，女性之间也难免发生争吵，这可以从涉及个人和家庭的法庭争端中得到证实。尤其在涉及对卖淫或巫术等"不当行为"的审判中，成年女性会被法院传唤在审判中作证。女性证人往往能够了解朋友住宅的详细情况，因为只有关系亲密的人才能提供这样的细节；她们不需要太多知会或烦琐的礼节，就可以在邻居的住所里随意走动。如果隔壁出了什么事，住在附近的女人肯定知道，甚至可能会展开调查。有时，更卑鄙的动机，比如嫉妒，点燃了一个女人对她昔日好友的愤怒，对性放纵的相互指责可能会演变成公开的争斗。这些事件在友谊中断断续续地爆发，就像在婚姻中一样，打破了社区的宁静，并提醒人们，即使是生命中最珍贵的联系也是脆弱的。

除了争吵之外，在河岸上洗衣服或者去市场上卖蔬菜时，农村妇女可能在路边停下来交流最新的八卦，她们抱怨丈夫，或者说些更悲惨的事，比如哀叹失去一个心爱的孩子。许多女性依赖邻居在紧急情况下伸出援手，例如当她们分娩、生病或者需要人带孩子时。生产后坐月子期间——生女孩四十天、生男孩三十天，新手妈妈们可以在床上休息、适应母乳喂养、逗弄婴儿。通常是助产士、女性邻居和婴儿的外祖母（如果有的话）陪伴在侧。卧床期间是"女人的时间"，此时，丈夫不得与妻子发生性关系，并且要承担家务。在这一时期结束时，新手妈妈会接受"净化"仪式，也就

88

是带她的孩子去教堂，孩子则被产婆抱在怀里。在教堂举行的仪式完成后，新手妈妈在家里庆祝，她的朋友们会提供蛋糕和麦芽酒。①

与邻居的友谊往往变得和血缘关系一样重要，因为妻子们通常远离母亲和姐妹，无论是步行、骑马还是坐车，大部分人要走很远的路才能回家。那些会写字的女性——可能不超过十分之一的女性——至少能通过书信与家人保持联系，但大部分女性是文盲，她们主要依靠邻居的陪伴、安慰和交流。

交谈是女性友谊发展的支柱。聊天的女人是时代性话题！一个人最初学会的本民族语言称为母语并非偶然。母亲从婴儿出生的第一天就跟他们交谈，为他们唱歌，背诵歌谣，把自己从母亲或者祖母那里继承下来的口述故事或传统讲给孩子们。过去，在出生的最初几年，男孩和女孩主要是从母亲或女性看护人那里获得语言能力。之后，有些男孩，比如莎士比亚，被送到文法学校，还有少数女孩上了女子学校，在那里她们学习阅读、针线活，却极少学习写作。在信奉新教的英国，男孩和女孩都能阅读《圣经》是很重要的，但只有极少数人能写作；在 1600 年，只有大约三分之一的男性和十分之一的女性能够写出自己的名字。

但是开口讲话，毫无疑问他们都能做到，带着不同地域和阶级的口音，这些口音一直持续到今天。（还记得根据萧伯纳的戏剧《卖花女》改编的百老汇热门剧目、奥斯卡获奖影片《窈窕淑女》吗？）女性被视为长舌妇、话匣子，她们饶舌、爱责骂、能唠叨，爱散布谣言并且十分健谈。简而言之，她们十分健谈，这与一般的

---

① Emanuel van Meteren, *Album*, quoted in Germaine Greer, *Shakespeare's Wife* (New York: HarperCollins, 2007), 129.

男性，尤其是英国的男性形成了鲜明的对比，对英国男性的刻板印象 90
象仍然是沉默寡言和情感内敛。男性擅长公开演讲和书面表达，但
女性被认为是社会性别的自然成员，她们喜欢友好的谈话和公共的
八卦。

　　17世纪，英国女性对自己作为朋友身份的思考与记录变得更
易于了解，那时拿起笔的英国女性越来越多，留下了大量的文字，
从信件、日记到诗歌和戏剧，不一而足。过去大多数男性作品中缺
少的两个主题开始出现：作为母亲的女性、作为朋友的女性。这两
个主题都将在凯瑟琳·菲利普斯的诗歌中找到出路，她比任何一位
英国作家都支持女性之间的友谊。

凯瑟琳·菲利普斯

　　凯瑟琳·菲利普斯（1632—1664），娘家姓福勒，是一位富有
的伦敦商人和他第二任妻子所生的女儿。八岁那年，她进入了哈克
尼的萨尔蒙夫人办的学校，在那里她遇到了人生第一个重要朋友玛
丽·奥布里，在菲利普斯的诗中被称为罗西亚娜。父亲去世后，他
的遗孀再婚，全家搬到威尔士，在那里，还不到十七岁的凯瑟琳嫁
给了五十四岁的鳏夫詹姆斯·菲利普斯。她生了两个孩子，儿子出
生两周后去世。女儿活了下来，并生了十六个孩子。虽然她的婚姻
表面上幸福稳定，但她似乎一直与其他年轻女性保持着重要的关
系。①

　　即使在她成为人妻以后，也没有什么能够阻止她挥毫赞美她所 91

---

① Antonia Fraser, *The Weaker Vessel* (New York, Alfred A. Knopf, 1984), 337；
Germaine Greer and others, eds., *Kissing the Rod: An Anthology of Seventeenth-Century Women's Verse* (New York: The Noonday Press, 1988), 186.

珍爱的罗西亚娜。

> 我的灵魂！我的快乐，我的王冠，我的朋友！
> ……
> 除了向你展示的，我没有别的想法，
> 你也不希望我隐瞒什么。
> 你的心将我的秘密层层锁住，
> 我的胸膛就是你的私人橱柜。①

　　凯瑟琳·菲利普斯强调两个女人自由分享秘密。终生的好朋友通常被定义为一个可以向他（她）倾诉任何事的人，甚至是最私密的秘密。罗西亚娜结婚后，菲利普斯选择了安妮·欧文作为她的新好友，并在自己的诗中给她取了一个绰号——卢卡西亚。菲利普斯自称奥琳达，从现在起我们就叫她奥琳达。在《论罗西亚娜的变节和卢卡西亚的友谊》（*On Rosiana's Apostasy and Lucasia's Friendship*）中，奥琳达哀叹婚姻使她失去了女性朋友，这使她从罗西亚娜身上夺回了自己的灵魂，并将其送给了卢卡西亚：

> 伟大的友谊之魂，你逃到哪里去了？
> 你现在去哪里，才能让我的心平静？
> ……
> 然后向伟大的卢卡西亚求助，
> 从她那里，重新振作，找回卓越与力量。

---

① Katherine Philips, "*L'Amitié,*" in Greer, *Kissing the Rod*, 189 – 190. 菲利普斯的诗歌也可以在下面这个网站搜到：www. Luminarium. org。

……

卢卡西亚和奥琳达将给予你永恒，

*让友谊长存。*①

正是为了卢卡西亚，奥琳达写了她最具激情的诗。她大声对卢卡西亚说："我们的爱孕育了一种信仰。"多亏了卢卡西亚，她从未感到孤独，因为她们的思想"如此一致"。② 在写给卢卡西亚的另一首诗中，奥琳达表达了同性朋友之间最接近性爱的感情：

直到现在我才算真正活着，

你使我的幸福得以圆满，

我可以问心无愧地说，

*我不是你的，而是你。*③

她可以自由地宣布她对另一个女人的爱而不必担心遭到报复，因为，正如她所说，她和她的朋友是一体的，也就是说，她们共享一个灵魂。因此，她确信没有人会把她的柏拉图式的幻想误认为是对肉体的渴望。

奥琳达对女性友谊的本质有着截然不同的看法，这是基于因查尔斯一世的妻子亨利埃塔·玛丽亚王后而在英国宫廷里流行起来的新柏

---

① Katherine Philips, "On Rosiana's Apostasy and Lucasia's Friendship," in Greer, *Kissing the Rod*, 194 – 195.

② Katherine Philips, "Friendship's Mysterys, to my dearest Lucasia," in Greer, *Kissing the Rod*, 193.

③ Katherine Philips, "To My Excellent Lucasia, On Our Friendship," in *Poems Between Women: Four Centuries of Love, Romantic Friendship, and Desire*, ed. Emma Donaghue (New York: Columbia University Press, 1997), 3.

拉图主义思想。柏拉图式的爱情观念源自柏拉图的《会饮篇》（*Symposium*），主张将性爱上升为通往神圣之爱的阶梯，受到 16 世纪新柏拉图主义者的欢迎。众所周知，一个女人可以和她最好的朋友分享同一个灵魂，但很少有人能做到，如果有的话，会和她的丈夫分享。

当卢卡西亚也决定结婚的时候，奥琳达有理由担心她会失去第二个灵魂伴侣。尽管她没有发现卢卡西亚选择的丈夫有什么值得钦佩的地方，她还是陪卢卡西亚去了爱尔兰的新家，这次到访在感情上并不令人满意。丈夫们有时会妨碍女性的友谊，这是妻子们经常抱怨的问题。奥琳达在卢卡西亚结婚后公然表达了这种矛盾："我发现世界上几乎没有什么友谊是经得起婚姻考验的……我们一般把朋友的婚礼看作友谊的葬礼。"①

女性所经历的婚姻与友谊之间的敌意绝不仅限于 17 世纪，我们在英语世界的其他地方也能找到证据。例如，在 18 世纪晚期的美国，当露西·奥尔在给她的朋友波莉的信中感叹婚姻是"女性友谊的禁令"时，她希望，"如果我们结婚的话"②，这种情况永远不会发生在她们身上。英国著名的古希腊学者简·哈里森（Jane Harrison）在 1925 年的《回忆学生生活》（*Reminiscences of a Student's Life*）中补充了一句个人化的哀叹："至少对一名女性而言，婚姻妨碍了让我的生活变得丰富的两件事……友谊和学习。"③ 在当今的流行文化中，小说《BJ 单身日记》和电视剧《老友记》都在利用人们对婚姻会破坏珍贵友谊的恐惧。最近在旧金山，一位三十多岁的单身女性私下里谈到她身边大多数已婚人士所发生的变化，并吐露

---

① Antonia Fraser, *The Weaker Vessel* (New York, Alfred A. Knopf, 1984), 338.

② Linda W. Rosenzweig, *Another Self: Middle-Class American Women and Their Friends in the Twentieth Century* (New York: New York University Press, 1999), 21.

③ Jane Harrison, *Reminiscences of a Student's Life* (London: Hogarth Press, 1925).

心声："我在失去朋友。"

　　虽然奥琳达拜访她新婚不久的朋友卢卡西亚在爱尔兰的家时，她很沮丧，但事实证明，此行以一种不同的方式让奥琳达受益。奥琳达完成了皮埃尔·科内尔的戏剧《庞贝之死》的翻译，这使她一夜成名。然而，在 1664 年死于天花之前，她只享受了短暂的文学荣耀，终年三十二岁。

94

蓝袜社

　　奥琳达对友谊理想的奉献不仅仅是一对一的承诺。在 17 世纪 50 年代早期，她创建了一个友谊会社，其中包括一群志趣相投的女性和一些被精挑细选的男性。① 此后，其他 17 世纪的英国诗人，如阿芙拉·贝恩、玛丽·莫利诺、简·巴克、安妮·基利格鲁和安妮·芬奇，继续发展一种充满爱的友谊模式，这种模式一直延续到 19 世纪晚期，英国和美国的女性在现实生活和文学作品中纷纷仿效。

　　女性友谊不只是诗歌的题材，还被写入女权主义哲学家玛丽·阿斯特尔（Mary Astell，1666—1731）的散文中，她探讨了男性和女性作为朋友的区别。阿斯特尔认为，女性更有能力建立真实的人际关系，因为她们不像男性，容易受到公共领域利己主义的支配和影响。用她的话来说："我们（女性）对公共事务关心较少，所以

---

① Valerie Traub, "'Friendship So Curst': Amor Impossibilis, the Homoerotic Lament and the Nature of Lesbian Desire," in *Lesbian Dames*: *Sapphism in the Long Eighteenth Century*, ed. John C. Beynon and Caroline Gonda (Burlington, VT: Ashgate Publishing, 2010), 10. 施劳布关于菲利普斯、她的朋友以及文学作品的友谊的论述很有价值。

我们较少欺骗朋友……一般说来，在普通的友谊中，我们女性比男性更真诚、更真挚，而男性往往要为许多利害关系和名誉问题操心，从而影响了他们的友谊。"①

95

玛丽·阿斯特尔之后出现了蓝袜社，在伊丽莎白·蒙塔古（1718—1800）的领导下，一群知识女性聚集在伦敦进行文学对话。蓝袜社一词源于一个事件。当时，学者兼植物学家本杰明·斯蒂林弗利特受邀参加蒙塔古的聚会。因为他买不起女士们穿的黑色丝质长袜，他便每天都穿蓝色长袜前往，所以这个社团后来就被称为蓝袜社。随着时间的推移，这个标签开始被用来嘲弄18世纪的英国女性，以及任何有知识分子抱负的女性。

更有害的是对女性朋友的不道德指控，这些指控最早出现在18世纪早期的丑闻文学中。匿名小册子将女性的友谊比作与古希腊诗人萨福有关的性行为，或者土耳其女性在其后宫中享有的亲密关系。② 不同于凯瑟琳·菲利普斯一个世纪前自豪地宣称自己柏拉图式的友谊，一些女性对任何可能引发负面言论的情况都极度紧张。例如，一位蓝袜社成员因认识的两个女人打算住在一起而感到恼火。她在给姐妹的一封信中写道："这会给男人们提供更多关于这段友谊的笑料，我承认那种报道伤害了所有人……我想不出 L 太太和 R 小姐这样炫耀她们的感情意味着什么，她们或许知道这

---

① Linda W. Rosenzweig, *Another Self: Middle - Class American Women and Their Friends in the Twentieth Century* (New York: New York University Press, 1999), 15.

② Valerie Traub, " 'Friendship So Curst': Amor Impossibilis, the Homoerotic Lament and the Nature of Lesbian Desire," in *Lesbian Dames: Sapphism in the Long Eighteenth Century*, ed. John C. Beynon and Caroline Gonda (Burlington, VT: Ashgate Publishing, 2010), 30 - 34.

会引发流言。"① 无论她多么聪明、文雅和受人尊敬，一个经常出 96
入蓝袜社社交圈的女人，会发现自己时常受到一些非礼的暗示。

　　上面讨论的所有女性都有经济能力和闲暇时间，定期在家中和
其他处境相似的女性会面。这些门并没有对男人关闭，只要他们愿
意承认女人之间的关系是第一位的。这些女性见多识广，她们习惯
了城市生活的舒适，最重要的是习惯了与富有同情心的朋友们分享
生活的乐趣。

北美殖民地时期的友谊

　　当我们跨越大西洋，在新世界寻找女性友谊的证据时，我们必
须记住，17 世纪的北美在地理和文化上都与处于国际中心的母国
隔绝。首先，在美国的档案中，在男性留下的众多记录中，几乎找
不到任何女性撰写的文本，当然也没有任何类似于英国女性所写的
对友谊的赞颂。17 世纪北美殖民地唯一一位女诗人安妮·布拉德
斯特里特（Anne Bradstreet），在她 1650 年出版的诗集《第十位缪
斯》（*The Tenth Muse*）中，施展她高超的文学天赋，把自己描绘成
一位慈爱的妻子和溺爱孩子的母亲。到她的书出版时，她已经在马
萨诸塞生活了二十年，生了八个孩子。不仅要承担作为母亲和妻子 97
的责任，而且肩负日常的家庭义务，每周还得去教堂做礼拜，她
当然没有英国同行那样的空闲时间来享受友谊。在清教徒盛行的
新英格兰，如果一个女人反对婚姻和家庭的绝对优先权，而对朋
友倾注了过多的关注，或为朋友书写充满诗意的赞歌，那是不明

---

① Elizabeth Robinson Montagu to Sarah Robinson, 18 Sept. 1750, quoted in Susan
S. Lanser, "Tory Lesbians: Economies of Intimacy and the Status of Desire," in
Beynon and Gonda, *Lesbian Dames*, 173.

智的。

安妮·布拉德斯特里特于 1630 年和她的丈夫西蒙、父母以及姐妹们从英国来到北美。他们乘坐的是"阿拉贝拉"号，这艘船是以安妮儿时的朋友阿拉贝拉·约翰逊夫人的名字命名的，她也和丈夫移居国外了。他们到达后，又过了几个月，阿拉贝拉夫人和她的丈夫就去世了。失去最亲密的朋友对安妮来说是一个沉重的打击，尤其是在她面对一片崭新的土地时，这里缺乏基本的设施（比如体面的住所），更不用说她所认为的礼貌了。幸运的是，她有自己的丈夫、家人，以及在马萨诸塞州的北安多佛和伊普斯威奇过上舒适生活的经济条件，这些城镇很小，所有的居民都互相认识。

历史学家劳雷尔·撒切尔·乌尔里希（Laurel Thatcher Ulrich）在她开创性的著作《贤妻》（Good Wives）中，再现了北美殖民时期女性友谊的状况。就像在英国农村，朋友几乎都是邻居，形成了"一个由女人组成的社区，她们闲聊、交易、协助朋友分娩、分享工具和爱并且在虐待案件中充当观察和守护的角色"。① 亲近是大多数友谊的起点，女人们不拘礼节地进入彼此的家借物品，比如漂洗砂或者铁锅。她们听到邻居家传来尖叫声，就会跑过去，调停夫妻间的争吵。她们聚拢在一起，与助产士、婴儿的外祖母一道，协助产妇分娩。有些人还会主动提出用自己的乳汁来哺育新生儿，因为初乳——新妈妈分泌的第一批乳汁，被错误地认为不适合食用。她们帮助新妈妈学习母乳喂养，并定期去看望她，直到她恢复健康和体力。她们希望在自己分娩的时候，那个新妈妈也能为她们做同

① Laurel Thatcher Ulrich, *Good Wives: Image and Reality in the Lives of Women in Northern New England 1650–1750* (New York: Knopf, 1982), 9.

样的事情。一位女性会生育多达八个、十个甚至十二个孩子，但因为分娩或儿童疾病，他们中的一半会夭折，这种情况并不罕见。友善的邻居们会帮助悲伤的母亲最后一次给她的孩子穿上衣服，然后把婴儿放进一个小木棺材里，送到墓地。

邻近可能是大多数友谊的起点，但社会地位同样重要。大房子的女主人丈夫是地方官员、部长或富有的船长，她们只和社会地位与自己相当的女性交往。社会地位比她们低的人——小地主和工匠的妻子——也会从自己的社会阶层中找朋友。而那些住在出租屋里的贫穷女性则有可能在获得生活必需品和情感支持方面相互依赖。

虽然社会阶层有所不同，但是各个阶层的人彼此往来。农民的妻子有时会挨家挨户兜售她们的农产品，这意味着她们会在离自己家不远的大房子里与"社会地位更高的人"聊天，相比之下，她们的家要简朴得多。穷人的妻子和女儿会在其他善良女人的厨房里揉面团，这足以让她得到炉火的温暖。女人在一起工作、闲聊、唱歌、分享秘密、在生活的乐趣和考验中产生共鸣，友谊就这样形成了。

有时朋友们被要求调解爱情或婚姻矛盾，帮一个女人做一些她自己不能做的事情。莎拉·伍德沃德就曾让一位朋友写信解除她的婚约，尽管结婚的消息已经宣布了。莎拉大概不会写字，但她的朋友显然会。即使有朋友的介入，这桩婚事也没有被取消，莎拉·伍德沃德为自己嫁给了一个她不爱的男人而伤心不已。①

17 世纪伦敦文坛的女性以个人和集体的方式互相支持，与她们相比，美国的女性友谊仍然是一对一的。美国女性要赶上英国女性还需要一个世纪甚至更长时间。

---

① Laurel Thatcher Ulrich, *Good Wives: Image and Reality in the Lives of Women in Northern New England 1650–1750* (New York: Knopf, 1982), 121–122.

第五章

女雅士

当人们感受到温柔的友谊时，它是如此真挚、热情和强烈，以至于他们所爱之人的全部悲伤和欢乐也变成自己的了。

——斯居代里小姐（Mlle De Scudéry），
《克莱利》（*Clélie*），1654~1651 年

不信任朋友比被朋友欺骗更可耻。

——弗朗索瓦·德·拉罗什富科
（François De La Rochefoucauld），
《道德箴言录》（*Maxim*）第八十四卷，
1665~1678 年

17世纪，在法国国王路易十三和路易十四以及英国国王查尔斯一世和查尔斯二世统治时期，两国之间的文化联系非常密切。1625年，路易十三的妹妹亨利埃塔·玛丽亚来到英国，嫁给了查理一世。她带来了一大群法国随从和柏拉图式的爱情崇拜，这种崇拜已经在法国精英阶层中大为流行。英国王后（女王），如亨丽埃塔·玛丽亚和她更著名的前任伊丽莎白一世，以及法国王后，如玛丽·德·美第奇和奥地利的安妮，都有一批女性随从随侍左右，她们被对至高无上的女主人的忠诚捆绑。无论她们经历了什么样的竞争（这些竞争数不胜数），侍女们在随侍的过程中建立了一种友谊模式，这种模式被她们的同龄人羡慕并效仿。

如果宫廷为社交和政治上有利的友谊设定了黄金标准，那么城市对于那些决心在家庭之外建立亲密关系的女性来说，就显得更为重要。往大处说，伦敦的文学圈和巴黎的沙龙为女性之间的友谊提供了一个空间；从小处论，也为男女之间的友谊提供了一个空间。沙龙最初出现在巴黎，后来扩展到法国和整个欧洲的城市。的确，有人可能会说，法国的文学沙龙是自那以后出现的所有女性俱乐部的前身，包括18世纪英国的蓝袜社，19世纪德国的浪漫沙龙，美国图书俱乐部、花园俱乐部、选举权俱乐部、青年联盟、哈达萨组织等。

朗布依埃侯爵夫人的沙龙

就像亨丽埃塔·玛丽亚在1644年内战前的几十年里，以及她丈夫被处决的1649年前，给英国宫廷带来了优雅氛围，在同一时期，法国社会的氛围也因为在朗布依埃侯爵夫人位于巴黎的家中举

102 办的辉煌沙龙而得到了提升。她每周举办一次沙龙，这是法国女性与男性平等参与的第一次社交活动，在那里，她们为社交生活注入了独特的女性气息。沙龙的常客包括未来的作家马德莱娜·德·斯居代里、塞维涅夫人和拉法耶特夫人，以及已经成名的男性作家，如夏普兰、高乃依和梅纳日，以及并没有文学抱负的上层社会成员。朗布依埃侯爵夫人鼓励她们把自己的言谈举止提高到适合上层社会的高度。因为很多女性避免使用她们认为粗俗的词语，而是代之以委婉的表达方式，所以她们都被贴上了女雅士的标签，那些接受了女雅士模样的人与那些不喜欢这么做的人几乎没有区别。不幸的是，莫里哀的戏剧《可笑的女雅士》（1661 年）嘲笑了所有人，所以对今天的大多数法国人来说，女雅士自然而然地就有被嘲笑的意味了。

对一些时髦语言的改进确实使她们受到嘲笑。据说，在索梅兹所著的《女雅士大词典》中，月亮是"沉默的火炬"，眼泪是"痛苦和快乐的女儿"，舌头是"灵魂的阐释者"，死亡"拥有无上权利"。与其说"请坐"，不如大胆地说"请接受这把椅子必须拥抱你的愿望"。① 是否真的在朗布依埃夫人的巴黎寓所里听到这些或其他委婉的说法，目前仍是一个学术问题。

103 更重要的是，这些女性有意识地开始改变人们作为朋友或爱人应该如何行事的观念。事实上，友谊这个词的范围扩大了，逐渐包含恋人和朋友之间所期望的那种温柔的情感。友谊，正如女雅士们所设想的那样，是相似灵魂的非肉体结合，所以，它可以跨越性别的体验。在极少数情况下，友谊甚至可以跨越阶层，比如像

---

① 引自 Georges Mongrédian, *Les Précieux et les Précieuses* (Paris: Mercure de France, 1963), 72 - 84。所有法文译本均由玛丽莲·亚隆译出。

朗布依埃侯爵夫人这样的超级富豪，再比如像斯居代里小姐这样没有多少资产的天才作家，不管她们在财富和地位上存在多么巨大的差异。随着时间的推移，甚至资产阶级的一些成员也被女雅士圈子所接受。尽管如此，无论它影响的范围多大，女雅士们主要出现在巴黎的上层社会。这个圈子成员的语言、衣着和礼貌行为规范需要在一个复杂的环境中随着时间的推移而习得。

斯居代里小姐

聚集在朗布依埃侯爵夫人蓝厅里的人在《阿塔梅纳》（*Artamène*）或称《居鲁士大帝》中被刻画得惟妙惟肖。这是一部由斯居代里小姐创作的十卷本小说。她以克利奥米尔的名义，介绍了朗布依埃夫人。作为一位女性，她崇拜朗布依埃侯爵夫人的美貌、智慧、高贵、慷慨、高品位、有判断力，以及高水准，所有这些使夫人既令人敬畏又让人尊重。克利奥米尔不像她周围的巴黎女人那样频繁地与他人交往，但她身边总是有人陪伴，因为"在整个宫廷里，没有一个看起来既聪明又有德行的人不去她家"[1]。

104

朗布依埃侯爵夫人和她的女性朋友们为男性和女性都定下基调，女性的健谈程度不亚于男性，参与文学讨论和辩论的能力也不亚于男性。有时成员间的辩论毫无礼貌可言。在一场关于意大利喜剧（意大利阿里奥斯托的《巫术师》）的激烈争吵之后，斯居代里小姐试图与朗布依埃侯爵夫人的女儿朗布依埃小姐缓和关系——朗

[1] Madeleine de Scudéry, *Artamène ou le Grand Cyrus*, 出自 Georges Mongrédian, *Les Précieux et les Précieuses* (Paris: Mercure de France, 1963), 119 - 122。

布依埃小姐对这出戏没有正面的看法。[①] 对于斯居代里小姐来说，如果她想要留在蓝厅的小圈子里，就必须同朗布依埃母女保持良好的关系。

在《阿塔梅纳》中，斯居代里还称赞一位叫菲洛妮德的小姐，称赞她的谈吐、文笔、学识、舞蹈以及持久的魅力，就连她在宫廷中从容的社交也受到了赞赏。但是，有点狡猾的是，她也对这位年轻女子与太多朋友之间的肤浅关系提出了质疑。这是一段值得思考的文字：

> 此外，她有许多朋友（既有女性朋友也有男性朋友），更不用说她的追求者了，他们是如此之多，以至于人们想知道她如何能同时回应这么多人的友谊……我相信，不管她说什么，她不可能爱那么多人……我敢肯定，她对很多人只有尊敬、礼貌和某种程度的感激。然而，人们和她在一起很开心，爱她就像她真的爱他们一样。[②]

一个人可以有很多朋友吗？像亚里士多德一样，斯居代里小姐似乎也认为可以。虽然斯居代里小姐竭力讨好这位威严的侯爵夫人的女儿，但是暗示对每个人都展示同样友好的面孔是不真实的。

虽然被讽刺为做作、卖弄学问和假正经，但17世纪法国的女雅士们在推动如今被视为原始女权主义（Protofeminist）议题上发挥了重要作用。她们为自己创造了相对独立于丈夫的社会生活，使自己能够与男人和女人都建立友谊，并从事以前由男性主导的文化

---

① Myriam Maître, Les précieuses. *Naissance des femmes de lettres en France au XVIIe siècle* (Paris: Honoré Champion, 1999), 281.

② Madeleine de Scudéry, *Artamène ou le Grand Cyrus*, 出自 Georges Mongrédian, *Les Précieux et les Précieuses* (Paris: Mercure de France, 1963), 121–122。

活动。她们创建了以女性为中心的法国沙龙，并在接下来的三百五十年里保持这种状态，这可不是一件小事。友谊为她们提供一个获得支持的网络，可以让像斯居代里小姐这样具有文学天赋的女性得以有地方施展才华，甚至还有一些人可以在婚姻或修道院之外寻求自我发展。

斯居代里小姐从未结婚。相反，在《阿塔梅纳》取得成功后，她在自己位于时尚的巴黎玛莱区的家中组织了自己的文学沙龙。在那里，她的朋友不仅包括经常光顾朗布依埃侯爵夫人家的贵族女性和男性作家，还包括她所在社区的中产阶级女性（博克特夫人和阿拉贡内斯夫人等）。在她的第二本巨著《克莱利》中，许多朋友再次以化名出现，这本书在法国乃至整个欧洲都很畅销。

106

今天没有人读斯居代里小姐的小说——它们太长，太"咬文嚼字"。正如《克莱利》中的同名女主人公所观察到的："我从未听人说起过温柔的爱情，我一直以为这个情深义重的词是献给完美友谊的，只有在谈到它时，人们才使用温柔这个词。"根据克莱利的观点，正是温柔让我们能够从另一个人的角度看问题，也就是我们今天所说的移情能力。正是温柔使我们更愿意花时间与不开心的朋友待在一起，而不是去娱乐消遣。正是温柔使我们原谅朋友的错误，放大他们的美德。①

如果被问及友谊与爱情孰轻孰重，斯居代里小姐会把友谊置于爱情之上。她和她的同辈人有充分的理由提防那种被视为爱情的轻浮的殷勤。如果她们不能像斯居代里小姐那样（是）单身，像塞维涅夫人那样是寡妇，或者像拉法耶特夫人那样在身体和情感上与

---

① 《克莱利》被以下著作引用与讨论：Roger Duchêne, *Les Précieuses ou comment l'esprit vint aux femmes* (Paris: Fayard, 2001), 30–31。

丈夫分离，那么她们不可能在友谊中找到她们在婚姻中所没有的东西——一个不受肉体欲望支配的灵魂伴侣。①

塞维涅夫人和拉法耶特夫人

在上层社会蓬勃发展的众多女性友谊中，塞维涅夫人（1626—1696）和拉法耶特夫人（1634—1693）之间的友谊堪称典范。她们相识四十多年，在巴黎时几乎每天都在对方家里进进出出，分开时则通过信件保持联系，无论顺境还是逆境都相互支持。她们也帮助各自的家庭成员，就像路易十四统治时期的许多朝臣一样，她们从未错过通过与高级官员和国王本人的私人关系来增进亲人们福祉的机会。就像在其他历史时期一样，亚里士多德所说的"实用的友谊"对塞维涅夫人和拉法耶特夫人来说，是与真诚、相互关心交织在一起的。

她们的友谊也被特别详细地记录下来，因为这两个女人都是完美的作家：塞维涅夫人成为她那个时代最著名的书信作者，而拉法耶特夫人是当时最有成就的小说家，尽管她的书在其有生之年都是匿名出版的。虽然她们结了婚，生了孩子，并经常与其他人交往，但她们仍作为最好的朋友照顾彼此。事实上，在拉法耶特夫人生命的尽头，她给塞维涅夫人写信说："相信我，我最亲爱的，你是这世上我最爱的人。"②

塞维涅夫人第一次见到玛丽－马德莱娜·皮奥什·德·拉韦尔

---

① Jacqueline Quenau and Jean-Yves Patte, *L'Art de vivre au temps de Madame de Sévigné* (Paris: NiL editions, 1996), 160.
② La Fayette to Sévigné 24 Jan. 1692, *Œuvres Complètes* (Paris: La Pléiade, 2014), 1082.

涅小姐，也就是未来的拉法耶特夫人时，已经是有两个小孩的已婚妇女了。塞维涅夫人比拉法耶特夫人年长八岁，在她自幼长大的马莱地区过着舒适的生活，已经是朗布依埃侯爵夫人沙龙的常客，与当时一些知名作家关系密切，其中最著名的是博学的诗人吉尔·梅纳日。塞维涅夫人与拉法耶特夫人在1650年通过一桩婚姻成为远房亲戚，但即使她们没有共同的亲戚，也注定会成为朋友，因为她们属于同一个社会阶层，同一个文学圈子，从一开始就惺惺相惜。

108

塞维涅夫人、拉法耶特夫人和梅纳日

和塞维涅夫人一样，玛丽－马德莱娜也和诗人梅纳日是朋友。有女性朋友并不意味着不能有男性朋友，尤其是在法国的上层社会，那里从未像许多别的国家那样进行性别隔离。1650年，梅纳日三十八岁，玛丽－马德莱娜将近十七岁，梅纳日很乐意对她献上像对塞维涅夫人那样的殷勤。作为一名修道院院长，虽然不是牧师，梅纳日依旧可以自由地花时间用柏拉图式的方式向女人求爱，当时这种方式在法国和英国已经很流行了。1651年，塞维涅夫人对他的恩宠尤其感念，因为她的丈夫，一个臭名昭著但极讨女人喜欢的男人，为了他情妇的荣誉，在一场决斗中被杀了。

梅纳日曾在写给作家王埃的一封信中试图澄清他与她们之间的关系："我想你以前听我说过，我爱诗中的拉法耶特夫人，爱散文中的塞维涅夫人。"[1] 看起来他和塞维涅夫人的关系总是牢固可靠的，就像散文一样，而与拉法耶特夫人的关系则更浪漫和敏感，就

---

[1] Denise Mayer, *Une Amitié parisienne au Grand siècle*：*Mme de Lafayette et Mme de Sévigné*, *1648 - 1693*（Seattle：Papers on French Seventeenth-Century Literature/Biblio 17, 1990）, 46 - 47.

像诗歌一样。举一个他们相互指责的例子，拉法耶特夫人抱怨道，
109 梅纳日有时不把他们朋友之间都知道的事告诉她："作为你的朋
友，我总是最后一个知道关于你的事情，而我又羞于让别人知道我
对这些事一无所知，这简直太可笑了。"①

幸运的是，梅纳日为后人保存了大量拉法耶特夫人的信件，但
令人遗憾的是，她写给塞维涅夫人的大部分信件遗失了。尽管如
此，从 1670 年前后开始，塞维涅夫人的大部分信件写给了她已婚
的女儿格里尼昂夫人。这些信件仍然是文学和历史的瑰宝。它们不
但生动有趣，而且非常详细，以致有多个版本发行。塞维涅夫人的
表亲，也是她的爱慕者和朋友，罗杰·德·比西-拉比旦愉快地说
出收到她的信时的欣喜之情："昨天我收到了您的信，夫人，一共五
页。我向您保证，我觉得信太短了……在我看来，您的信仿佛有某
种我从未见过的魅力，并不是我对您的友谊使这种魅力如此闪耀，
因为许多有见识的人虽然不认识您，但也十分欣赏您的魅力。"②

1655 年，当玛丽-玛德莱娜·皮奥什·德·拉韦尔涅小姐成
为拉法耶特夫人以后，她和塞维涅夫人再也不能像以前那样轻易地
见面了。拉法耶特伯爵是一位鳏夫，年龄几乎是新娘的两倍大，他
在遥远的奥弗涅有房产，这对夫妇在那里度过一年中的大部分时
110 间。但是拉法耶特夫人设法回到了巴黎，并长住在那里，最后她得
以永久地住在位于沃吉哈赫区的家里，而她的丈夫则留在奥弗涅管
理他的产业。对于 17 世纪和 18 世纪的贵族来说，这并不是非同寻
常的安排，当时的婚姻与姓氏和财产相关，而不关乎感情。对于贵

---

① La Fayette to Ménage, Sunday evening, Aug. 1660, in La Fayette, *Œuvres Complètes*, 921.

② 引自 Jacqueline Quenau and Jean-Yves Patte, *L'Art de vivre au temps de Madame de Sévigné* (Paris: NiL editions, 1996), 208。

族女性来说，这样的安排有利于她们获得更大的自由，与男性朋友和女性朋友一起追求积极的社会生活。

回到巴黎后，拉法耶特夫人、塞维涅夫人和梅纳日见面。当时，拉法耶特夫人自己的房子已经出租了，她不得不在巴黎寻找住处。于是，她就寻求他们俩帮忙。她明确地告诉梅纳日："我非常想住在塞维涅夫人附近，也就是皇家广场（今天的孚日广场）附近。"① 最后，她搬回了自己位于沃吉哈赫区的房子，1658 年 3 月她在那里生下了儿子。生完孩子后，按照她所在阶级妇女的习惯，她在床和墙之间的空间——被称为小巷（La ruelle）的地方接待了塞维涅夫人、梅纳日和一些上层社会的朋友。因为富有的贵族女性的卧室通常都很大，所以小巷可以容纳相当多的朋友，随着时间的推移，这个词成了文学沙龙的同义词。

等拉法耶特夫人可以站起来走动的时候，她就恢复了与女雅士们的联系。女雅士们定期在位于玛莱区的斯居代里小姐家的"星期六"聚会上相聚。通过与路易十四弟弟的妻子亨利埃塔·德安格泰尔（英国的亨利埃塔）的友谊，她也开始断断续续地频繁出入王室。这段友谊始于亨利埃搭还是个女孩的时候，当时她和她出生在法国的母亲、英国王后亨利埃塔·玛丽亚，在查理一世被砍头后一起流亡国外。虽然亨利埃塔比拉法耶特夫人年轻十岁，但这两个女人仍然感到一种精神上的亲密关系，这种关系一直持续到亨利埃塔二十六岁意外去世时。拉法耶特夫人被这一悲惨死亡深深触动，根据那位年轻女公爵的提议，提笔写了亨利埃塔的传记（《英国亨利埃塔夫人史》），这也是这位年轻公主曾经的建议。这本书原本是一本私人回忆录，在拉法耶特夫人的一生中也一直如此。

111

---

① La Fayette to Ménage, 17 July 1657, in La Fayette, *Œuvres Complètes*, 902.

　　拉法耶特夫人发表的第一部作品是关于塞维涅夫人的文字描述①。她假借一位无名男子的口吻，歌颂一位无名女子，大家都知道这位女子就是塞维涅夫人："你的灵魂伟大、高尚，你仗义疏财……你对荣耀和野心敏感，你对快乐也同样敏感……快乐是你灵魂的真实状态，与世界上的其他人相比，懊恼与你无关。"

　　作者仍然装作一个男人，继续说："你天生温柔、热情，但让我们的性别感到羞耻的是，这种温柔对你毫无用处，你把它包含在你的性别之内，给了拉法耶特夫人。"② 这是一份惊人的文本！拉法耶特夫人让全世界都知道，是她，而不是一个男人，占据着她最亲爱的朋友的心。她公开肯定了她们的友情，当时友情正处于时尚的顶峰，它既可以在同性之间产生，也可以在异性之间孕育。

　　就像凯瑟琳·菲利普斯在英国诗歌中表达的情感一样，塞维涅夫人对拉法耶特夫人的感情，是除了她对女儿痴迷之爱以外的最主要情感。她的女儿叫弗朗索瓦·玛格丽特，生于 1646 年，后人都称她为格里尼昂夫人。这些书信被结集成三卷出版，即著名的《20 世纪七星诗社三卷本》。作为塞维涅夫人长篇书信的主要收信人，格里尼昂夫人在法国文学史和社会史上有着独特的地位。

　　有女儿和最亲密的朋友在身边是塞维涅夫人对天堂的想象，就像 1667 年夏天她们在乡下时那样。她给一位朋友写信说：

　　　　我的左手边有昂迪伊先生，就在我心脏的这一侧。我右边是拉法耶特夫人；在我面前的是杜·普莱西夫人，她正在画些

---

① *Divers Portraits* (Caen, 1659). 这些肖像由不同人所作。
② 这句话和前文的引文出自 La Fayette to Ménage, 17 July 1657, in La Fayette, *Œuvres Complètes*, 3–5。

小图自娱自乐；稍远一点的是莫特维尔夫人，她正在做着深沉的梦；还有我们的赛萨克叔叔，我怕他，因为我几乎不了解他；卡德鲁斯夫人是他的妹妹，一个你不认识的新人，还有忙忙叨叨的塞维涅夫人，像一只大黄蜂似的进进出出。①

像这样的精英女性有办法让友谊成为一场"流动的盛宴"，可以经常在她们远离城市的乡间别墅里被"享用"。与下层社会不同的是，她们不受距离的约束，不会把友谊局限在邻里之间。

但是，很快就到了塞维涅夫人嫁女儿的时间了。为了支持这件喜事，拉法耶特夫人很快就借给塞维涅夫人五百里弗，这是一个可观的数目，塞维涅夫人用来作为女儿的嫁妆。这肯定是真正友谊的标志，因为这笔债几年内都无法还清。1669年，塞维涅夫人的女儿嫁给了格里尼昂先生，他是一位年届四十、两次丧偶的伯爵，后来被任命为普罗旺斯的总督。这个新职位意味着他的妻子必须陪他去法国南部。塞维涅夫人伤心欲绝。这是她一生中最大的悲剧，只有在沃吉哈赫区她那忠实朋友的陪伴下，才减轻了这种痛苦。

拉法耶特夫人和弗朗索瓦·拉罗什富科

此时，拉法耶特夫人也开始与回忆录和格言的杰出作者弗朗索瓦·拉罗什富科建立起亲密的友谊。这种异性间的友谊象征着一些贵族女性通过努力成为与男性智力相当的人，从而建立起的新关系。当她们也能阅读、写作并讨论文学、艺术和音乐时，没有人能

---

① Sévigné to the Marquis de Pomponne, 1 Aug. 1667, in Madame de Sévigné, *Correspondance*, 1 (Paris: La Pléiade, 1972), 87.

否认她们是文化中心的一员。由于沙龙是由女性组织的，因此男性
114 作家与女主人和女性随从相处融洽，这符合他们的自身利益。像拉
罗什富科和梅纳日这样的出版过著作的作家，毫无保留地把拉法耶
特夫人和塞维涅夫人视为有价值的讨论者，甚至是潜在的作家，尽
管他们知道，同阶层的女性只会匿名发表作品。

　　正如塞维涅夫人与拉法耶特夫人"分享"了梅纳日一样，拉法
耶特夫人也与塞维涅夫人"分享"了拉罗什富科。虽然拉罗什富科
看透人性，但是塞维涅夫人希望被倾听、被同情，不断地努力减轻
女儿不在身边带来的负面影响。为了让格里尼昂夫人永远留在她们
的生活中，塞维涅夫人送给拉法耶特夫人一幅她女儿的精美画像。

　　当塞维涅夫人离开巴黎去普罗旺斯看望女儿时，她对拉法耶特
夫人说再见，结果证明这是非常痛苦的："以拉法耶特夫人敏感的
个性，很难忍受像我这样的朋友离开。"① 她所说的"敏感"不仅
是指拉法耶特夫人的情感，而且指她常年忍受的各种疾病，如
"冒虚汗"和发烧，随着年龄的增长，这些疾病也在不断恶化。

　　至于拉法耶特夫人，她从不放过任何在信中赞扬格里尼昂夫人
的机会。1673 年 7 月 14 日，她写信给普罗旺斯的塞维涅夫人：
"请代我亲吻一下尽善尽美的格里尼昂夫人，她是如此完美。"② 几
个月后，当她听说塞维涅夫人推迟返回巴黎时，她写道："只要你
115 把格里尼昂夫人带回来，我就不会抱怨。"③

　　与一位母亲成了朋友，就意味着也会成为她女儿的朋友，甚至
与她的儿子成为朋友。塞维涅夫人往往忽视儿子查尔斯，就像拉法

---

①　Sévigné to Grignan, 8 July 1672, in Madame de Sévigné, *Correspondance*, 1 (Paris: La Pléiade, 1972), 550.

②　La Fayette to Sévigné, 14 July 1673, in La Fayette, *Œuvres Complètes*, 983.

③　La Fayette to Sévigné, 4 Sept. 1673, in La Fayette, *Œuvres Complètes*, 983.

耶特夫人忽视她自己的儿子们一样。她们以女性为中心的友谊将格里尼昂夫人包括在内作为"第三个自我"，但不包括男性亲属——不包括儿子也不包括丈夫。在经历了短暂且令人不满意的婚姻之后，塞维涅夫人再也不想结婚了。拉法耶特夫人的丈夫神龙见首不见尾，以至于他在 1683 年去世时，就像是不知不觉地溜走了。

拉罗什富科给人一种阳刚的感觉。因为对文学的兴趣和同样糟糕的健康状况，拉罗什富科和拉法耶特夫人成了一对"伴侣"。当塞维涅夫人在巴黎和他们在一起时，他们很容易就展开了三人行。当塞维涅夫人在普罗旺斯时，拉法耶特夫人总是不断地向她通报自己和拉罗什富科在巴黎的活动，总是让她知道他们有多么挂念她："我盼着你的归来，这份焦急的心情配得上我们的友谊。"① 在返回巴黎的那天，塞维涅夫人受到了一群朋友的欢迎，包括拉法耶特夫人和拉罗什富科。当她回到自己的房间，希望快点从旅途的劳顿中恢复过来时，拉罗什富科一直陪在她身边，以确保她在房间里可以休息两天。

在巴黎，这两个女人又在一起了，无论是在家里还是在朋友举办的晚宴上，她们经常见面。有时她们一起参加音乐活动，例如听歌剧，那会使她们热泪盈眶。② 她们还在附近的乡村度过了一段时间。因为下午和晚上的时间几乎都留给朋友们，所以拉法耶特夫人只有早晨才有时间写信。

1678 年，《克莱芙王妃》（*The Princess of Cleves*）匿名出版。尽管拉法耶特夫人从未公开承认自己是这本书的作者，但人们有理由相信这本书就是她写的，也有可能是与拉罗什富科合作完成的。

116

---

① La Fayette to Sévigné, 4 Sept. 1673, in La Fayette, *Œuvres Complètes*, 983.

② Denise Mayer, *Une Amitié parisienne au Grand siècle: Mme de Lafayette et Mme de Sévigné, 1648 - 1693* (Seattle: Papers on French Seventeenth-Century Literature/ Biblio 17, 1990), 93 - 94.

这部小说立刻成为法国的畅销书，第二年又被翻译成英文。作为作者最亲密的朋友，塞维涅夫人对这本小说非常感兴趣，并确保她认识的每一个人，包括几位牧师，都读了这本书。① 她不可能不知道匿名作者的身份。

　　然而，很快，塞维涅夫人不得不把拉罗什富科病危的噩耗告诉她的女儿。有好几天，塞维涅夫人"几乎都是在拉法耶特夫人家里度过的，如果她没有像现在这样痛苦，她就不会懂得友谊的乐趣和内心的温柔"②。两天后，拉罗什富科死了。塞维涅夫人和她的"可怜的朋友"一样痛苦，她反问道："拉法耶特夫人到哪里去找另一个这样的朋友呢？"她敏锐地注意到，由于双方都长期患病，他们更是"彼此依赖"。塞维涅夫人真诚地相信，"他们友谊的魅力是无与伦比的"③。

　　拉法耶特夫人又活了十三年。幸运的是，她总是能指望塞维涅夫人。老了以后，两人跟儿子的关系比以前融洽了。在彼此疏远了二十年以后，梅纳日又回来了，这使他们想起了年轻时的殷殷之情。拉法耶特夫人第一个打破沉默，对他说："我多想知道您的消息啊，先生。我们过去的情谊让我一直希望您别来无恙。"④ 两人和解后，拉法耶特夫人告诉梅纳日，他的友谊对自己的晚年有着怎样的特殊意义："我想告诉你，你的友谊使我多么感动……时间和年龄带走了我所有的朋友。"⑤ 友谊很重要，尤其是在年老时，死

---

① Sévigné to Grignan, 6 March 1680, in Mme de Sévigné, *Correspondance*, 2 (Paris: La Pléiade, 1974), 860.

② Sévigné to Grignan, 15 March 1680, in Mme de Sévigné, *Correspondance*, 2 (Paris: La Pléiade, 1974), 875.

③ Sévigné to Grignan, 17 March 1680, in Mme de Sévigné, *Correspondance*, 2 (Paris: La Pléiade, 1974), 876.

④ La Fayette to Ménage, c. May 1684, in La Fayette, *Œuvres Complètes*, 1027.

⑤ La Fayette to Ménage, Sept. 1691, in La Fayette, *Œuvres Complètes*, 1057.

亡会减少朋友的数量。

塞维涅夫人继续不断地向女儿传达消息，仿佛她是拉法耶特夫人生活的官方记录员。在一封经常被引用的书信中，她写道："拉法耶特夫人拥有来自四面八方、各种各样的朋友。她八面玲珑……"① 拉法耶特夫人确实有很多朋友，自梅纳日于 1692 年 7 月去世时，她再未能从悲痛中走出来，大部分时间卧床不起，直到 1693 年 5 月 25 日去世。

对她来说最重要的朋友——塞维涅夫人——当时身在普罗旺斯，只能在远方为她哀悼。这位在世的老妇人，在给社交圈中另一位成员的长信中表达了她的悲伤："你知道拉法耶特夫人的美德……我非常开心能被她爱了这么久。我们的友谊从未有过一丝阴霾……"② 塞维涅夫人在普罗旺斯又住了三年，在那里去世，当时她的女儿守在她的床边。

由于法国和英国上层社会的女性文化水平相对较高，她们对友谊的记录保存在大量的信件、回忆录、诗歌和小说中。的确，其中绝大多数记录是关于仅占总人口的一小部分的那个群体，即所谓的上层社会女性，她们除了登门拜访和互相款待之外，几乎没有什么事可做。社会地位和金钱是进入那个社交圈的必需品，随着时间的推移，共享闲暇似乎是长期维持友谊的必要条件。然而，无论从哪种意义上来说，她们之间的友谊是真实存在的。一个生命个体选择其他个体的基础是毗邻、个人吸引力、相似感和共同的兴趣。毫无疑问，从亚里士多德到拉罗什富科，男性思想家们都认识到，许多

118

---

① Sévigné to Grignan, 26 Feb. 1690, in Mme de Sévigné, *Correspondance*, 3（Paris：La Pléiade, 1978）, 847.

② Sévigné to Grignan, 3 June 1693, in Mme de Sévigné, *Correspondance*, 3（Paris：La Pléiade, 1978）, 1006.

友谊是由自身利益和互惠服务引发的，但这并不妨碍朋友们以更无私的方式互相关心。看看塞维涅夫人和拉法耶特夫人吧，她们互爱互助了四十多年。

17 世纪是女性友谊史上的一个转折点。在英国和法国上层社会的圈子里，女性在友谊的建立和破裂过程中扮演着举足轻重的角色。正如在五百年前法国人发明的"宫廷式恋爱"① 中起到的作用一样，沙龙女主人也将成为精英男女社交生活的主管。② 在地位显赫的女主人的带领下，这些文化程度较高的居民提高了他们的社交技能，养成了优雅的举止，这在未来的上层社会成为一种礼节。随着时间的推移，在英国和法国上层社会所发生的一切，逐渐发展到了整个西欧，后来在更加民主的情况下，甚至影响了殖民地美国的精英圈子。

---

① 此处指 11 世纪末期，在中世纪的西欧兴起的一种爱情方式。当时西欧盛行的游吟诗人创作了歌颂典雅爱情的诗歌，并穿梭游走于各个宫廷，对女主人的高贵和骑士的忠诚加以歌颂。人们普遍认为是埃莱亚诺把典雅爱情引进了法兰西和英格兰的宫廷，并把它从文学时尚变成现实生活方式。——译者注

② Marilyn Yalom, chapter one in *How the French Invented Love: Nine Hundred Years of Passion and Romance* (New York: HarperCollins, 2012).

第六章

爱国的友谊

友谊在心中无法立足，爱国主义还能存在吗？

——凯瑟琳·麦考利（Catherine Macaulay）

致默茜·奥蒂斯·沃伦

（Mercy Otis Warren），

1785 年 7 月 15 日

我永远不会忘记旧日的友情。

——阿比盖尔·亚当斯（Abigail Adams）

致默茜·奥蒂斯·沃伦，

1797 年 3 月 4 日

在政治动乱和战争中形成的友谊是人类所经历的最牢固的纽带之一。男人，包括近年来的女人，常常以一种一生罕见的忠诚来怀念他们的战友，即使他们以后不再经常见面。同样，政治原因也可以成为友谊的催化剂，朋友可以结成永久的联盟。即使这项事业终结了，朋友们仍然珍惜他们共同参与的这场运动。它给予他们集体 121 认同感，还给他们的生活带来了意义。

在 18 世纪，尽管大多数法国人和英国人支持君主制，但拥护共和制的观点在殖民时期的美国扎了根。到 18 世纪 70 年代，美国人主张由人民或他们选出的代表来治理国家。用默茜·奥蒂斯·沃伦的话来说，对自由的呼唤源于"私人友谊的轻柔低语"，但争取自由的呼声最终将响彻全世界。

默茜·奥蒂斯·沃伦是一位生活在马萨诸塞州普利茅斯市的博学作家，也是一群女性朋友中的核心人物，这些女性支持共和党。像她们的男性同伴一样，她们追溯了古罗马的男女英雄们，为自己树立了一个献身爱国主义和自由理想的榜样。她们认为自己是建立理想共和国的参与者，为了这个目标，她们愿意做出与性别相称的贡献。她们抵制进口茶叶抗议英国的税收，签署忠于爱国事业的誓言，并为军事防御筹集资金。①

在波士顿周边地区，爱国女性主要通过书信进行交流，偶尔到彼此家中拜访。这些女性中有许多来自富裕家庭，虽然她们没有像她们的兄弟一样上过哈佛大学，但是在家中接受了相对良好的教育。她们的友谊的一个特别之处在于她们的丈夫也参与她们的交

---

① Linder Kerber, "The Republican Mother and the Woman Citizen: Contradictions and Choices in Revolutionary America," in *Women's America*, *Refocusing the Past*, ed. Linda Kerber and Jane Sherron De Hart (New York: Oxford University Press, 2000), 112 – 120.

往。有些信甚至是夫妻双方一起写的，拜访朋友通常是家庭事务，丈夫和孩子都跟着前往。 122

默茜·奥蒂斯·沃伦是政治家族的后裔，她的父亲和兄弟都从政。与她通信的女性也出身于类似的杰出家族。例如，汉娜·温斯洛普（Hannah Winthrop）是哈佛大学数学家约翰·温斯洛普的妻子，她的祖先是马萨诸塞湾殖民地的创始人之一。阿比盖尔·亚当斯是农场主兼政治家约翰·昆西的外孙女，也是总统约翰·亚当斯的妻子。此外，沃伦的书信跨越大西洋，到达了著名的英国历史学家凯瑟琳·麦考利那里。麦考利是一位众所周知的美国独立事业的支持者。因为默茜·奥蒂斯·沃伦、汉娜·温斯洛普和阿比盖尔·亚当斯都嫁给了非常杰出的男人，又因为沃伦和麦考利都是出版过著作的作家，所以她们的信件被保存得相当完好。请记住，信件，尤其是那些与革命时期的公众人物和半公众人物有关的信件，应该被分享、被大声朗读并且被复制无数份进行传阅，就像一百年前法国塞维涅夫人的信件一样。

默茜·奥蒂斯·沃伦和阿比盖尔·亚当斯

默茜·奥蒂斯·沃伦与阿比盖尔·亚当斯的友谊始于亚当斯夫妇在夏天去普利茅斯对沃伦夫妇的拜访，她们的友谊主要通过信件来维持。正如阿比盖尔·亚当斯的传记作家伊迪丝·盖尔斯（Edith Gelles）在下面所写到的： 123

在接下来的四十一年里，这两位杰出女性将彼此视为朋友，她们的社会背景和宗教背景、对女性的忠诚和同情心，以及对彼此的尊重，使她们成为朋友。她们并不总能达成意见一致；她们经常争论，而且会疏远彼此很长一段时间。然而，这种联系之所以能够维系，主要是因为她们两个人都有让它继续下去的意愿。①

两人的年龄相差十六岁，她们的友谊开始时并不平等，那时默茜已经是当地的文学明星了。如果说一开始阿比盖尔把默茜看作自己的导师，随着时间的推移以及阿比盖尔对自己越来越有信心，她学会了在强大的朋友面前坚持自己的立场。

这两个女人都认为自己是爱国者，堪比她们杰出的公务员丈夫，尽管在家庭中她们的责任是养育孩子（默茜有五个孩子，阿比盖尔有四个孩子），培养孩子们成长为有道德的公民。她们每个人都关心自己作为妻子和母亲的角色，但与17世纪的安妮·布拉德斯特里特不同，这些18世纪的女性参与了公共事务的讨论，而公共事务领域一度被视为男性的专长。因此，在她们初次见面后不久，阿比盖尔写信给默茜，谈到了当时著名的波士顿倾茶事件。1773年12月16日晚，爱国的美国人为了抗议英国议会征收的税款，将一整船茶叶倒入波士顿港。和其他心怀不满的美国殖民者一样，阿比盖尔准确地认识到，这种反抗行为将以自由的名义引起更大规模的影响："（东印度公司）满载着茶叶的船只抵达了港口。太好了，我希望茶叶能被有效阻止运送上岸。……（倾茶事件）已经点燃了星星之火，像闪电一样，从一个灵魂传递到另一个灵魂。"②

124

---

① Edith Gelles, "*First Thoughts*": *Life and Letters of Abigail Adams* (New York: Twayne Publishers, 1998), 35.

② Abigail to Mercy, December 1773, 出自 Edith Gelles, *Abigail and John*: *Portrait of a Marriage* (New York: William Morrow, 2009), 39。

在美国独立战争期间，阿比盖尔向默茜吐露了她对革命者强烈的希望和忧虑，默茜也以同样的方式回应了她，但是她的散文风格更为硬朗，并具有说教意味。在丈夫们积极投身革命的岁月里，共同的爱国理想和宗教信仰增强了她们之间的友谊。当约翰·亚当斯在费城成为开国元勋，把妻子留在布伦特里管理农场时，阿比盖尔发现默茜是一个具有同情心的倾听者。默茜的丈夫是马萨诸塞州众议院的议员，众议院距离他们在普利茅斯的家很远。但费城和布伦特里之间的距离更远，至少需要两周的路程，这意味着阿比盖尔在接下来的两年里几乎见不到约翰。

这两位女性相信，她们通过自己的爱国理想和牺牲，可以使古罗马女性的美德得以复兴，这多少给了她们一些安慰。当美国男人因自己的理想而仰望希腊和罗马的士兵和公民时，美国女性却在罗马的主妇身上找到了自己的榜样——以贞洁、端庄、自我牺牲和博学著称的已婚女性。① 为了加强这种联系，默茜建议阿比盖尔使用笔名鲍西娅，意指布鲁图斯②的妻子，而她自称玛西亚，可能是指小加图③的妻子。（我们以前在凯瑟琳·菲利普斯的诗歌和斯居代里小姐的小说中见过使用化名的文学技法。）但后来，当阿比盖尔说她因为丈夫不在而感到痛苦时，默茜以自怨自艾的口吻消除了她 125

---

① Caroline Winterer, *The Mirror of Antiquity* (Ithaca: Cornell University Press, 2007), 8.

② 马可斯·尤尼乌斯·布鲁图斯·凯皮欧（公元前85—前42年）：罗马共和国晚期的一名元老院议员。他作为一名坚定的共和派，联合部分元老参与了刺杀恺撒的行动。——译者注

③ 马尔库斯·波尔基乌斯·加图·乌地森西斯（公元前95—前46年）：又名小加图，以区别于他的曾祖父，小加图是罗马共和国末期的政治家和演说家，是一个斯多葛学派的追随者。他因为传奇般的坚忍和固执而闻名（特别是他与盖乌斯·尤利乌斯·恺撒长期的不和）。他不受贿、诚实、厌恶当时普遍的政治腐败。——译者注

的孤独感："你身边有姐妹，还有许多我没有的知心好朋。自我从布伦特里回来，除了一两次骑马外出，我从来没能跟朋友消磨一个下午，也没出过国。"① 默茜指的是她最近去布伦特里拜访阿比盖尔，在那里，她看到阿比盖尔被姐妹和朋友包围着。在家庭困难的重压下，她损失了财产，几个儿子也在战争中受伤，默茜已经无法成为一个富有同情心的朋友了。

1776 年大陆会议期间，阿比盖尔壮着胆子给约翰写信，要求他"铭记女士们"。她提醒约翰，"如果可能的话，所有男人都会成为暴君"。她建议，女人和男人一样，应该从革命中受益，受到法律的保护，以限制宗教统治。当约翰把这件事当作一个玩笑时，阿比盖尔对默茜说："我冒昧地代表我们女性说一句话。英国法律

126　很少涉及女性并且赋予丈夫无限的权力来控制妻子。"她希望制定一些"有利于我们的、基于公正和自由"的法律，甚至建议妇女应该集体抗议。遗憾的是，没有一封信留存下来，能表明默茜是否认同阿比盖尔的女权主义观点。②

阿比盖尔和约翰在长达五十多年的婚姻中，用"最亲爱的朋友"这个称谓互相写信。他们确实是一个伙伴联盟，"朋友"这个词对他们有真正的意义。他们在对方身上看到了互补的一面，他们总是关心对方的幸福，即使只有通过信件才能分享彼此的感受。

因此，1777 年底，美国开启与法国关于同盟条约的谈判，约翰被任命为代表团成员。阿比盖尔无法忍受隔着大西洋与约翰两地分居。她写信给默茜，希望能得到她的同情和理解，而默茜却鼓励

---

① Edith Gelles, "*First Thoughts*": *Life and Letters of Abigail Adams* (New York: Twayne Publishers, 1998), 47 – 48.

② Edith Gelles, "*First Thoughts*": *Life and Letters of Abigail Adams* (New York: Twayne Publishers, 1998), 14 – 18.

阿比盖尔承担起一个真正爱国者的责任："如果你最亲爱的朋友没有能力服务于国家，那么他不会被要求暂时离开他心爱的妻子和一群叽叽喳喳的小家伙，去承担一项自我否定的任务。"① 默茜并没有给她的朋友带去安慰，而是迫使阿比盖尔接受了此次巨大的牺牲。最后，经过激烈的情感斗争，阿比盖尔同意了，约翰带着他们十二岁的儿子约翰·昆西·亚当斯前往法国。因为没有丈夫和长子陪在身边，所以阿比盖尔非常依赖她的朋友们，希望她们知道自己为履行公共责任做出了多大的个人牺牲。

阿比盖尔创办了一家小型商业企业，由默茜代理销售约翰从欧洲寄来的小物件，如手帕、茶具和其他奢侈品。默茜还向她的朋友们提供普利茅斯沿海地区的草药和线绳，汉娜·温斯洛普充当了她的乡间老友和剑桥著名工匠之间的中间人。就这样，女性朋友们互相提供物质援助，有时甚至会互相提供资金。②

1778 年，约翰和儿子昆西离开后不久，阿比盖尔鼓励她的女儿小阿比盖尔（也称纳比）跟默茜一起在普利茅斯过冬天。默茜养了五个儿子，她很高兴能有一个十几岁的女孩住在她家，这个女孩显然也很高兴能与如此优雅的女人待在一起。默茜写道，她与纳比在一起的时间越长，就越喜欢她。与此同时，阿比盖尔接待了默茜的儿子们，并为一个即将前往欧洲的男孩提供了旅行建议。爱我，就爱我的孩子——这句早期适用于塞维涅夫人和拉法耶特夫人的"咒语"同样适用于默茜·奥蒂斯·沃伦和阿比盖尔·亚当斯，

---

① Edith Gelles, *"First Thoughts"*: *Life and Letters of Abigail Adams* (New York: Twayne Publishers, 1998), 51.

② Kate Davies, *Catherine Macaulay and Mercy Otis Warren*: *The Revolutionary Atlantic and the Politics of Gender* (Oxford: Oxford University Press, 2005), 195. Edith Gelles, *Portia*: *The World of Abigail Adams* (Bloomington, IA: Indiana University Press, 1992), 3-4.

她们的孩子在未来的几年里继续探望他们的"替身妈妈"。事实证明，这种情况也适用于默茜和汉娜·温斯洛普之间的友谊，沃伦夫妇的儿子在哈佛大学读书时和温斯洛普一家住在一起。

在约翰离开的那些年里，阿比盖尔有时很难像以前那样保持与默茜的友谊，因为约翰在外交界发展得风生水起，他的职业生涯与詹姆斯·沃伦坎坷的职业生涯形成了鲜明对比。沃伦夫妇变得越来越嫉妒，也越来越痛苦。沃伦一家认为约翰·亚当斯和他的政治盟友在欧洲化的进程中背叛了革命，也就是说，他们更保守，对世袭荣誉持更加开放的态度。当约翰被任命为英国圣詹姆斯法院大使，阿比盖尔决定和约翰一起去英国时，这两个家庭之间的关系肯定比独立战争前的那些年要冷淡。1783～1787年，即阿比盖尔出国期间，她很少写信给默茜。

撇开感情受伤不谈，阿比盖尔和约翰继续支持默茜撰写美国独立战争史的计划。为此，阿比盖尔总是把她和约翰通信的副本转交给默茜，并且继续从伦敦和巴黎的外交中心给默茜寄来有用的资料，供她写作之用。默茜的家庭持续衰败，默茜对历史课题的关注有助于她直面家道中落的阴郁氛围。沃伦从未适应过新共和国，他认为与他们所珍视的农林社区相比，新共和国有着相对强大的中央政府。默茜继续反对这样一种趋势，她认为一个强势领导人的出现意味着国家君主主义的倾向。

具有讽刺意味的是，这并没有妨碍她要求约翰·亚当斯支持她儿子和丈夫的政治任命。约翰直截了当地拒绝了她的请求，不仅如此，他对詹姆斯·沃伦"不受欢迎"的评价也传到对方的耳朵里，深深刺痛了默茜。沃伦夫妇和亚当斯夫妇之间的关系到达了历史低点，但阿比盖尔继续与默茜通信，并于1797年约翰的总统就职典礼前拜访了她。阿比盖尔向默茜保证："我永远也忘不了老朋友。"①

默茜于 1805 年出版了《美国独立战争的开始、进程和结束》（History of the Rise, Progress, and Termination of the American Revolution），书中对约翰·亚当斯进行了报复。默茜不但把他描述成一个心胸狭窄、缺乏耐心的人，而且低估了他作为革命家、外交官、副总统和总统所做的贡献。这本书实际上破坏了她和亚当斯夫妇之间的友谊。然而，在 1814 年默茜去世以后，阿比盖尔认识到了这位朋友的独特价值："把一切都考虑进去，我们不会再像以前那样看待她……对我来说，她是与我共同经历了五十多个夏天的朋友。"②

虽然亚当斯一家和沃伦一家在阿比盖尔与默茜晚年存在严重的矛盾，但在美国历史和女性友谊的历史上，他们的立场一致。在 18 世纪六七十年代，当詹姆斯和默茜在普利茅斯的住所成为当地的政治中心时，约翰·亚当斯是马萨诸塞州支持共和制的杰出人士圈子中的一员。正是在沃伦普利茅斯的家中，阿比盖尔第一次遇见默茜，并开始了长久的交往。就像过去（现在）妻子和母亲经常遇到的情况一样，阿比盖尔和默茜的友谊使孩子们在两家享有优待，但双方的丈夫合不来。在 18 世纪八九十年代，约翰的事业蒸蒸日上时，詹姆斯的前途却令人担忧，负面情绪渗透到这段关系中，这种情绪主要来自詹姆斯和默茜，但约翰也脱不了干系。阿比盖尔似乎尽了最大的努力让友谊保持活力，即使有时只剩"友谊的表象"③。阿比盖尔宽厚、率真的性格与默茜的自命不凡形成了 130

---

① Edith Gelles, "First Thoughts": Life and Letters of Abigail Adams (New York: Twayne Publishers, 1998), 60.

② Edith Gelles, "First Thoughts": Life and Letters of Abigail Adams (New York: Twayne Publishers, 1998), 168.

③ Edith Gelles, "First Thoughts": Life and Letters of Abigail Adams (New York: Twayne Publishers, 1998), 60.

鲜明的对比，随着权力的天平在她们之间转移，阿比盖尔为许多新老朋友创造了一种热情的气氛。尽管如此，她始终没有忘记对默茜·奥蒂斯·沃伦的亏欠。默茜年长，很有教养，她把阿比盖尔当作雏鸟保护在羽翼之下，最终帮助她独自飞翔。

默茜·奥蒂斯·沃伦和凯瑟琳·麦考利

默茜·奥蒂斯·沃伦与历史学家凯瑟琳·麦考利的友谊始于1773年，跟她同阿比盖尔·亚当斯的友谊开始于同一年。由于凯瑟琳生活在英国，除了1784～1785年有过一次美国之行外，她与默茜的关系都是通过书信维系的。历史学家凯特·戴维斯在对两人关系的详细研究中写道："凯瑟琳·麦考利和梅西·奥蒂斯·沃伦通信，交流思想近二十年。从国际化的城市伦敦、巴斯到地方性的马萨诸塞州，她们之间保持着亲密的友谊，这种友谊几乎完全是通过书信维系的，依赖不可靠的大西洋传送。"① 虽然默茜比凯瑟琳大三岁，但凯瑟琳已经因在1783年完成的八卷《英格兰的历史》（*History of England*）而被英国人所熟知。相比之下，默茜直到1790年才以匿名的方式出版了她的诗集，直到她生命的尽头，她的历史作品才得到公众的认可。尽管如此，从一开始，她们就把彼此视为智力上平等的人，视对方为体己的朋友，互相同情。

最初，这两位女性都支持美国爱国者要求摆脱英国统治获得更大自由的事业，因而走到了一起。凯瑟琳在致英国人民的一封信中写道："如果大不列颠和她的殖民地之间爆发内战，要么是英国在

---

① Kate Davies, *Catherine Macaulay and Mercy Otis Warren: The Revolutionary Atlantic and the Politics of Gender* (Oxford: Oxford University Press, 2005), 2.

一次巨大的努力下毁灭了自己和美国，要么是美国人在一场旷日持久的斗争中获得了独立。"不论在哪种情况下，英国的臣民将只剩下"在国内暴君的统治下，赤裸裸地占有雾蒙蒙的岛屿"。这些话注定不会使凯瑟琳受到同胞们的爱戴，但默茜和与她志趣相投的美国人都听着十分顺耳。①

凯瑟琳·麦考利的公开声明和私人信件在马萨诸塞州的共和党人中传阅，受众有男有女。默茜给凯瑟琳的信比较私密，这些信也涉及政治，她认为政治是男人和女人都关心的领域。

> 你看，夫人，我不理会女性造就了冷漠的政客的观点……当这些观察是公正的，并且对心灵和品格怀有敬意时，无论是从女性的唇齿间流淌出来，夹在私人友谊的轻柔低语中，还是在参议院里由另一个性别的人大胆地说出来，都无关紧要。② 132

"私人友谊的轻柔低语"说明了一切。默茜和阿比盖尔·亚当斯一样，总是认为女性可以通过对话在公共领域发挥作用，这与男性在参议院的作用相当。此外，由于那个时代的女性被排除在政治最基础的层面之外，因此她们可能比男性做出更理性的判断。我们以前就听过这个论点，出自20世纪初的英国作家玛丽·阿斯特尔之口。

凯瑟琳和默茜并没有为女性更情绪化的天性道歉，而是将其转

① Catherine Macaulay, "An Address to the People of England, Scotland and Ireland on the Present Important Crisis of Affairs," Dec. 1774, 出自 Kate Davies, *Catherine Macaulay and Mercy Otis Warren: The Revolutionary Atlantic and the Politics of Gender* (Oxford: Oxford University Press, 2005)。

② Warren to Macaulay, Dec. 1774, 出自 *Catherine Macaulay and Mercy Otis Warren*, 1。

化为自己的优势，甚至在政治领域也是如此。她们分享了所谓的心灵语言，一致认为女性对家庭、朋友和国家的爱应该影响社会舆论。为了强调女性情感和人际关系的价值，凯瑟琳反问："友谊在心中无法立足，爱国主义还能存在吗？"[1] 早在她们那个时代，默茜和凯瑟琳很容易就采纳了 20 世纪女权主义者的口号：个人即政治。

这段友谊几乎完全是通过书信建立起来的，这不禁让人想起两百年后网络友谊中经常出现的问题：如果没有面对面的交流，两个人真的能成为朋友吗？如果友谊的标志是感情和思想不断地交流，加上互相同情和尊重，那么凯瑟琳和默茜的友谊确实是真正的友谊。许多面对面建立的"友谊"从未达到类似的理解程度。此外，她们对美国独立和建立一个公正的共和国的承诺，给予了她们共同的目标，一个她们为之奋斗终生的共同事业。

她们的友谊在 1784 年受到了考验，当时凯瑟琳来到刚刚独立的美国进行访问。她和第二任丈夫威廉姆·格雷厄姆一起来到美国，两人于 1778 年结婚。自 1766 年凯瑟琳成为寡妇以来，没有人反对她再嫁，但四十七岁的她选择了一个二十一岁的男人，这注定会引发丑闻。默茜忠于她的朋友，指出既然男性有权与比他年轻得多的女子结婚而不受惩罚，那么女性应享有同样的权利，以此来捍卫凯瑟琳和比她小二十六岁的男子结婚的自由。在这方面，默茜比她的朋友阿比盖尔·亚当斯宽容得多，阿比盖尔显然对这种结合感到震惊。

并不是这段婚姻暂时破坏了默茜和凯瑟琳的友谊，而是一件意想不到，甚至有点可笑的事。在访问美国期间，凯瑟琳经常光顾一家新成立的俱乐部，名为"无忧宫"。波士顿的精英们在那里聚会，他们欣赏音乐、跳舞、打牌、赌博。但对默茜来说，这家俱乐

---

[1] Macaulay to Warren, 15 July 1785, 出自 *Catherine Macaulay and Mercy Otis Warren*, 20.

部代表了战后社会的消费文化和道德沦丧。

另外，默茜被错误地指控，写了一部对凯瑟琳不利的戏，两人因不合而受伤。关于"无忧宫"的争吵公开地揭示了两名女性之间的差异，之前这两名女性认为她们在各方面都很相似。但一位女士来自深受国际化影响的英国，她的朋友却住在偏僻的马萨诸塞州。在这种情况下，在什么是适当的社会行为上，两位朋友根本没有达成一致意见。

尽管如此，在凯瑟琳回英国之前，她们还是积累了足够的友好情感来平息这场争吵。两个人都珍视这份友谊，并希望它能继续下去。于是她们又拿起笔，隔着大洋通了六年的信。直到 1790 年，也就是凯瑟琳去世的前一年，她才停止发表她的政治思想。凯瑟琳去世后，她在大西洋彼岸的朋友真诚地哀悼她。

围绕在默茜·奥蒂斯·沃伦身边的朋友，在独立战争前的日子里，因志趣相投而团结起来，又被战争的危险和贫困凝聚在一起。革命给她们的生活带来了意义，丰富了她们的私人友谊，不仅对像约翰·亚当斯和詹姆斯·沃伦这样在建立新国家的进程中在公共领域发挥了作用的人是如此，对他们在国内阵线上做出贡献的妻子来说，亦是如此。作为妻子、母亲和朋友，爱国女性也为她们所信仰的事业贡献了自己的力量。这是许多政治事业的开端，在接下来的二百五十年里，将会有更多政治事件使美国女性走到一起。

法国共和党女性

1783 年，由约翰·亚当斯、本杰明·富兰克林和约翰·杰伊通过巧妙谈判达成的《巴黎条约》（*Treaty of Paris*）正式结束了美

135 国独立战争。作为美国的盟友，法国将与英国单独签署一份协议。1783 年，没有人能想到，仅仅几年之后，古老的法国君主制会被本国的革命推翻。

1789～1795 年法国大革命期间的友谊往往以悲剧告终。法国革命者与美国革命者不同，后者的爱国者和英国保皇派之间也保持了一点礼貌，而法国革命者则陷入了野蛮的阶级斗争。考虑到断头台所造成的生命消殒，在革命的严峻考验中形成的许多友谊注定不会长久。

法国在其著名的信条"自由、平等、博爱"中保留了友谊的形象，尽管"博爱"一词带有性别偏见，但它对男性、女性都适用。虽然没有男性之间的友谊的作用那么大，但是女性之间的友谊在法国大革命中也发挥了作用。在被忽视了两个世纪之后，学者们最近开始重视这一点。①

贵族女性被视为革命的敌人，她们的私人友谊在她们躲藏起来的时候破裂了，或者更惨，在她们走上断头台的时候，友谊走到了尽头。想想玛丽·安托瓦内特王后最亲密的朋友兰巴勒公主血淋淋的结局吧——她的头被抬着经过王后的牢房窗户。一些贵族妇女逃到外省，那里的朋友们更想把她们拒之门外。从未工作过的女性流亡到英国，她们在伦敦联合起来，生产刺绣服装和彩绘扇子等畅销

136 品养活家人。尽管有许多资产阶级女性和农村女性对受到威胁的贵族表现出善意的例子，当母亲不得不逃亡或被监禁时，有些人甚至

---

① Darline Levy, Harriet Applewhite, and Mary Johnson, eds., *Women in Revolutionary Paris, 1789 - 1795* (Urbana: University of Illinois Press, 1980); Anne Soprani, *La Révolution et les Femmes de 1789 a 1796* (Paris: MA Editions, 1988); Marilyn Yalom, *Blood Sisters: The French Revolution in Women's Memory* (New York: Basic Books, 1993).

接手照顾她们的孩子，但友谊通常遵循阶级界限。

在新成立的女性爱国俱乐部产生了友谊，例如革命共和妇女协会和地方女性公民团体。与18世纪70年代的美国女性不同，一些法国女性在18世纪80年代末和90年代初，公开集体发声。这些女性联合起来写请愿书，表达她们的不满，并要求新成立的政府给予补偿。工人阶级中的女性，从鱼贩、花贩到工匠和车间工人，都参加了街头抗议和暴乱，要求从购买降价面包到携带枪械的一切权利。虽然我们很少有关于这些女性团体中所建立的友谊的具体记录，但不难想象，在她们共同努力影响革命进程的过程中，可能发展出的个人关系。

由于这些团体制造了巨大的骚动，因此国民公会宣布女性协会和受欢迎的俱乐部完全为非法组织。1793年颁布的《男性公约》规定，女性不能行使政治权利，她们永远不应在政治团体中会面。"女性天生注定要承担的私人职能与社会一般秩序相关，这种社会秩序是由男女之间的差异造成的。每个性别都被要求从事适合自己的职业。"① 这是法国立法者在未来一百五十年内的普遍态度，直到1945年，法国妇女才最终获得了选举权。

罗兰夫人和苏菲·格朗尚

也许，在法国大革命期间，一段最引人注目的爱国女性友谊发生在罗兰夫人和苏菲·格朗尚之间。罗兰夫人因杰出的回忆录而在法国大革命后一举成名。她的回忆录写于1793年，在被处决前她一直被监禁在牢里长达五个月。如果她没有留下回忆录，在历史

137

① Levy, Applewhite, and Johnson, *Women in Revolutionary Paris*, 215.

上，她很可能仅被视为内政部长让－马里·罗兰·德·拉普拉蒂埃的妻子。肯定没有人会对她和苏菲·格朗尚的友谊感兴趣。然而，正是苏菲·格朗尚把罗兰夫人的笔记本偷偷带出了监狱，也是在她死去的那天，罗兰夫人的朋友证明了自己的勇气。

让我们回到当时。1793 年，罗兰夫人因罗伯斯庇尔下令清除吉伦特地区的代表而被搜捕，被搜捕的名单中也包括让－马里·罗兰·德·拉普拉蒂埃。在他逃到东南部省份时，罗兰夫人仍然坚持面对丈夫的敌人。很快，她代替丈夫入狱，开始撰写文章，这些文章后来成为最著名的革命目击者纪事。罗兰夫人的文学风格独特，因为她了解革命政治的内部运作。此外，在此之前，她只是利用这种文学风格为丈夫写私人信件、处理专业文件。

在他们参与政治活动的头两年里，罗兰夫妇愿意与丹东、马拉和罗伯斯庇尔等革命者保持一致的目标，经常在家中接待他们。但 1792 年 9 月的监狱大屠杀令他们在道义上感到愤怒。在那次大屠杀后，他们与前盟友决裂，这也导致了许多人的生命被恐怖吞噬。

苏菲·格朗尚是罗兰夫人生命最后两年里最亲密的女性朋友。格朗尚是一位受过良好教育、敏感的中产阶级女性，她免费教授天文学、语法和文学。格朗尚在 1806 年写下了自己的回忆录，讲述了她与罗兰夫人的友谊。这份友谊始于 1791 年 2 月。

格朗尚是第一个试图理解罗兰夫人热衷于革命的心理原因的人。她相信，1791 年以前，也就是能通过丈夫给国家机关打电话表达自己观点之前，她那位有天赋的朋友（罗兰夫人）一直对乡村生活不满意。根据格朗尚的解释，罗兰夫人"怀有隐秘的野心……如果找到适合的舞台，她就能展现自己所有的才能"。一旦她找到了这个舞台，就很擅长传达她丈夫的想法。①

正如罗兰夫人在自己的回忆录中所写到的："如果是关于一个通告、一条指示、一份重要文件的问题……我拿起笔，这支笔我比他用的时间还长。"② 她小心翼翼没说出来的是，实际上她是她丈夫领导的舆论办公室的主要幕后参谋。

在监狱里，罗兰夫人向她唯一的女性朋友倾诉心事。在她遇到格朗尚之前，她的朋友都是男性，都是在她丈夫任职期间结交的，在家里见过的共和党代表。在那个圈子里，她有点像蜂王，对其他女人毫不在意，认为她们智力低下。苏菲·格朗尚是个例外，在罗兰夫人生命的最后几天里，她证明了自己是一个名副其实的朋友。

随着行刑时间的临近，罗兰夫人让苏菲·格朗尚在她走向断头台的路上注视她："你会减少这段可恶旅程所引发的恐惧。我至少可以肯定，坚韧不拔的精神不会在如此可怕的考验中抛弃我，一个配得上我的人会对我的坚定表示敬意。"苏菲听从了朋友的指示。她在罗兰夫人离开巴黎监狱的前一小时出了门，站在巴黎九桥桥头，穿着上次她们见面时穿的衣服。当她在把罗兰夫人送上断头台的马车里认出夫人的脸时，格朗尚就直直地盯着她看："她精神饱满，镇定自若，面带微笑……走近桥头时，她的眼睛在寻找我。我读出了她在最后一次难忘的会面时看到我时的满足感。"③

面对即将到来的悲剧，这份友谊为罗兰夫人的传奇增添了色

140

---

① "Les Souvenirs de Sophie Grandchamp," in appendix to *Mémoires de Madame Roland*, ed. Claude Perroud（Paris：Plon-Nourrit et Cie，1905），2：461 - 497.

② Claude Perroud, *Mémoires de Madame Roland*（Paris：Mercure de France，1987），155.

③ 本段这句话与前文的引文出自 "Les Souvenirs de Sophie Grandchamp," in appendix to *Mémoires de Madame Roland*, ed. Claude Perroud（Paris：Plon-Nourrit et Cie，1905），2：492 - 495。

彩——她是一位无愧于共和党原则的烈士。她在革命广场（现为协和广场）的自由女神像前说的那句感人的话，得到了其他目击者的证实："哦，自由，多少罪恶假借你的名义横行！"

虽然除了三个忠诚的男性访客，还有一位（匿名的）女性去监狱探望过她，但是罗兰夫人在她的回忆录中从来没有提到过苏菲·格朗尚。也许，没有提到她是因为不想让格朗尚卷入她已经预知的命运。又或许，苏菲·格朗尚对罗兰夫人想要留下的故事并不那么重要。很明显，罗兰夫人是她们关系中的明星，而格朗尚就像一颗沐浴在阳光反射中的卫星。然而罗兰夫人却选择了格朗尚作为她最后一次痛苦经历的见证人，她选择了一个能同情她的处境并记录她悲惨命运的女人。苏菲·格朗尚说到做到，当她最亲密的朋友被送上断头台时，她毫不畏惧地注视她，真诚地对待自己的友谊，然后继续维护罗兰夫人的荣耀。

18世纪末，无论是在美国还是法国，共和政体下的女性友谊让许多女性对自己的价值有了新的认识。虽然当时女性在这两个国家并没有法定权利，但"私人友谊的轻柔低语"增强了她们想在政治领域发挥更大作用的愿望。不过，这个愿望直到20世纪才完全实现。

第七章

浪漫的友谊

我爱你，强烈地，公开地，亲密地爱你。我十分尊重并且毫无保留地信任你。

——西比勒·默滕斯（Sibylle Mertens）
致阿黛尔·叔本华（Adele Schopenhauer），
1836 年 3 月 8 日

我们为什么被分开？……一定是因为我们彼此爱得太深。

——夏洛蒂·勃朗特（Charlotte Brontë）
致埃伦·纳西（Ellen Nussey），1837 年 2 月 20 日

我崇拜艾丽西亚夫人，但那是一种平静的爱，我需要燃烧的激情。那时我十五岁。

——《我的一生》（*Story of My Life*），
乔治·桑（George Sand），1876 年

143　　　在 1800 年前后，女性友谊变得浪漫化了。仅举几个最明显的例子，英国、德国、法国和美国的女性开始用情侣般的语言互相写信。女性之间互相称对方为"亲爱的""甜蜜的""珍贵的""永远相爱的"，这种情况并不少见。青春期的女孩们拥抱亲吻，毫不掩饰她们对同学的迷恋。女人们相信男女之间的关系永远不可能像两个女人之间的友谊那么"真实"。当未婚夫和丈夫抢走了她们的亲密朋友时，她们会痛苦地抱怨。

　　　美国历史学家南希·科特（Nancy Cott）在她的经典著作《女性的纽带》（*The Bonds of Womanhood*）中呼吁人们注意这种新的思维方式。她写道："新英格兰女性的日记和信件表明，从 18 世纪末到 19 世纪中，她们提出了一种新的自我意识和理想化的女性友谊概念。"① 南希将这一范式的转变与越来越多的女性认同"心"（"心"象征爱、同情、怜悯和同理心）联系在一起。人们期望女性向缺乏情感的男性敞开心扉、相互理解，因为男性更强壮、更理性，恰好可以补充女性的极端感性。这一设想的附带结果是，女性之间的友谊比以往任何时候都更受尊重。

　　　这些变化的根源可以在大西洋彼岸找到，在那里，对友谊的崇拜几乎和对爱情的崇拜一样流行。前浪漫主义和浪漫主义文学运动（约 1761～1850 年）鼓励人们深切地感受情感，并在泪水、叹息
144　和诗意的话语中深刻地体会、充分地表达他们的情感。从法国的让－雅克·卢梭（Jean-Jacques Rousseau）的《新埃洛伊丝》（*The New Heloise, or Julie* 1761 年）和德国作家约翰·沃尔夫冈·冯·歌德（Johann Wolfgang von Goethe）登上了国际畅销书排行榜的小说《少年维特之烦恼》（*The Sorrows of Young Werther*，1774 年）开

---

① Nancy Cott, *The Bonds of Womanhood*: *"Woman's Sphere" in New England*, *1780 - 1835* (New Haven: Yale University Press, 1977, repr. 1997), 160.

始，情感被提升到一种文化的高度，可以与启蒙运动的理性原则相媲美。一个女人或男人如果不够感性，没有对爱情、温柔、友谊和爱的"自然"倾向，就会被认为是有缺陷的。正是在这种火热的气氛中，浪漫的友谊才得以生根发芽。

追随卢梭脚步的英国浪漫主义作家，也从古希腊人那里寻求友谊的典范。他们想效仿希腊友谊中所有令他们钦佩的典范，但忽略了关于同性恋的论述。例如，翻译柏拉图《会饮篇》的 18 世纪诗人珀西·比希·雪莱就提出了一种"四海之内皆兄弟"的愿景。先不说雪莱的用词，这个愿景并未将女性排除在外。即便如此，他也可能对 19 世纪女性之间的浪漫的友谊所具有的突出地位感到惊讶。

就像爱情一样，两个女孩或两个女人之间浪漫的友谊往往充满激情、排他性和强迫性。（这不会让今天熟悉中学女生的人感到惊讶。）青春期的依恋经常发生在女校，甚至在其中一个或两个女人都结婚后，这种依恋可能会发展成终生友谊。社会不仅接受了两个女人在情感上的亲密关系，而且把它作为一种女性理想来提倡。男人有工作、俱乐部或酒馆——这取决于他们的阶级——对女人来说，还有什么比和最好的朋友分享爱的陪伴更好的消遣呢？

但是，如果两个女人想在没有丈夫、母亲或姑妈（姨妈）的保护下一起生活，人们就会议论纷纷。三十九岁的埃莉诺·巴特勒和二十三岁的萨拉·庞森比就是这种情况。1778 年，这两位女士离开了爱尔兰的家，打算在北威尔士定居。她们第一次逃跑的企图被家人挫败了，正如巴特勒小姐的一位亲戚在信中所说："逃跑的人被抓住了……并没有绅士们来过问此事，看来不过是一场浪漫的友谊罢了。"[1] 与异性

① Alison Oram and Annmarie Turnbull, eds., *The Lesbian History Sourcebook: Love and Sex Between Women in Britain from 1780 to 1970* (London: Routledge, 2001), 55.

恋相比，两个女人之间的"浪漫的友谊"并不是影响家族名誉中最糟糕的事情。最终，巴特勒小姐和庞森比小姐的家人允许她们搬到威尔士的兰戈伦谷，她们在那里一起生活了五十多年，并成为著名的兰戈伦夫人。用诗人安娜·西沃德的话来说，因为她们"神圣的友谊，永远纯洁"①。

与巴特勒和庞森比同时代的人并没有把"浪漫"与"女同性恋"等同起来，女同性恋这个词直到19世纪末才流行起来。作为描述两个女人之间性行为的术语，女同性恋在19世纪70年代成为社会学的词汇。同性恋这个词同时用于男性和女性（最早见于1869年德语术语Homosexualität）。在那之前，通常认为女性的浪漫友谊不包含性行为，一个女人可以向另一个女人表达极强烈的感情，甚至是深深的爱，而不会招致不恰当的怀疑。

美国性学历史学家约翰·德·埃米利奥和埃斯特尔·弗里德曼告诫我们，不要把复杂的浪漫友谊同质化，也不要把它们变成原始的女同性恋关系。② 一些生活在伴侣关系中的19世纪美国女性，似乎对性鲜有兴趣，或者根本没有兴趣。而另一些女伴侣，用今天的话说，可能是女同性恋，却"性生活活跃"。根据历史学家卡罗尔·史密斯·罗森伯格提出的模型，出于某种目的，我们把浪漫的友谊看作跨越一个连续统一体，从这一端"坚定的异性恋"到"毫不妥协的同性恋"那一端。③

146

---

① Anna Seward, *Llangollen Vale*, *with Other Poems* (London: G. Sael, 1796; Open Library, 2009), 6, https://openlibrary.org/works/OL2067573W/Llangollen_vale_with_other_poems.

② John D'Emilio and Estelle Freedman, *Intimate Matters: A History of Sexuality in America* (New York: Harper & Row, 1988), 192 – 193.

③ Carroll Smith-Rosenberg, "The Female World of Love and Ritual," in *Disorderly Conduct: Visions of Gender in Victorian America* (New York: Oxford University Press, 1985), 76.

阿黛尔·叔本华、奥蒂莉和西比勒

19 世纪初，在英国、德国和法国等地，女孩或女人之间的情感依恋已经是一种常见的现象。在这些国家，浪漫主义激发了读者的想象力，并渗透了大部分流行文化。德国魏玛围绕歌德的文学圈是哲学家亚瑟（Arthur）的妹妹、畅销书作家约翰娜（Johanna）的女儿阿黛尔·叔本华（1797—1849）第一次发展出浪漫友谊的地方。在最近一本详尽的传记中，阿黛尔的经历向我们展示了，在德国知识分子的复杂环境中，浪漫的朋友之间会发生什么。①

因为我们从阿黛尔·叔本华的书信、日记以及她同时代人对她的观察中获得了关于她生活的大量文献，我们可以在这里更详细地介绍她的故事，而不是 19 世纪欧洲或美国的其他女性，因为那些人炙热的友谊鲜有记载。阿黛尔的友谊，正如本章所选的所有例子一样，必须根据其特定的文化背景和历史时刻来理解。与她同时代的英国作家安娜·詹姆森认为，阿黛尔与西比勒·默滕斯的合作关系"本质上很德国"，她没有想到会在一对英国女性伴侣身上发现同样的特征。②

孩提时代，阿黛尔·叔本华和她寡居的母亲约翰娜来到魏玛，很快创建了一个成功的文学沙龙（Salon 这个法语单词已被德国人采用），甚至吸引了伟大的歌德。他不仅和约翰娜成了朋友，而且

147

---

① Angele Steidele, *Geschichte einer Liebe: Adele Schopenhauer und Sibylle Mertens* (Berlin: Insel Verlag, 2010). 该书由玛丽莲·亚隆译成英文。

② Anna Jameson, *Visits and Sketches at Home and Abroad* (New York: Harper & Brothers, 1834), 1:36.

和她早熟的女儿阿黛尔成了朋友。他非常喜欢阿黛尔，关心她的教育。直到生命的尽头，他都是阿黛尔善解人意的朋友。

在阿黛尔二十六岁前，她儿时的朋友奥蒂莉·冯·波维施一直是她的知心伙伴。在她们一生中留存下来的众多信件中，阿黛尔给奥蒂莉写道："我用尽所有的力量，爱你……如果你不快乐，我就活不下去，因为只有你知道我的全部想法并且与我有相似的经历。"[1] 在这里，友谊表现为一个人对另一个人的完全认同，这让人想起亚里士多德的名言"友谊就是一个灵魂寄居在两个身体里"。

从 1816 年 7 月的一封信中可以看出，奥蒂莉回应了阿黛尔的热情。她在信中写道："只要你是我的朋友，我就永远幸福。什么能把我们分开呢？"[2] 具有讽刺意味的是，她们之所以分开，是因为奥蒂莉决定嫁给作家歌德的独子奥古斯特·冯·歌德。尽管如此，阿黛尔始终是奥蒂莉最亲密的知己。但阿黛尔在日记中抱怨说，她们见面的次数比以前少了，没有人会像她爱奥蒂莉那样爱她。[3]

1828 年，阿黛尔改变了主意，她遇到了西比勒·默滕斯，一个和她同龄的已婚女人。她是六个孩子的母亲。阿黛尔很快就被西比勒迷住了，她在给奥蒂莉的一封信中说："除了你，我相信我从来没有像现在这样爱过任何人。"[4]

在阿黛尔和西比勒交往的前四年里，阿黛尔和她的母亲会和西比勒一起在她位于昂克尔的乡间别墅消夏，那里离波恩大约二十公里。在那里，就像她冬天在科隆做的一样，西比勒经营着一家类似

① Adele to Ottilie, 1814, in Steidele, *Geschichte einer Liebe*, 44.
② Ottilie to Adele, July 1814, in Steidele, *Geschichte einer Liebe*, 45.
③ Ottilie to Adele, July 1814, in Steidele, *Geschichte einer Liebe*, 63.
④ Adele to Ottilie, 8 June 1828, in Steidele, *Geschichte einer Liebe*, 80.

于约翰娜·叔本华在魏玛开的沙龙。西比勒对考古学和古物的兴趣为这个由作家、哲学家、音乐家和艺术家组成的社交圈增加了一个特殊的维度——在这个圈子里，阿黛尔感到非常自在。阿黛尔在写给奥蒂莉的信中列举了西比勒的许多才能：她翻译并阅读神话作品、历史作品和拉丁作家的作品，她钢琴弹得很好，对艺术、雕塑和诗歌也感兴趣。此外，由于西比勒冷漠无情的丈夫路易斯·默滕斯仍住在位于科隆的住所，专心在银行工作，因此阿黛尔和西比勒可以整天待在一起，不受男性打扰。 149

她们的友谊在第二年夏天比第一年夏天更富于田园诗意。两人在温克尔重逢，成为对彼此而言"不可或缺"的人。阿黛尔给奥蒂莉写了一封信，信中的话足以让她大吃一惊："在我的一生中，我不记得自己曾有过一段这样值得信赖的友谊……如果她死了，我就跳进莱茵河。"①

她们一起读歌德的《威廉·迈斯特》（Wilhelm Meister），一起写诗，还很高兴地收到了第一期《混乱》（Chaos）周刊，这本周刊是阿黛尔在歌德的支持下在魏玛创办的。和 19 世纪大西洋两岸的许多女性一样，她们甚至睡在一张双人床（德语中称之为法国床）上。在大约两个月里，西比勒在没有丈夫且六个孩子中缺席五个的情况下，设法留在温克尔，表面上的原因是她的身体不太好。

在她们认识几年后，阿黛尔开始怀疑自己是不是西比勒唯一关心的人。当著名诗人安妮特·冯·德罗斯特－许尔斯霍夫出现后，阿黛尔吃醋了。 150

阿黛尔的另一个潜在的竞争对手是安娜·詹姆森，她通过与

---

① Adele to Ottilie, 1 July 1829, in Steidele, *Geschichte einer Liebe*, 86 – 87.

奥蒂莉·冯·歌德的友谊加入她们的圈子。在她的一本书中，安娜·詹姆森用下面的话描述了阿黛尔和西比勒，但没有挑明她们的名字。

> 她们在思想上相对立，但互相欣赏……两人都以最高层次的才能和卓越的个性而著称，她们都是德国人，而且骨子里都是德国人。英国社会和英国教育绝不会培养出这样两个女人。①

安娜可能指的是她们严肃、不开玩笑、高智商的天性，但她也可能暗示了西比勒专横跋扈的性格。安妮特·冯·德罗斯特－许尔斯霍夫把西比勒描述为一位"能干的家庭指挥官"，是"穿裤子的"② 女性之一。其他人认为西比勒很古怪，但都认同她有很高的智商。当时很少有女人到远离三个 K 字开头的德语单词（孩子、教堂、厨房）的地方去冒险。西比勒·默滕斯对考古感兴趣，这个兴趣直接促成了她的罗马挖掘之行，她还收集了很多文物，其中的一些被大英博物馆收藏了。从她的许多成就来看，西比勒·默滕斯确实是一个"文艺复兴时期的人"。

1835～1836 年，她和几个孩子一起住在意大利，表面上也是出于健康原因，这导致了她与阿黛尔再次长期分离。虽然她有了另一位女伴，但她在日记中表达了对阿黛尔的思念，并送上了充满爱意的话语："我十分尊重并且毫无保留地信任你。"③

---

① Anna Jameson, *Visits and Sketches at Home and Abroad* (New York: Harper & Brothers, 1834), 1:36.
② Angele Steidele, *Geschichte einer Liebe: Adele Schopenhauer und Sibylle Mertens* (Berlin: Insel Verlag, 2010), 101.
③ Sibylle to Adele, 8 March 1836, in Steidele, *Geschichteiner Liebe*, 145 - 146.

阿黛尔和西比勒直到 1842 年才真正团聚,路易斯·默滕斯的去世使她们得以继续在一起。虽然永远不会像她母亲那样受欢迎,更不会像哲学家哥哥那样在死后获得伟大的声名,但是阿黛尔在当时已经是知名的故事作者、小说家了。西比勒的情况也有所改善,她从丈夫那里继承了一大笔遗产,她可以自由地在她心爱的意大利过冬了,而且阿黛尔就在她身边。她们养成了参观教堂、宫殿和博物馆的习惯,这使她们两人都神采奕奕。阿黛尔后来在给她的弟弟亚瑟的信中说道,1844 年和西比勒一起住在意大利使她放松,让她能追求新兴趣和新灵感。

1845～1846 年冬季,西比勒在罗马中部租了一所小房子。阿黛尔在附近租了两个房间,不过大部分时间她们住在一起。西比勒建立国际沙龙,据一位熟悉参加沙龙的德国作家范妮·莱瓦尔德说,这个沙龙以"沙龙女士、学者、牧师、优秀的管家、艺术家、音乐名人、游客、主教、女作家、商人、王子、大使、法律博士、医生等"闻名。[①]

甚至连奥蒂莉·冯·歌德也来了,她还允许西比勒·默滕斯用她的名字命名让人印象深刻的"周二"活动。奥蒂莉的女儿移居维也纳后染上了斑疹伤寒。对奥蒂莉来说,比沙龙更重要的是,在女儿去世后,她得到了两个朋友的安慰。奥蒂莉还得到了安娜·詹姆森的情感支持,她是奥蒂莉十几年前结识的密友。安娜在维也纳待了两个月,与奥蒂莉分担悲痛。离开后不久,安娜给奥蒂莉写了一封信:"亲爱的奥蒂莉,当我离开你的时候,比以前更深切地感受到我是多么爱你。"[②]

152

① Fanny Lewald, *Römisches Tagebuch 1845/46*, ed. Heinrich Spiero (Leipzig: Klinkhardt & Biermann, 1927), 57, 出自 Steidele, *Geschichte einer Liebe*, 215。

② Anna to Ottilie, 9 August 1845, in Steidele, *Geschichte einer Liebe*, 214.

　　英语"我爱你"（I love you）和德语"我爱你"（ich liebe Dich）以千百种说法跃然纸上。这些词代表了说英语和德语的女性在亲密朋友关系中惯用的修辞。女人们互相表达内心深处的情感。我们应该把它们看作我们今天所说的女同性恋关系的标志吗？这有关系吗？显然，一个人可以感受到同性的友谊，但不一定涉及性行为。可以肯定的是，像阿黛尔·叔本华和西比勒·默滕斯一样，安娜·
153　詹姆森在朋友需要她的时候，帮助沉浸在悲伤中的朋友。除了浪漫的言辞，女人们会对她们的朋友施以援手，现在也是如此。

　　阿黛尔于 1849 年去世。在生命的最后一段日子里，她主要在意大利与西比勒一起过冬，其余时间则在德国。西比勒的孩子们经历了复杂的法律交易，他们愤怒地见证了母亲与阿黛尔的亲密关系。阿黛尔参与了与哥哥的财务交易。哥哥虽然和妹妹保持距离，就像和母亲保持距离一样，但还是设法获得了大部分遗产。关于亚瑟和女人（或者男人）的关系，都没有什么好说的。这位著名的厌女主义者在他的作品中明确表达了对女性的蔑视，尤其是在其最著名的作品《附录与补遗》（*Parerga and Paralipomena*）中。与阿黛尔的女性朋友不同，他甚至没有在阿黛尔临终前去看望她。

　　阿黛尔很不幸，是这样一个厌女主义者的妹妹。但她又很幸运，在她生命的头三十五年里，她认识了歌德，歌德对女人绝没有敌意。相反，在许多方面，歌德爱护女性，而且心胸开阔，能够理解阿黛尔对其他女性的爱。私下里，德国人可能会说这样的女性"不自然"或"古怪"，他们却没有把她们排除在上层社会之外，尤其是当这些女性拥有智力和经济双重资本的时候。

　　阿黛尔在波恩的西比勒家中度过了她最后的日子。每天，西比勒都把玫瑰放在阿黛尔床边。当阿黛尔剧烈疼痛时，她就给阿黛尔
154　灌酒和鸦片。在阿黛尔去世前，奥蒂莉的来访让阿黛尔感到非常高

兴。奥蒂莉也与西比勒保持着友谊，这段友谊在阿黛尔去世后延续
下去。阿黛尔在 1849 年 8 月 10 日立下遗嘱，除了一大笔指定给亚
瑟的钱，她把其余财产留给了西比勒。8 月 25 日，阿黛尔死在西
比勒家中。

西比勒把阿黛尔的遗体清洗干净，放进一口棺材，葬在波恩公
墓。阿黛尔的墓碑上用意大利语刻着这样一段文字："路易斯·阿黛
尔·拉维尼娅·叔本华长眠于此，享年五十二岁，她心地良善、才
华出众，是最好的女儿和最忠诚的朋友……这座纪念碑由她痛不欲
生的朋友西比勒·默滕斯·沙弗豪森所立。"这段刻在墓碑上的话语
是少有的女性友谊的见证。

乔治·桑

文学人物的生活当然比普遍人的生活更好记录。在法国著名作
家乔治·桑（1804—1876）的自传中，她对自己十几岁时在巴黎
一所修道院学校里度过的日子进行了详尽描述，同学们都知道她的
名字叫奥罗尔·杜邦（Aurore Dupin）。① 奥罗尔最亲密的朋友是三
个女孩——苏菲、范内利和安娜。她们都被一条规定约束，必须
以不变的顺序列出最好朋友的名单，不论日后是否变心："一旦我
们把一个女孩放在首位，我们就无权把她的位置夺走并给予他人。
资历的规则就是法律。"②

155

---

① George Sand, part Ⅲ, 第十二至十三章，in *Story of My Life*: *The Autobiography of George Sand*, ed. Thelma Jurgrau（Albany: State University of New York Press, 1991）。

② George Sand, part Ⅲ, 第十二至十三章，in *Story of My Life*: *The Autobiography of George Sand*, ed. Thelma Jurgrau（Albany: State University of New York Press, 1991）, 685。

　　桑的朋友范内利·德·布里斯亚克只排在第二位，但在她心中是第一位的。桑在信中写道："虽然有这份名单和资历的限制，我们还交换了承诺，但是我觉得自己比其他人更爱范内利。"桑把范内利描述成一个蓝眼睛的天使，说她"个子矮小，金发碧眼，像玫瑰一样清新，带着活泼、开放、和善的表情，看着她就是一种享受"。即使她们离开修道院学校后再没有见过面（欧洲和美国的无数女孩在离开寄宿学校后都是这种情况），桑却丝毫没有怀疑她们的友谊："有一件事我十分确定，就像确定自己活着一样，那就是范内利对我的友情。没有任何云彩能遮蔽我们三十年前对彼此的完全理解。"① 桑是最早将青春期确定为一个独特阶段的思想家之一，这个阶段的特征就是拥有真诚的情感，正是因为这些情感是发自内心和纯真的，才使人记忆犹新。

　　回想起来，她曾说修道院不必夸大对贞操和对亲密友谊的恐惧："修道院学校禁止两个人一起走动，并且规定聚会时必须至少有三个人在一起。有人担心我们是否清白。这一切都让我们思考：我们是否具备那么多邪恶本能。"② 早期教会对"友谊"的警告，已经永久地植根于修道院的宗旨之中。

　　成年后，二十九岁的桑与三十五岁的女演员玛丽·多瓦尔开始了一段友谊，但她们的关系一直受到谣言的影响。她们来往信件的内容和桑的自传体的叙述投射出两个充满热情的灵魂，这两个灵魂被彼此纯粹的、极具吸引力的人格力量吸引。两人都在对方身上发

---

① George Sand, part Ⅲ, 第十二至十三章, in *Story of My Life: The Autobiography of George Sand*, ed. Thelma Jurgrau (Albany: State University of New York Press, 1991), 684。

② George Sand, part Ⅲ, 第十二至十三章, in *Story of My Life: The Autobiography of George Sand*, ed. Thelma Jurgrau (Albany: State University of New York Press, 1991), 689。

现了一种互补的艺术气质和一颗敏于感知女性最亲密信任的心。当然，乔治·桑更出名的是她与男人的风流韵事，比如诗人阿尔弗莱德·缪塞（Alfred de Musset），更不用说她最著名的情人作曲家弗雷德里克·肖邦（Frédéric Chopin）了。

但早在她成为著名作家乔治·桑之前，奥罗尔·杜邦就跟随许多在外省长大的女孩的脚步，可以自由地与男孩和女孩玩耍。十三岁时，她被送到巴黎，封闭在一个全是女性的世界里，她把自己的感情寄托在周围姑娘们和某些修女身上。她对艾丽西亚修女充满崇敬之情，认为她像太阳一样"独自照耀着，超越了所有人"①。对同龄女孩的感情以及对艾丽西亚修女的母性的迷恋，是女修道院学校按性别隔离女孩的常态。19 世纪 80 年代，当法国引入公共义务教育时，只有当市政府负担不起两所小学时，才允许男女同校。而所有的高中都是单性别的，故意将女孩和男孩分开。这也难怪那些被限制在同性伴侣范围中的女孩们把青春期释放出来的情感倾注到彼此身上。

奥罗尔·杜邦（乔治·桑）结了婚、做了母亲之后，回到巴黎开始写作，与丈夫分居。她有了许多男女密友，包括作家古斯塔夫·福楼拜（Gustave Flaubert）在内。这种情况无疑是不寻常的。和世界上大多数女性一样，婚姻和家庭占据了大多数法国女性的全部时间。如果她们有时间交朋友，首先会在亲姐妹、堂兄弟姐妹和阿姨、姑姑之中找朋友，然后从住在同一个村庄、城镇或城市的女性中选择朋友。在 19 世纪，距离仍然很重要。少女时代的友谊也是如此。那些你在童年和青春期就认识的人以及接受过你尴尬的自

157

---

① George Sand, part Ⅲ, 第十二至十三章, in *Story of My Life*: *The Autobiography of George Sand*, ed. Thelma Jurgrau（Albany: State University of New York Press, 1991），685。

信、自发的拥抱和永远忠诚声明的人会留在一个女人的心底，伴随
她一生。

夏洛蒂 · 勃朗特

早在 19 世纪二三十年代，当浪漫主义达到顶峰时，强烈的、
充满爱意的友谊在英美学校也同样流行。众所周知，英国著名作
家夏洛蒂·勃朗特（1816—1855）和埃伦·纳西在寄宿学校时就
建立了浪漫的友谊。后来，二十一岁时，夏洛蒂就读过的那所
158 学校当助教。她在给埃伦的信中深情地写道："我们为什么被分
开？当然啦，埃伦，一定是因为我们彼此爱得太深。我们陷入对
人的崇拜却忽略了上帝的危险中。"① 作为一位圣公会牧师的女儿，
夏洛蒂担心过于依恋一个人，会有损她对上帝的虔诚。夏洛蒂与埃
伦一生的情感依恋主要通过书信来维系，直到夏洛蒂因怀孕并发症
而早逝。

女人之间的浪漫诗

19 世纪的英美文化鼓励女性写作，并发表有关女性友谊的诗，
凯瑟琳·菲利普斯在两个世纪前就是这样做的。这些诗在表达温柔、
渴望和永恒的承诺时，并不亚于异性恋的抒情诗。它们往往包含对
过去的美好回忆和对未来会面的畅想，以及对友人故去的悲伤。

---

① Erna Olafson Hellerstein, Leslie Parker Hume, and Karen M. Offen, eds., *Victorian
Women: A Documentary Account of Women's Lives in Nineteenth-Century England,
France, and the United States* (Stanford, CA: Stanford University Press, 1981),
89.

1827 年，多萝西·华兹华斯（Dorothy Wordsworth，英国诗人
威廉·华兹华斯的妹妹）给她的朋友朱莉娅写了一首诗："满足于
敞开心扉/致一位亲爱的朋友，她赋予我/所有的爱与关怀/以及蕴
藏其中的一切欢乐。"这段田园诗般的友谊注定要结束，就像许多
过去和现在的人一样。当朱莉娅结婚时，多萝西写道："我们悲伤
地分开，因为责任/我的朋友，不久就会成为一位幸福的妻子。" 159
未婚的多萝西把她甜蜜的回忆作为与远方朋友跳动的心之间持续联
系的证据。

> 你不求，也不需要我的诗；
> 你也不会注意，
> 一句带着蹩脚韵律的问候，
> 流淌自与你脉搏同步的心房。①

其他 19 世纪的英国作家，包括伊丽莎白·巴雷特·勃朗宁和
克里斯蒂娜·罗塞蒂，在 1837 ~ 1901 年维多利亚女王在位期间，
继续促进对浪漫主义友谊的崇拜。仅举一个例子，这里有两段摘自
克里斯蒂娜·罗塞蒂的悼亡诗《早逝》（Gone Before），这首诗是在
她的密友去世后写的：

> 她偶露娇羞，仿佛一朵玫瑰；
> 她迎风而舞，恰似一枝百合；
> 她曾像一枝紫罗兰，甜美地栖在岸边；

---

① Dorothy Wordsworth, "Irregular Verses," in *Poems Between Women: Four Centuries of Love, Romantic Friendship, and Desire*, ed. Emma Donaghue (New York: Columbia University Press, 1997), 38 – 41.

现在，她不过是一场冰冷而空旷的雪。

……

大地对你不够好，我的宝贝，我的宝贝；

对你而言，世上的生命漫长，我却觉得短暂。

如果愿望能实现，我不希望你回来：唯愿在天堂与你相见。①

160

死亡是朋友们最后的分离，基督徒们希望在天堂团聚，这一主题贯穿了维多利亚时代的诗歌。

美国诗人也以女性友谊为主题，用不同艺术价值的文本来表达。下面是一个典型的例子，出自 1850 年弗朗西斯·奥斯古德的《友谊的花园》(*The Garden of Friendship*)：

我在友谊的花园里除草，直到只剩下花朵。

……

而你，在你娇嫩的花朵中，充满爱、纯洁、温柔、优雅、真诚，你将成为我花园里的玫瑰皇后，生活在爱的阳光和露水中。②

《格迪斯妇女手册》(*Godey's Lady's Book*) 是 19 世纪美国最受欢迎的女性杂志，它刊登的许多文章、故事和诗歌歌颂了女性之间的情感联系。年轻女性可以把诗抄写到朋友的签名簿里，缝进闺蜜的被单里。整个社会都相信女性可以而且应该彼此忠诚地相爱，至少在一个合适的丈夫出现之前可以如此。

---

① Christina Rossetti, "Gone Before," in Donaghue, *Poems Between Women*, 65 – 66.
② Frances Osgood, "The Garden of Friendship," in Donaghue, *Poems Between Women*, 53 – 54.

美国女学生

和英国一样，美国的寄宿学校从北到南，从东到西，是强化女性友谊的天然温床。中上层阶级的女孩在青少年时期被送出家门，她们被鼓励与学校的朋友和老师建立紧密的联系。在《斯嘉丽的姐妹们》（*Scarlett's Sisters*）一书中，安雅·贾布尔记录了南北战争前，南方女学生之间普遍存在的浪漫友谊。她展示了一幅令人信服的南方女孩全景图，她们生活在特权时期，互相寻求情感上的慰藉，那时她们不再受父母的直接管束，也还未受妻子和母亲身份的无情制约。她们的信件、日记、回忆录和签名簿都充满了对"热恋"和"真正朋友"的渴望。①

来自亚拉巴马州的劳拉·肯德尔对她"亲爱的""珍贵的"苏茜（Susie）表达了强烈的感情："我是如此想念她。"当苏茜永远离开学校时，她们承诺"每天黄昏时分都想着彼此"。②

就像乔治·桑一样，南方女孩也有自己珍视的表达她们情感的方式。据了解，女孩们可以和她们最好的朋友共用一张课桌、一个寝室壁龛或一个房间，最亲密的是，她们共用一张床。一些女孩交换鲜花、糖果，或一些长久保存的东西，比如头发或戒指。还有一些人写诗或唱伤感的歌，来向她们的友人表达敬意。学期结束时，她们都哭了；学年结束时，她们哭得更厉害了。

①　Anya Jabour, *Scarlett's Sisters: Young Women in the Old South* (Chapel Hill, NC: University of North Carolina Press, 2007), 70–76.

②　Anya Jabour, *Scarlett's Sisters: Young Women in the Old South* (Chapel Hill, NC: University of North Carolina Press, 2007), 73.

她们在大约十七岁离开学校时交换毕业纪念册，证明友谊在她们的青春岁月中所起的重要作用，并表达了即使相隔遥远，友谊仍将延续的希望。1859 年，北卡罗来纳州格林斯博罗女子学院的一位同学，把一首著名的赞美诗抄进了玛莎·安·柯克帕特里克亲笔签名的书中：

> 愿我们的友情永存！
> 我们可能相距甚远，
> 但仍然希望心能彼此相连。[①]

毕业纪念册在 20 世纪美国寄宿学校和公立学校十分流行。

当露西·凯瑟琳·摩尔·卡佩哈特回顾 19 世纪 50 年代在北卡罗来纳州圣玛丽学校的时光时，她回忆起一种似乎已经消失的友谊："我不知道现在（1906 年）学校的女生之间的情感，但在 50 年代，你无法想象这样的友情……我的朋友是埃伦·布伦特·皮尔森；从她那里得到一个微笑……就让我非常快乐。"[②]

露西的评论再次提醒我们，即使是我们认为永恒的友谊，也会在不同的时间以不同的形式呈现。在一生中，她看到了女孩之间友谊的实践发生了戏剧性的变化。到了 1906 年，女学生对同性别成员的依恋已经不再是"时尚"了：在露西年轻的时候，美国中上阶层的女孩享受这种依恋，而未曾受到指责。

163

---

① Anya Jabour, *Scarlett's Sisters*: *Young Women in the Old South* (Chapel Hill, NC: University of North Carolina Press, 2007), 79.

② Anya Jabour, *Scarlett's Sisters*: *Young Women in the Old South* (Chapel Hill, NC: University of North Carolina Press, 2007), 71.

卢埃拉·凯斯太太和莎拉·埃德加顿小姐

在经历了少女时代普遍存在的友谊之后，美国女性有时会在成年后形成同性依恋，这种依恋可以和她们对男性的情感相媲美。这就是两位马萨诸塞州女性的情况，她们分别是卢埃拉·凯斯夫人和莎拉·埃德加顿小姐，她们都是 19 世纪三四十年代有抱负的作家。正如两位博学学者所解释的那样，她们之间的亲密关系是"用多情的语言表达的，这是 19 世纪女性友谊的典型风格"[1]。

和那个时代的许多美国妇女一样，凯斯夫人和埃德加顿小姐第一次是在教堂见的面。她们都参加了普遍主义者大会，并撰写关于普遍主义的著作。不久，她们就开始给对方写充满情感的信，表达了共同的情感，还有想共度时光的渴望。

凯斯夫人达观地认为："人生苦短，志趣相投的人也不多……可怜的人性有诸多不和谐因素，因此，友谊更应该被当作一种理想，而不能把它看作一种真实的、可能的东西。"[2] 埃德加顿小姐则充满诗意地幻想着："伴着花鸟一起来找我，我们和它们一起住在绿林凉亭中，文章和书籍与我们为伴。我们阅读、讨论，然后制订计划，成为与鲜花为伴的、最快乐的林中仙女。"[3] 凯斯夫人接

164

---

① William R. Taylor and Christopher Lasch, "Two 'Kindred Spirits': Sorority and Family in New England, 1839 – 1846," in *History of Women in the United States*, *Vol. 16*, *Women Together: Organizational Life*, ed. Nancy F. Cott (New Providence: K. G. Saur, 1994), 93.

② Case to Edgarton, 18 Oct. 1839, in *History of Women in the United States*, *Vol. 16*, *Women Together: Organization Life*, 85.

③ Edgarton to Case, 8 Jan. 1840, in *History of Women in the United States*, *Vol. 16*, *Women Together: Organization Life*, 94.

受了这一田园式的幻想，并加上了对大黄蜂——表面上看是她的牧师丈夫——的抨击："我们可以一起生活，一起工作……当你将愤怒的大黄蜂的毒液从我的唇上吻掉时，我将永远幸福。"[1]

这两个女人保持了五年的深厚友谊，直到 1844 年，莎拉·埃德加顿与一名神学院的学生订婚。1846 年，她嫁给了新任牧师，而凯斯夫人则离开了她的牧师丈夫（原因不明）。十年后凯斯夫人去世，去世之前没有跟牧师丈夫在一起。莎拉·埃德加顿的生命出乎意料地缩短了：1848 年，女儿出生一年后，她突然去世，留下了一个想必很悲伤的丈夫和一个与她分享过早期田园梦的女性朋友。

"波士顿婚姻"

当两个女人之间的关系是柏拉图式的，也可能面临异性恋的所有困境，包括社会接受度。然而，同性恋关系在这里被认为是罗马友谊的一种变体，不能在 19 世纪的美国和英国女性中公开进行。的确，有时她们能够生活在一起，她们的结合被认为是"纯洁的"，也就是说，无性的。在美国，这样的结合被称为"波士顿婚姻"。

在"波士顿婚姻"中，两个单身女性——通常是来自中产阶级的职业女性——可以一起生活。莉莉安·法德曼对这类结合进行了广泛的研究，她说，这类关系"可能大多不涉及生殖器"，尽管她们一定"激情四射"。[2] 社会之所以接受"波士顿婚姻"作为合

165

---

[1] Edgarton to Case, in *History of Women in the United States*, Vol. 16, *Women Together: Organization Life*, 98.

[2] Lillian Faderman, "Nineteenth-Century Boston Marriage as a Possible Lesson for Today," in *Boston Marriages: Romantic but Asexual Relationships Among Contemporary Lesbians*, ed. Esther D. Rothblum and Kathleen A. Brehony (Amherst, MA: University of Massachu – setts Press, 1993), 32.

法婚姻之外的经济选择，正是因为这种模式看上去是无性的，并不构成对异性恋的威胁。

考虑到女性性关系在过去必须保密，历史学家很难找到信件、日记、回忆录或诗歌来记录史密斯·罗森伯格所提及的女性中"毫不妥协的同性恋"。然而，这就是学术研究的惊奇之处，有时人们会遇到完全意想不到的材料来填补空白。这就是安妮·李斯特日记。

安妮·李斯特、玛丽安娜·贝尔科姆·劳顿和安·沃克

安妮·李斯特的日记写于 1806~1840 年，有四百万字，其中一些是用代码写的。这些日记在安妮位于英格兰哈利法克斯市的希伯登霍尔庄园依然保存得完好无损。直到 1887 年，她的一个远亲——约翰·李斯特决定出版这些日记的部分内容。在一位古文物研究者的帮助下，约翰·李斯特破译了代码，但他被发现的文字震惊了，以至于一个字也没有出版。他把日记重新放回希伯登霍尔庄园，它们仍然被存放在那里，直到 1934 年，当这片土地被分给哈利法克斯市的人们后，就变成了一座博物馆。当时，镇上的办事员联系了那位古文物研究者，他极不情愿地拿出了破译代码的关键因素。即使有了这些关键因素，研究者们仍然把日记中的秘密隐藏了半个世纪。直到 20 世纪 80 年代初，当地学者海伦娜·惠特布莱德开始研究这些日记，并最终为公众制作了两个版本，这也是激发 BBC 拍摄电视剧的灵感来源。①

166

---

① Helena Whitbread, ed. , *No Priest but Love*: *The Journals of Anne Lister from 1824 to 1826* (Ott-ley, UK: Smith Settle, 1992); Helena Whitbread, ed. , *The Secret Diaries of Miss Anne Lister* (*1791 - 1840*) (London: Virago, 2010).

没有编码的日记约占日记总量的六分之一，为我们描绘出一幅画面：安妮·李斯特作为哈利法克斯市为数不多的地主乡绅中的一员，过着受人尊敬（尽管有些奇怪）的生活。她自己也承认，她的"古怪"之处在于喜欢有女性朋友做伴，发誓永不结婚，而且只穿黑色的衣服。她对女性的偏爱早在 1806 年就在她的日记中有所记载，当时她还在寄宿学校生活。在那里，她开始了第一次浪漫的友谊。此后，她与几位女性保持着亲密的关系，包括她一生的挚爱玛丽安娜·贝尔科姆·劳顿，甚至在玛丽安娜结婚后，这段感情仍在继续。任何试图将安妮·李斯特的友谊解释为柏拉图式友谊的尝试，在阅读安妮用代码编写的段落时，都被击得粉碎。她在 1812 年爱上玛丽安娜，当时她们都是单身，尽管玛丽安娜的婚姻给她们带来了障碍，但两人仍然相爱。在她们浪漫的友谊维持了十年之后，安妮在日记中写下了这段密语："今晚 M 的情绪很低落。我们聊天，互相慰藉。然后嬉戏，温柔而兴奋。我们的心意完全相通，从未像现在这样深爱和信任彼此。我们承诺，从现在起，六年内会在一起。愿上帝保佑。"① 玛丽安娜的丈夫查尔斯·劳顿比妻子大得多，而且很可能比妻子先去世，这是玛丽安娜跟安妮能在六年后共同生活的希望。

1826 年，叔叔去世后，安妮·李斯特继承了希伯登霍尔庄园，玛丽安娜暂时离开了查尔斯。日记记录了两位女士重逢的生动细节。显然，这两个女人在一起很快乐，但是，也许是担心如果自己永远离开丈夫会产生丑闻，玛丽安娜只好回到查尔斯身边。

---

① Sunday, 6 Jan. 1822 in Helena Whitbread, ed. , *The Secret Diaries of Miss Anne Lister* (*1791 - 1840*) (London: Virago, 2010), 194.

　　安妮仍然下定决心要找一个人——表面上作为伙伴，事实上却是妻子——来分享她的生活。这次她更实际，也更成功。她找到了一个更年轻、有点不稳定的女人安·沃克，她是一处房产的女继承人，很富有。1834 年 2 月 27 日，安妮·李斯特满怀信心地写道，她们会"永远在一起"。到了 5 月，她对安·沃克完全爱上了自己而感到非常满意："她说她越来越喜欢我，而且现在似乎对我也足够关心了。我想我们会相处得很好。"① 168

　　1834 年夏天，这两位女士用她们共同的收入，进行了一次时尚旅行，她们去了法国和瑞士，回来后，就在希伯登霍尔庄园安顿下来，像一对已婚夫妇一样生活在一起，安妮·李斯特的姨妈也和她们住在一起。虽然亲戚和邻居对她们恶语中伤，以"绅士杰克"指代神经质的年轻女继承人和另一个强悍女人的结合，但当地人还是逐渐接受了她们。她们的关系一直持续到 1840 年，安妮·李斯特在一次俄罗斯之旅中英年早逝。安把她的遗体带回哈利法克斯教区的教堂安葬。 169

　　在吉尔·利丁顿编辑的《李斯特日记》的后记中，她对这两位女性的关系做出这样的评价："安妮·李斯特确实利用了安·沃克的财富和她的孤独：如果不把她们的婚姻看作强者操纵弱者，阅读 1833~1836 年的日记仍然很困难。"② 人们不禁要问，这与维多利亚时代的许多异性结合的婚姻有何不同。显然，安妮·李斯特作为"丈夫"，关心的是她们的财产，她似乎把金钱置于其

---

① 8 Jan. 1834；10 Feb. 1834；27 Feb. 1834；23 May 1834, in Jill Liddington, *Female Fortune：Land, Gender and Authority, The Anne Lister Diaries and Other Writings, 1833 - 1836* (New York：Rivers Oram Press, 1998), 86, 92, 95, 107.

② 8 Jan. 1834；10 Feb. 1834；27 Feb. 1834；23 May 1834, in Jill Liddington, *Female Fortune：Land, Gender and Authority, The Anne Lister Diaries and Other Writings, 1833 - 1836* (New York：Rivers Oram Press, 1998), 242.

他考虑因素之上，包括那些浪漫的因素。然而，她确实很关心安·沃克。因为安生性柔顺，似乎已经优雅地适应了她们不同寻常的生活。

安妮·李斯特与玛丽安娜，以及后来与安保持的长期情感关系是在浪漫友谊的连续统一体的一端，在这里爱与性交织在一起。无论我们用什么术语来形容她，安妮·李斯特都有能力在个人生活中找到成就感，并在生活中获得相当程度的尊重，这体现了她坚毅的性格和对女性同胞的彬彬有礼。英国人虽然讲究礼节，但似乎对怪人情有独钟。总的来说，他们容忍了安妮·李斯特自称的"怪癖"，并允许她保持一种柏拉图式的友谊。但这两位女性并没有否认她们享受与异性伴侣间无异的肉体欢娱。维多利亚时代的社会更倾向于把女人看作无性的生物，她们是家中的天使，缺乏肉体上的欲望。

19世纪末以前，英国、欧洲和美国的女性能够公开表达她们对彼此的爱，而不会引起太多的非议。虽然女性之间的性接触是禁忌，而且必须被隐藏起来，但许多浪漫的友谊是以身体接触为公开标志的，比如拥抱、亲吻或在床上搂抱等，尤其是发生在青春期的女孩中，有时也会出现在成年女性中。

玛丽·哈洛克·富特和海伦娜·德·凯·吉尔德

19世纪60年代，玛丽·哈洛克·富特和海伦娜·德·凯·吉尔德在纽约相识，她们都在库珀联盟学院学习艺术。她们一起分享了年轻时在大城市里的兴奋之情，并发展了一段坚不可摧的友谊，这段友谊持续了半个世纪。在这段时间里，她们互通信件，大约有五百封被保存了下来，其中约四百封是玛丽写的，另一百封出自海伦娜。① 这些信件揭示了两个来自完全不同的背景，最终被整个大陆分开的女人，是如何保持一种坚不可摧的友谊以及不受时间和地点限制的亲密感的。

玛丽是古老的贵格会教徒，她的家族在纽约的米尔顿繁衍了五代人。她来自富裕的中产阶级，为人安静谦逊，喜欢田园生活。海伦娜出身纽约上层社会，童年的大部分时间在欧洲度过。她嫁给了一位绅士，也是一位诗人兼出版商——理查德·吉尔德。海伦娜结识了当时一些最有影响力的人物，包括总统格罗弗·克利夫兰和他的妻子。玛丽嫁给了一个工程师，这个工程师带她去了西部的采矿营地，他们在那里生活，经济状况很不稳定。

19 世纪 60 年代和 70 年代初，玛丽从纽约米尔顿给海伦娜写信，当时海伦娜在哈得逊河对岸约一百二十公里外。玛丽称呼她心爱的朋友为"我亲爱的海伦娜"，并在信上签上"你的挚友"。玛丽渴望和海伦娜在一起，她怨恨把她们分开的"命运"，在这些信中有许多文字流露出强烈的感情。

她恋旧地承认，她们这个自给自足的两人组已经成为过去。"我将永远记住……我想，至少在一段时间里，我想了很长一段时间，我们为彼此做的应该足够了。"②

毫无疑问，玛丽对海伦娜的感情代表了最终的承诺，这种承诺通常与婚姻或宗教信仰联系在一起，而不是像玛丽公开表达的那样，与友谊联系在一起。虽然在任何年龄段，很少有友谊能达到这样的高度，但玛丽和海伦娜那一代的许多女性对同

---

① 本节涉及的信件出自 the Mary Hallock Foote Papers, MO115, Dept. of Special Collections, Stanford University Libraries, Boxes 1－4。

② Mary Hallock Foote Papers, MO115, Dept. of Special Collections, Stanford University Libraries, Boxes 1, 8 Feb. 1870.

性有着深厚的感情，但不一定是性关系。她们的头枕在朋友的怀里睡觉，怀孕期间互相给对方身上抹油，在分娩时相互帮助，

173 甚至会陪一个垂死的朋友直到她咽下最后一口气。虽然女性友谊和婚姻之间存在潜在的冲突，但带着姐妹或最好的朋友一起蜜月旅行，帮助她适应婚姻生活中的生理和情感需求，这在当时并不罕见。

当社会学家开始给同性之爱贴上病态的标签时，这些女性并没有受到类似 19 世纪 80 年代和 90 年代女性所遭受的严厉指责。西格蒙德·弗洛伊德会说，她们没能发展成为"正常的"热爱男性的成年女性；理查德·冯·克拉夫特－艾宾会以她们生来就有先天性缺陷为由原谅她们。新出现的专业词汇，如同性恋、异性恋和女同性恋，都带有负面含义，正慢慢地从伪科学词汇转变为公众意识，并导致女性之间无意识的浪漫友谊逐渐消亡。

这里的关键词是"无意识"。在 1900 年之后，女性之间的浪漫友谊肯定还在继续——只是现在她们被称为女同性恋，强调的是性感受和性行为。① 此外，我们并不认为生活在柏拉图式关系中的女性，比如兰戈伦夫人（埃莉诺·巴特勒和萨拉·庞森比），用弗洛伊德的术语来说，受到压抑性欲的折磨。女人对彼此的强烈依恋不能用一个词或一个公式来表达，除非这是对蒙田为什么喜欢拉博

174 埃蒂的著名解释所做的另一种诠释：因为是她，因为是我。

在浪漫主义诗人威廉·华兹华斯关于兰戈伦夫人的十四行诗中，他称她们为"恋爱中的姐妹"，这个绰号与他的时代，甚至与

---

① 所有这些在学者中引起了激烈的争论。伊利安娜·菲德尔曼和埃丝特·罗思布卢姆认为，过去许多浪漫的友谊不涉及性，现在依然如此。然而特里·卡斯尔认为女同性恋欲望的特征是"它不可救药地冲向另一个女人的身体"。

我们的时代相称。① 姐妹意味着一种深刻的、不可分割的结合。在完全不同的情况下，这个词在 20 世纪 60 年代女权主义的口号"姐妹情是强大的"中显得尤为突出。至于爱情，无论是在两个女人之间、两个男人之间、一个男人和一个女人之间，还是在那些自称是异性恋、男同性恋、女同性恋、双性恋、变性人、易装癖、伪娘之间，华兹华斯创造的短语中的第二个词永远是个谜。在未来，毫无疑问，对于与巴特勒和庞森比同时代人所说的"浪漫的友谊"，将会有更多的术语和更适合的表达。

175

---

① William Wordsworth, "To the Lady E. B. and the Hon. Miss P" (1824), The *Complete Poetical Works of William Wordsworth* (Cambridge, MA: The Riverside Press, 1904), 640.

第八章

被子、祷告、俱乐部

读者啊，

你是否见过女人们聚在一起缝缝补补？

她们戴着顶针儿，飞针走线，

无论年轻还是年迈，

趣味相投，欢乐开怀。

请您坐下，听听她们聊些什么？

一会儿说东，一会儿说西，

漂亮的鞋子，舒适的沙发，

动听的歌曲，香甜的面包，

有趣的书籍，漂亮的裙装，

优雅的蕾丝，朴素的丝线，

刚刚参加的婚礼和婚礼上美丽的新娘。

还有，还有一个小小的世界啊！

——缝纫小组，1852 年

　　我们应鼓励社交生活，因为它是俱乐部的核心与灵魂，是其存在之所依。如果俱乐部不是社会性的，它就不具备合作性。如果它不是全面合作的，它就不是成功的。

　　　　　　——《打工女孩协会组织公约》，1890 年

　　我们的俱乐部体现最亲密的关系、最牢固的友情以及女性最远大的理想和抱负。

　　　　　　——简·坎宁安·克罗莉
　　　　　　（Jane Cunningham Croly），1899 年　177

女性往往爱聚会，她们把自己的群体称作圈子、俱乐部、社团、协会、老友会、小分队。不管名称是什么，她们的团体具有一种魔力和力量，超越了她们每个人加起来的力量。群体里的人不可能与其他人都是"最好的朋友"，然而，内部各种不同的关系使"一对一"的友情变得丰富与活跃。这样的纽带给予了美国女性一种难得的集体感和参与感。

在这片新大陆，女性群体成为美国社会的基石。它们最初是出于需要而形成的，并给这个新国家带来了急需的凝聚力。那时，人们的居住地很分散且相距遥远，靠土路相连。在雪天或者雨天，这些道路无法通行。美国人引以为傲的是他们独立自主、自力更生和不屈不挠的精神。有些工作，比如盖谷仓、建农舍，或者收割庄稼，仅靠一己之力是无法完成的。当女人们聚在一起从事集体劳动时，尤其是形成经常相聚的群体时，这些群体呈现出伞形特征，其成员不仅彼此之间产生了友情，而且对团体本身也产生了情感。

女性的工作

与之前任何一个时代的女性一样，19 世纪早期的美国女性在日常活动中产生和保持着友谊，这些活动将她们的身体和灵魂联系在一起。女性的日常活动包括众所周知的"永远做不完"的煮饭、缝纫，以及为家人提供温馨的港湾，人们还期望她们为这个羽翼未丰的共和国培养一代代负责任的未来公民。

从能拿针那天起，缝纫便成了每个女人都要做的事。伊迪斯·怀特（Edith White）这样回忆 19 世纪 60 年代的童年时光："还不到五岁，我就每天用半个小时坐在妈妈膝下，缝身前一侧的被子。

你肯定知道，她要求针脚必须细密。"① 这个时代的女孩和妇女经常组成一个个缝纫小组，从中培养出了社会凝聚力和亲密友谊。

百纳被聚会

从最基本的功用上看，棉被是简单的床上用品，由夹着棉絮的一块块家织布拼接、缝制而成。无论棉被的缝制过程多么简单，外表多么朴素，在美国的大部分地区，棉被都可作为人们保暖的必备之物。作为辛勤的缝被人，妇女们聚集在一起，把必需品变成了令人惊叹的发明。缝被人把布块拼成漂亮的艺术图案，然后细针密缕地把拼布的各个部分缝到一起。被子的正面是设计图案，经常由一个个不同的小图案或者布块组成。通常情况下，每个参与缝制被子的人带来一块布或者一个图案。因为当时人们必须成匹地购买布料，所以家庭主妇们往往只有单一颜色的衣服和饰物。在聚会上，她们经常互相交换布匹，或者把自己带来的布块缝到一起，拼成多彩的被子——百纳被。为缝制百纳被，朋友和邻居把自己攒的碎布拿出来。人们不浪费任何东西，裁衣服剩下的边角废料都被放进被子。因为布料如此宝贵，所以被子会从妈妈手中传给女儿。女性通过被子来纪念她们的集体经历和个人故事，就像今天做剪贴簿的人和其他家庭主妇艺术家（包括大批当代缝被人）所做的那样。1845 年，一位女性狂热地说：

179

---

① Edith White, "Memories of Pioneer Childhood and Youth in French Corral and North San Juan, Nevada County, California. With a brief narrative of later life, told by Edith White, emigrant of 1859, to Linnie Marsh Wolfe, 1936," in Chris tiane Fischer, ed., *Let Them Speak for Themselves*: *Women in the American West 1849 – 1900* (Hamden, CT: Archon, 1977), 274 – 275.

不错，就是一床拼布被子！对一个不感兴趣的旁观者来说，它像一堆零零碎碎的布片，但对我而言，它既是珍藏过去宝贵回忆的圣物箱、保存贵重物品的仓库，也是装订成册的象形文字。被子里既有我童年每一件印花棉布长裙的布条，也有我母亲和姐妹们的，而且这还不是全部。①

浪漫的缝被小组并不规范。它形成了充满活力的、社区范围内的各种聚会。在这些聚会中，通常有四至八名女性（四个人正好围在被子的四边）围坐在一起。她们坐在同一盏灯下，围坐在同一个火炉旁，共进一餐饭食或共享美味甜点，聊个不停。同时，还要完成一件非常重要的家务活。

每周会有一天，邻居们在一起缝被子。哥哥去妈妈的房间把床搬到厨房，并支起那天缝被用的架子。这是一项很艰巨的任务，可哥哥任劳任怨。……在缝被子的日子里，妈妈一直是爸爸的骄傲。当爸爸劳作一天回到家里，会心疼地说妈妈一直以来多么辛苦。他知道妈妈的一生是艰苦而孤独的，他很高兴她可以和朋友们共度快乐的一天。②

当时，就像现在一样，体贴的丈夫们认识到，女人和朋友在一起不仅增强了她的幸福感，而且使家庭生活更加美满。

有时，缝被小组的规模会扩大，甚至会邀请男人参与进来，当然，

① Benita Eisler, ed. , *The Lowell Offering*: *Writings by New England Mill Women* (*1840 - 1845*) (New York: W. W. Norton, 1997), 150.
② Patricia Cooper and Norma Bradley Allen, *The Quilters*: *Women and Domestic Art*: *An Oral History* (Lubbock, TX: Texas Tech University Press, 1999), 29.

这种情形通常发生在晚上。一般说来，这些聚会的核心内容是在一个年轻女子独自缝制完十二床被子后，大家共同完成第十三床被子，也就是她的最后一床被子。从第一床到第十二床被子，图案设计和缝纫技术变得越来越复杂。当这个姑娘开始缝制她的第十三床被子，也就是"新娘的被子"时，她和她的朋友们会举办一个专门的"大家缝"聚会。一床馆藏被子上记录着女孩儿们经常听到的一个忠告：

> 姑娘们，听我说，
>
> 缝被子，要利落，
>
> 这样才能早出阁；
>
> 到了二十一，
>
> 被没缝一个，
>
> 只能永远守空阁。[①]

到了19世纪40年代，随着纺织业的发展，缝制被子经常演变成一种休闲娱乐活动，而不是必须做的事情。于是，"友情被子"的风潮开始流行起来，并很快席卷美国。署名是"友情被子"的标志。缝被子的姑娘要求每个闺蜜贡献一大块图案作为"友情被子"整体设计的一部分，每块图案上还要缝上一块布条，上面要么绣上朋友的名字，要么用不褪色的墨水把名字写在布条上。有时，名字旁边还有重要的日期和留言。常见的留言是"勿忘我"，或者是一行诗句。

当她们的丈夫或者父亲决定加入西部开发大军时，许多即将与家人和朋友分离的女性会收到作为告别礼物的"友情被子"。在那

181

---

① Marguerite Ickis, *The Standard Book of Quilt Making and Collecting* (New York: Dover Publications, 1959), 259.

遥远的地方，人们看到"友情被子"，就能想起生命中那些重要的人，它们往往是代代相传的家族遗产的一部分。

技艺精湛的缝被人往往能缝制出具有高度艺术美感的作品——既是展示品，也是保暖的实用工具。如果仅从保暖性这一点来看，非裔美国女性缝制的被子是最佳范例。她们为奴时学会了缝制被子，并将这些技能代代相传。作为同一种文化传承的一部分，这些缝被人也开始珍惜与其他人在一起缝被时所产生的凝聚力和友谊。在亚拉巴马州塞尔玛南部的一个小村庄，吉斯本的缝被人最初是用饲料袋和废弃的工作服缝制棉被的。她们熟练的双手缝出舒适的被子，让家人可以安度良宵。一起缝被子的时候，她们聊着天，有时唱着歌。这些被子慢慢演变出一种独特的风格，其灵感来自西非纺织工艺和现代几何绘画。今天，这些集体合作的产物被视为一种高级艺术形式。吉斯本被子成为博物馆的重要展品，经常出现在电视上。2006 年，吉斯本被子的图案出现在了美国的邮票上。现在，收藏家们乐于出价竞拍这些独一无二的艺术杰作。①

教会团体

19 世纪初，基督教狂热催生了一批新的女性群体，后来这种狂热被称为"第二次大觉醒"。在人烟稀少的中西部地区，宗教聚会为热情的男女老少提供了敬拜的场所，也让人们找到了归属感。这些活动为女性提供了学习公共演讲、组织技巧，以及在安息日聚餐上展示她们精湛厨艺的机会。

---

① Pamela A. Parmal and Jennifer M. Swope, eds., *Quilts and Color*: *The Pilgrim/Roy Collection* (Boston: MFA Publications, 2013), 82. Martha Schwendener, *The New York Times*, 20 Feb. 2015, C20.

19 世纪中叶，堪萨斯州的拓荒者哈里特·沃尔特还记得在安息日聚会之前，大家在玛丽·克拉克（Mary Clarke）的厨房里是如何忙碌的。

> 在欧内斯特·克拉克家里，一切都是令人激动的，因为浸信会牧师克拉夫特弟兄星期六下午要到学校参加每月一次的圣约会。玛丽·克拉克小心翼翼地用海绵清洁厨房，为星期五晚上烤白面包做准备……波士顿黑面包也在冒着热气。当然，如果没有甜馅饼的话，蛋糕还是要烤的，也要有豆子和米饭布丁……当然，还必须有肉。在夏天，圣约会上有火腿或者鸡肉；在冬天，有烤得刚刚好的大块牛肉或者猪肉……她把厨房擦拭得干干净净。①

183

烹饪食物传统上是属于女性的领域，这使她们成为布道会不可或缺的一部分，也为她们提供了在家庭之外与其他人建立联系的机会。

在祈祷会上，人们彼此拥抱，通过见证以求得永恒的救赎。人们也欢迎女性像男性一样表达她们皈依基督教的心情。因此，在宗教虔诚的庇佑下，女性开始在公众场合获得一席之地。

作为布道会的固定成员，女性组织只有她们参加的祈祷团体。在人口稠密的地区，这类团体的数量迅速增加。因为组织这类团体的动机的正当性不容置疑，所以女性才可以在家庭之外与他人交往。这些祈祷会很快变为"捐助一美分"团体，成员们尽其所能为传教活动和分发《圣经》筹集资金，哪怕只能贡献出她们省下来的微不足道的几个硬币。19 世纪末，女性参加了传教协会，该

---

① Joanna L. Stratton, *Pioneer Women: Voices from the Kansas Frontier* (New York: Simon & Schuster, 2013), Kindle edition, ebook location 2840.

协会为女传教士的海外工作筹集资金。1915 年，在传教最狂热的时期，约三百万名妇女成为海外传教协会的成员。①

整个 19 世纪，工业革命重塑了人们的日常生活并且把中产阶级女性从一些繁重的活计中解放出来，而这些活计是她们的先辈们必须承担的重负。去教堂和参与相关活动让女性摆脱了家庭的束缚，并让她们在共同进行的敬拜活动中建立了友谊。②③

许多与教会相关的团体很快把自己重新定位为社会变革的推动力量。看到由社区的迅速发展所造成的严重混乱时，作为教会附属人员的女性并没有把自己长期局限于到遥远的地区传教或者分发《圣经》上。典型的女性教会团体为孤儿、穷人和未婚妈妈提供帮助与服务。对于中产阶级女性而言，通过缝纫筹集资金的人取代了以满足家庭迫切需要为基础而组建的缝纫小组。

1839 年，二十九名妇女参加了马萨诸塞州伍斯特市的加尔文教会，成立了"中心宣道缝纫小组"。她们决心为海外传教筹集资金，以赢得"黑暗王子的不幸臣民"。这些女性每个月会面两次，时间是下午两点到晚上九点，轮流在会员家中举行。她们出售自己制作的简单或者精致的缝纫作品。缝纫小组的详细记录显示，她们学

---

① Jean V. Matthews, *The Rise of the New Woman: The Women's Movement in America 1875 - 1930* (Chicago: Ivan R. Dee, 2003), 17.

② "1860 年，那个时代最受欢迎的女性杂志《格达斯妇女手册》宣称，'完美的女性……既是妻子、母亲和家庭的中心，也是吸引男人进入家庭的磁石，使他成为文明人……妻子是真正的家庭之光。'"出自 Tiffany K. Wayne, *Women's Roles in Nineteenth - Century America* (Westport, CT: Greenwood Press, 2007), 1。

③ 在 1931 年的一次演讲中，弗吉尼亚·伍尔夫讽刺了人们普遍认为的房子里的天使："她非常有同情心，非常迷人，而且完全无私。她擅长处理家庭生活中的难题。她每天都在牺牲……最重要的是，她是纯洁的。"出自 Virginia Woolf, "Professions for Women," in *The Death of the Moth and Other Essays* (Orlando, Florida: Harcourt Brace & Company, 1942), 235。

到了相当多的营销专业知识，这些知识在几年的时间里使缝纫作品的销售额提高了一百倍。这个团体随着小镇的发展而迅速壮大（三年内达到了七十人），随着新成员的加入，她们互相成了朋友和同事。[①]

与教会有关的女性团体发展为成熟的协会，每个社区至少有一个，一般会有几个这样的协会。逐渐地，这些协会越来越自信，影响范围也越来越广。不久，女性就开始按照"男性的议事规则"来安排她们的会面。许多教会人士越来越担心，一群女性竟然在没有男性监督的情况下做出各种组织决策。于是，他们开始试图控制她们的活动。

在伍斯特市，当缝纫小组决定将工作重心从支持远方传教转向为本镇的穷人服务时，加尔文主义牧师宣布自己"坚决反对"这项计划。在是否向牧师屈服的问题上，这些女性犹豫了好几个月，最后投票决定朝着自己选择的方向行事。这次投票对中产阶级来说是一次重大的行动，她们无疑认为自己是维多利亚时代家庭生活的完美典范。然而，她们并没有因此停下前进的步伐。这些妇女还投票修改了活动章程，阐明了她们帮助当地穷人的目标："如果全身心地投入眼前的工作中，而不是希望得到其他领域的工作，我们是不是能取得更大的成就？"[②]

虽然伍斯特市出现了这些动荡，但吸引大量女性加入教会团体的并不是对权力的渴望。表面上看，她们的集会与某种宗教信仰有关。但让她们走出家门、全力以赴并渴望参加这些活动的真正原因是这些团体所提供的社交慰藉。

19世纪初的布道会提出了一种思想，即在个体救赎中，个人应发挥自己的作用。女性将这种自我赋权扩大到社会领域，使她们

---

① Carolyn J. Lawes, *Women and Reform in a New England Community*, 1815 - 1860 (Lexington, KY: University Press of Kentucky, 2000), 64.

② Carolyn J. Lawes, *Women and Reform in a New England Community*, 1815 - 1860 (Lexington, KY: University Press of Kentucky, 2000), 64.

186　能够在家庭以外的地方相聚。接下来，这一代复兴主义者的女儿们在 19 世纪中叶席卷全国的社会改革大潮中一起阔步前行。这样，女性的友谊不仅在家庭发展，而且进入更广阔的世界。

早期改革团体

　　早期最有影响力的改革团体之一是纽约女性道德改革协会，成立于 1834 年，致力于消除卖淫。这是类似于西西弗斯式的任务。当时卖淫并不完全是非法的，纽约高达百分之十的女性通过卖淫获取收入。在五年时间内，纽约的这个组织迅速发展，拥有四百四十五个附属机构，并更名为美国女性道德改革协会。这个强大的组织游说立法者将男性的性引诱定为非法，并威胁要公布妓院常客的名字，因此与男性权势集团发生了冲突。无论其努力的效果如何，美国女性道德改革协会的充沛精力和组织能力为 19 世纪后期妇女进步运动的大量涌现奠定了基础。

　　在费城和其他城市中心，女性认识到，劳动妇女和贫困妇女最容易受到艰难社会环境的影响。这一事实并没有被生活在城市底层或接近底层的女性所忽视。这些劳动妇女，包括许多自由的非洲裔

187　美国人，组成互助协会，帮助她们的成员渡过艰苦岁月。

　　19 世纪 20 年代，"非洲之女"有两百多名成员，她们把自己的活动记录在一本订货簿上，上面不仅记录了她们的慈善活动，而且记录了她们的组织对体面的社会地位的重视。① 在那个时代，黑人妇女获得体面生活的机会少之又少，因此，当一个人的朋友

---

　　① Erica Armstrong Dunbar, *A Fragile Freedom*: *African American Women and Emancipation in the Antebellum City* (New Haven, CT: Yale University Press, 2008), 61.

和同龄人一起争取这种机会的时候，她们肯定更容易培养出文雅的举止。①

拓荒者的友情

生活在美国西部边缘地带的女性，因其与外界处于隔离状态，所以更加迫切地需要朋友。在太平洋西北部的女子俱乐部比密西西比以东的女子俱乐部发展得晚，原因很简单，在拓荒早期，太平洋西北部的女性数量很少。一旦以家庭为核心的真正意义上的村庄开始发展起来，西部的女性组织就像蜡烛点燃仪式上的一簇火焰一样，迅速壮大，从一开始的祈祷团体，逐渐发展为社会改革的推动力量。

西部的定居点面临公众领导力的巨大缺失。受过良好教育的女性是西部拓荒者的一部分，她们和其他人一样，终日面对没有人行道的街道、冒着热气的垃圾堆、无处不在的苍蝇和老鼠、污水，而且所在的社区没有卫生设施、学校，也没有图书馆。这些女性中有许多人有组织和领导能力，这些能力是从她们东部家乡的俱乐部活动中获得的，她们汇聚了自己的才干和资源，将她们的新组织迅速发展为具有公民和政治领导力的团体。与东部相比，西部在更短的时间内实现了这样的突破。

188

1838 年，一群生活在太平洋西北部一片危险荒野中的女性，成立了哥伦比亚母亲协会，这是西部边疆最早的女性组织之一。她们是传教士的妻子。起初，第一批的六个人中只有两个是真正的母亲，但由于俄勒冈州荒路上不时发生屠杀事件，死亡率高得惊人，

---

① Erica Armstrong Dunbar, *A Fragile Freedom*: *African American Women and Emancipation in the Antebellum City* (New Haven, CT: Yale University Press, 2008), 60.

因此她们收留了一大群孤儿。这些女性的人数很快增加到十二人，她们很少见面，但通过利用手边的资源，分享阅读材料，然后进行讨论。她们的章程反映了俱乐部时间紧、任务重的状况，其中一个条款从宗教重心转变为实际任务："（每一位成员）将借由祷告、读经及一切适当的方法，使作为基督徒的自己有资格履行好母亲这一艰巨职责，并尽可能地向她的姐妹成员提出自己的建议和经验。必要时，可告知大家自己所处的境况。"① 想象一下，这些建议可能包括的内容——避孕措施、洗涤小窍门、镇静剂和药物配方，以及在厨房里面对一个衣着暴露的印第安人时所应有的举止。值得注意的是，哥伦比亚母亲协会的每一位成员都承诺，如果一个母亲去世，她们会互相照顾对方的孩子。这一协定体现了女性友谊最基本的层面。

对拓荒女性来说，即使是那些曾经过着平静的中产阶级生活的女性，实现维多利亚时代的"家庭天使"的理想，就像今天普通的美国女性想成为超模一样，是遥不可及和难以实现的。现实生活没有给这样的白日梦留出空间。一个发生在1846年的精彩而又恐怖的故事，讲述了两个女人在穿越现在的新墨西哥境内的沙漠时，如何拯救了彼此和她们的家人。两个家庭，一个是班纳姆一家，丈夫、妻子和七岁的孩子；另一个是布拉克斯顿一家，夫妻俩和两个十多岁的儿子。他们正前往佩科斯河附近的一处宅基地。他们最后一个水桶在穿越埃斯塔卡多平原时爆裂了，其中一个男孩还受到了响尾蛇的攻击。男人们中了暑，情况看起来糟透

① Clifford M. Drury, "The Columbia Maternal Association," *Oregon Historical Quarterly* 39 (June 1938), 出自 Sandra Haarsager, *Organized Womanhood: Cultural Politics in the Pacific Northwest, 1840 – 1920* (Norman, OK: University of Oklahoma Press, 1997), 37。

了，随后墨菲定律占了上风，一队全副武装的墨西哥强盗袭击了他们。这群坏人抢劫了这两个家庭仅有的一点东西，杀死了他们的马和骡子，留下男人和孩子们等死。更糟糕的是，这些人还绑架了女人们。

班纳姆太太和布拉克斯顿太太被锁在亡命徒藏身的一个楼上的房间里，她们用力扯下木窗上的铁栅栏，跳到外面的地上，偷走了所有的小马，并割断了其他正在休息的马的蹄筋。她们没有浪费一点儿时间！她们成功地营救了前往新墨西哥州霍姆斯特德的家人。[①] 我们可以把发生在这两个人身上的事情解释为女性之间的友谊，这是一种可以持续一生的在战场上凝结成的纽带。如果没有另一个人，她们中谁也不能凭一己之力脱险。

超验主义友情

在 19 世纪早期，许多有书可读的女性沉浸在自我教育中。当时，公共教育薄弱，不过与男孩相比，女孩受到了更多的漠视。在多数情况下，私立学校只招收男生。渴望知识的女孩开始组成女性团体，这样，她们就可以互相探讨，交流思想。这些团体常常把精力集中在《圣经》或其他宗教文本上。然后，在包括伊丽莎白·皮博迪（Elizabeth Peabody）和玛格丽特·富勒（Margaret Fuller）在内的少数杰出女性领袖的激励下，女性开始为扩大她们的知识面而经常相聚。

伊丽莎白·皮博迪（1804—1894）是三位杰出的姐妹之一，

190

---

① William W. Fowler, *Woman on the American Frontier*（S. S. Scranton and Company, 1878；New York：Cosimo Inc.，2005）.

因其对教育的开明观点而闻名。她发现自己接近一个富有智慧的圈子的中心，这个圈子由年轻热情的超验主义者所组成，这些人的名字我们今天很容易就能认出来，比如拉尔夫·瓦尔多·爱默生、霍勒斯·曼恩、纳撒尼尔·霍桑和玛格丽特·富勒。为了让知识分子们能够随时阅读欧洲浪漫主义者和超验主义者的最新著作，伊丽莎白在波士顿的比肯山开了一家书店，这样，"美国的雅典"①，即波士顿的知识分子就可以经常在这里聚会了。1832 年，她在自己的书店举办了一系列女性读书会。这些聚会的内容包括阅读、讲座，其中很多是活泼的伊丽莎白·皮博迪本人的演讲，还有对从古希腊到法国大革命时期的西方经典著作的讨论。

伊丽莎白与同时代的年轻才女玛格丽特·富勒（1810—1850）之间的友谊充满坎坷。皮博迪以导师的姿态，对富勒表现出了许多善意。非常重要的是，1838 年，她允许富勒在她的书店为女性开设成人教育课程——"对话"。这些课程是在皮博迪所奠定的基础上开展的，参加者只需支付一点费用。皮博迪对玛格丽特的努力给予了高度赞扬："富勒小姐充分阐释了自己的思想，她的谈吐优雅迷人，态度谦虚有礼。"②

然而，富勒的公众地位已经超过了皮博迪，对她的恩人却没有给予同样的尊重。事实上，富勒甚至在背后取笑皮博迪。著名的一神论神学家威廉·埃勒里·钱宁谴责富勒的无情："一想到皮博迪小姐在你身上给予了那么大的厚望，她爱你，尊敬你，而你却看不

① "Athens of America Origin," Celebrate Boston, http://www.celebrateboston.com/culture/athens-of-america-origin.htm.

② Bruce A. Ronda, *Elizabeth Palmer Peabody*: *A Reformer on Her Own Terms* (Cambridge, MA: Harvard University Press, 1999), 156.

起她，我想她在天堂的地位一定很高。"① 玛格丽特·富勒，她那
个时代的"蜂王"，像任何一个 21 世纪的"刻薄女孩"一样，言
语带刺，出口伤人。

即便如此，在她开创性的宣言《19 世纪女性》（*Woman in
the Nineteenth Century*，1844 年）中，玛格丽特·富勒为捍卫女性
权利摇旗呐喊。在这本书中，她采取了一种蔑视所处时代父权制
习俗的立场："我要让女人们把她们习惯性珍视的由男人教导和
引领的思想，统统放弃。"② 富勒在面向公众的"对话"中鼓励
女性自我成长。当她写信给她的朋友索菲亚·达纳·雷普利时，
她谈到了筹备中的"对话"的性质：

> 在这个自夸充满思想精华，可实际上毫无思想的城市里，
> 如果只是为了给受过良好教育、有思想的女性提供一个聚会的
> 机会，那么，每周一次的相聚"对话"所带来的好处，也许 192
> 就足以报答她们为参与活动所承受的麻烦了。③

富勒赞成女性携手进行知识上的探索的想法，这一想法在随后
几代女大学生中得到了广泛认同。

她确实曾试着向男人敞开"对话"的大门，但结果是对女性
精神的压制，她说："男人主导了讨论，并互相炫耀和吹捧。"于

---

① Bruce A. Ronda, *Elizabeth Palmer Peabody: A Reformer on Her Own Terms*
 (Cambridge, MA: Harvard University Press, 1999), 187.

② Margaret Fuller Ossoli, *Woman in the Nineteenth Century and Kindred Papers Relating
 to the Sphere, Condition and Duties, of Woman* (1844), ebook location 1243.

③ Margaret Fuller to Sophia Ripley, 27 Aug. 1839, "on the nature of the proposed
 Conversations," American Transcendentalism Web, http://transcendentalism -
 legacy. tamu. edu/authors/fuller/conversationsletter. html.

是，她马上转回早先那种成功的形式，在那种形式中，"对话"反映了"一种决然的女性特征，在一种女性亲密关系的氛围中，用女性语言来表达女性关心的话题"。①

然而，富勒和皮博迪都与当时杰出的男性超验主义者建立了柏拉图式的关系，即建立在相互尊重基础上的友谊。富勒提出了一种革命性的性观念，它与维多利亚时代盛行的男女分属不同领域的教义相抵触："男性和女性代表了伟大的彻底二元论的两个方面。但事实上，他们永远都在彼此交汇。液体硬化为固体，固体冲向液体。没有完全男性化的男人，也没有完全女性化的女人。"② 从这个雌雄同体的角度来看，富勒走在了她那个时代的前面。她的观点对今天的许多人来说是正确的。

当然，界限模糊的地方就有模糊的空间。拉尔夫·瓦尔多·爱默生和富勒互相写信探讨友谊的本质，富勒经常把爱情和友情的概念混在一起。然而，两个人都感到很烦恼，因为当他们面对面的时候，彼此感觉很不舒服。富勒向她的知己、浪漫主义诗人卡罗琳·斯特吉斯抱怨说，她与爱默生之间的那堵"永久的墙"让她无法接近他，甚至有时在信中都难以靠近他。③ 当玛格丽特在给爱默生的信中说"我是你的，将是你的"时，她的强烈情感使爱默生马上来了一个"急刹车"。他解释道："你和我不是同一种神性思想

---

① Joan von Mehren, *Minerva and the Muse: A Life of Margaret Fuller* (Amherst, MA: University of Massachusetts Press, 1995), 116.

② Margaret Fuller Ossoli, *Woman in the Nineteenth Century and Kindred Papers Relating to the Sphere, Condition and Duties, of Woman* (1844), ebook location 1200.

③ Megan Marshall, *Margaret Fuller: A New American Life* (Boston: Houghton Mifflin Harcourt, 2013), 167.

里的人，而是两种思想……本质上不同。"① 他们之间复杂的关系从来没有让他们实现情感上的互惠。

玛格丽特·富勒的所有关系都可以用"复杂"来形容。她的革命性的性观念影响了她的友情和爱情。二十一岁时富勒遇到了迷人的安娜·巴克。安娜比她年轻一些，她们之间开始了一段在当时被称为"浪漫"的友情。富勒这样描述她的痴恋对象："我爱安娜有一段时间了，那份激情如滔滔江水——她的面孔总在我的眼前闪现，她的声音总在我耳畔回响，所有诗情画意的思绪都聚集在这个可爱的人周围。"②

二十八岁时，富勒爱上了比她小八岁的塞缪尔·沃德。在短暂接触之后，她深陷其中，塞缪尔却无动于衷。塞缪尔离开后，富勒成了一个被抛弃的情人。"如果你爱我，正如我值得你的爱，你就不应该躲避我。"不管这是什么样的"爱情"——友好的、崇拜的、还是肉欲的，当他告诉她，只把她当作母亲时，富勒非常痛苦。不久之后，她得知他爱上的不是别人，正是她的朋友安娜·巴克，并与之结婚了。③

在富勒坎坷的职业生涯中，她最亲密的朋友是卡罗琳·斯特吉斯，另一位重要的超验主义者。这两位女士一起旅行，拜访共同的朋友，并偶尔一起小住，包括在一栋海滨别墅度过了一个田园般的夏天。富勒给卡罗琳的信交织着八卦的闲言碎语和崇高的思想沉思。为了证明她们思想的契合和灵魂的交织，1844 年，富勒提醒

194

---

① Megan Marshall, *Margaret Fuller: A New American Life* (Boston: Houghton Mifflin Harcourt, 2013), 181.

② Megan Marshall, *Margaret Fuller: A New American Life* (Boston: Houghton Mifflin Harcourt, 2013), 61, 92－93.

③ Charles Capper, *Margaret Fuller: An American Romantic Life*, *Volume II: The Public Years* (New York: Oxford University Press, 2007), 19.

卡罗琳回忆一段她们共同的经历，这段话既温暖亲切又触动心灵，并把它比作《圣经》中为数不多的描述女性友情中的一段："你还记得去年夏天的那个晚上吗？我们在床上睡着了，就像伊丽莎白和玛丽一样。我常常想描述那天晚上我的感受，但无从表达，每天我都能更好地理解它。我深刻地感觉到与你之间的浓情蜜意，并希望你能戴上我送你的戒指。"①

这三个例子表明，玛格丽特·富勒不仅言出有词，而且切身实践着她的雌雄同体理论。在对安娜·巴克、塞缪尔·沃德和卡罗琳·斯特吉斯的爱中，她追随自己内心的激情，不管对方的性别是男还是女。

她在三十六岁时冒着风险，作为霍勒斯·格里利的《纽约每日论坛报》（*New-York Daily Tribune*）的驻外记者，动身前往欧洲，这并不只是性格使然。在意大利，她报道了那里 1848～1849 年的革命，还爱上了罗马近卫军的一名意大利军官，和他生了一个儿子。1850 年，这个小家庭登上客轮，想回到美国。不幸的是，船在火焰岛附近遇到了暴风雨，一家人死于海难。亨利·大卫·梭罗和其他哀恸震惊的超验主义者在海岸上搜寻了好几天，试图找到她的尸体，但毫无结果。

洛厄尔系统

当知识精英们投身美国先验主义运动的时候，地位较低的女性发现自己被工业革命势不可当的浪潮卷入了新型关系中。新移民和农场

---

① Robert Hudspeth, ed., *The Letters of Margaret Fuller* (Cornell: Cornell University Press, 1987), 4:132.

女孩（年龄一般为十四至二十五岁）加入了城市的工人阶级队伍。大多数年轻人来自工人阶级家庭，其中很多家庭不仅需要女孩自己养活自己，同时需要她们为捉襟见肘的家庭经济贡献绵薄之力。

露西·拉科姆（Lucy Larcom，1824—1893）十一岁时开始在马萨诸塞州洛厄尔系统中的一家棉纺厂工作。虽然童工在今天已不再被接受，但洛厄尔系统在当时是进步的，因为它为工厂女工提供有监管的宿舍、一所文法学校、许多夜校、各种文化活动、《圣经》学习小组，还有图书馆。① 露西·拉科姆后来成为杰出的诗人和作家，在回忆录《新英格兰少女时代》中，她描述了在一场彻底的社会实验的核心区，女孩们是如何度过自己青春期形成阶段岁月的。从她和其他纺织女孩的文字中，我们知道她们充分利用了出现在她们面前的缔结友谊的机会。露西这样描写她的闺蜜：

196

> 我认为这是我年轻时所受的厚爱之一，可以成长在那些活跃的、有趣的女孩当中，她们不仅效仿其他人的生活，而且充满具有自己鲜明特色的原则和目标……她们敬业肯干，有能力，为任何值得做的事情做好了准备。我那爱做梦、懒惰的天性在她们中间羞愧地活跃了起来。她们给予了我一个更大、更坚定的女性理想。②

这样的互谅互让可以描述任何年龄段的女孩友谊的价值。

---

① "除了免费的文法学校，还有数不清的夜校；大多数教堂通过'社交圈'为人们提供自我提升的机会。" 出自 Daniel Dulany Addison, *Lucy Larcom*: *Life, Letters, and Diary* (Cambridge, MA: The Riverside Press, 1895), 7。

② Lucy Larcom, *A New England Girlhood Outlined from Memory* (New York: Houghton Mifflin, 1889), 196.

19 世纪后期的劳动女性

19 世纪末，女孩们纷纷涌向城市，希望有机会提高她们的社会经济地位。作为竞争经济学的牺牲品，洛厄尔系统中的家长式模式早已不复存在。工厂和商店里苛刻的工作环境妨碍了工人之间的交谈。大多数女孩所住的宿舍条件简陋，她们下班后，无法在那里轻松地招待客人。女工们成立了自己的俱乐部，有时还能得到上层阶级、有改革思想的女性的赞助。从赞助者的角度来看，轮流提供沙龙或门廊等聚会场所，可以守卫女孩们的美德。此外，城市劳动女性俱乐部提供了女孩们真正需要的东西：紧急贷款和医疗福利、职业介绍所、带热水的浴室、便宜的热餐，还有打字、拼写和其他办公室技能的职业提升课程。

全国女职工联合会是为了协调所有劳动女性俱乐部的活动而成立的，它出版了《远和近》（*Far and Near*）月刊，其中指出了社交能力是吸引俱乐部成员的主要因素。布鲁克林善意俱乐部的一名成员指出，与其他成员建立起最亲密"心灵纽带"的女孩是那些带领大家提升自我的人。真正的朋友会劝阻她们俱乐部里的姐妹，为了群体的尊严，应避免粗俗的行为，比如大声说话、说粗话、嚼口香糖、穿招摇的衣服，以及肆意的调情。城市劳动者俱乐部里的女孩们非常认真地努力改变她们的命运，她们中的许多人确实在俱乐部朋友的支持下爬上了社会的阶梯。

1894 年《打工女孩协会组织公约》发出呼吁，强调其成员之间友谊的重要性："我们应鼓励社交生活，因为它是俱乐部的核心与灵魂，是其存在之所依。如果俱乐部不是社会性的，它就不具备合作性。如果它不是全面合作的，它就不是成功的。"① 艾琳·特蕾西（Irene Tracy）是"三十八街劳动女孩协会"的成员之一，她这样表达了在俱乐部度过的夜晚给她的心灵所带来的益处：

> 昨晚我的情绪很低落，心里想着应该去俱乐部。于是，我去了。我难以解释究竟是什么使我的情绪好转的，……也许是和蔼的微笑或令人愉快的话语。但最主要的，我想，是它的一体性。……我们中的一些成员生活优渥，不需要出去谋生，集会是建立在共同的姐妹情谊基础上的，大家一起跨越差异。俱乐部里的打工女孩并没有感到自己被瞧不起，而是感受到了尊重、爱、同情，以及朋友的忠诚。同时，那些生活无忧的女性感到，她们在这些孤身一人闯世界的劳动女孩身上找到了真正的友情。在社会中，这些女孩学会了如何自助，她们是真正的有女人味的女人，同时坚强又自立，所以是值得信赖的。②

198

女性俱乐部联合总会

在城市劳动女性为提高社会地位而加入俱乐部的同时，中产阶级女性也开始成群结队地加入俱乐部。到 1900 年，美国已有数千个女性组织，这些组织的共同目标是自我提升。当一个女孩坐在像自己一样和蔼可亲的女人中间时，她为什么不努力提高自己的心智

① Priscilla Murolo, *The Common Ground of Womanhood: Class, Gender, and Working Girls' Clubs 1884 – 1928* (Urbana: University of Illinois Press, 1997), 24.

② Priscilla Murolo, *The Common Ground of Womanhood: Class, Gender, and Working Girls' Clubs 1884 – 1928* (Urbana: University of Illinois Press, 1997), 158.

呢？我们不应把这些聚会与缝纫小组或缝被聚会混为一谈。事实上，为了鼓励大家集中注意力，一些俱乐部甚至禁止在讲座和讨论期间编织或缝纫。大多数俱乐部很小，大家可以在会员家的客厅里聚会。但是，在大城市里，一个俱乐部的成员可能达到上百人，她199 们经常租用公共会议厅举办聚会。另外还有几个俱乐部，如旧金山的精英组织——城乡俱乐部，它们设法购买了自己的俱乐部会所。

简·坎宁安·克罗利是女性俱乐部运动的先驱之一，她于1890 年创立了女性俱乐部联合总会，致力于将共享智慧传递给全国各地的俱乐部。该联合总会的地方分支机构尤其吸引高中和大学毕业生，她们经常集会讨论文学、艺术和社会改革问题，比如建立幼儿园、老年人护理机构以及公共卫生设施。在波士顿和纽约女子城市联盟这样的俱乐部里，有相似关注点的女性结识了同道中人，共同致力于进步事业，这通常会带来长期的联盟和亲密的友情。

芝加哥女子俱乐部的历史就是一个例证。1876～1883 年，在俱乐部成立初期，会员们聚在一起讨论书籍和合适的话题（妇女投票权不在其中）。该组织于 1883 年 12 月 5 日进行了一场辩论："我们的俱乐部应该做一些实际工作吗？"投票结果是肯定的，成员们联合起来为一家拓荒者幼儿园提供资金、物品和教师。后来，19 世纪 90 年代末，该俱乐部牵头成立了所谓的假期学校委员会，并得到了六十个不同女性组织的帮助，使城市儿童可以在乡下度过愉快的暑假。

然而，无论这些女性多么进步，她们都没有向非白人妇女提供加入俱乐部或建立友谊的机会。非裔美国妇女在加入现有女性组织200 的努力中遭到拒绝，于是她们创建了自己的组织。许多黑人教堂有妇女文学协会，如布鲁克林和费城的俱乐部，在那里，可以经常见到女性写诗和散文，她们在俱乐部成员之间互相传阅各自的作品，进行热烈的讨论，并礼貌地提出批评和建议。1892 年，华盛顿特区的黑人教师成立了黑人妇女联盟，并于 1904 年成立了全国黑人妇女俱乐部协会，以支持黑人妇女的"道德"和"物质"进步。与许多白人女性俱乐部一样，这些组织不但为禁酒和选举权而奔走，而且致力于改善有色人种的教育，帮助南方黑人从南方迁移到北方城市，反对种族隔离法，并提供一个聚会的空间，让有相似关注点的黑人妇女能够找到知音，成为朋友。

新时代俱乐部由约瑟芬·圣皮埃尔·鲁芬在波士顿创立，是一个为进步黑人女性服务的知名组织。约瑟芬的女儿毕业于波士顿师范大学，在她的帮助下，约瑟芬编辑了月刊《女性的时代》(*Woman's Era*)。除了提供有关出生、毕业、婚姻、旅行和文化活动的消息外，俱乐部成员还被敦促提交有关文学、音乐、选举权、反私刑、禁酒和监狱改革等主题的材料。[①]

一些少数民族组织，如波兰妇女联盟和意大利妇女公民俱乐部等，为 1900 年前后从欧洲来到美国的数十万移民提供了一个舒适友好的环境，尤其是 1898 年在芝加哥成立的波兰妇女联盟成功地帮助工人阶级和受过教育的女性联合起来融入社会、取得成功。她们的新闻编辑这样说："让我们携起手来，做苦工的女性和有思想有文化的女性，让我们彼此信赖，共同创造波兰女性想要的和渴望的东西。"[②] 到 1903 年，这个组织已拥有了一千四百名成员。

201

在纽约市，按照基督教青年会和基督教女青年会的模式，成立

---

① *Woman's Era* 1:19（Dec. 1894），出自 Maude Thomas Jenkins，"The History of the Black Woman's Club Movement in America"（PhD diss.，Columbia University Teacher's College，1984），51。

② Maxine Seller，ed.，*Immigrant Women*（Albany：State University of New York Press，1994），191。

于 1902 年的希伯来青年妇女协会为一百多名劳动阶层女性提供住宿，并为住在附近的其他人提供健身设施和游泳课程。这些组织给予女性一种归属于一个熟悉群体的感觉，即使她们在学习英语和努力成为美国人，但是在这个群体中，她们可以用母语表达观点。

苏珊·B. 安东尼和伊丽莎白·卡迪·斯坦顿

在体现女性友情的名流群中，苏珊·B. 安东尼（Susan B. Antony，1820—1906）和伊丽莎白·卡迪·斯坦顿（Elizabeth Cady Stanton，1815—1902）之间的传奇友谊呈现出独特的风格。1869 年，安东尼和斯坦顿成立了全国妇女选举权协会，会员仅限女性，因为她们相信，如果把男性吸纳进来，他们会主宰这个协会。这两位朋友将为女性争取投票权视为己任，虽然她们都坚决支持废除奴隶制，但她们拒绝支持第十四和第十五修正案，这些修正案给予了非裔美国男子选举权。很久之后，非裔美国妇女才获得此项权利。1890 年，全国妇女选举权协会和另一个主要的选举权协会（成员不分性别）合并组成全美妇女选举权协会，该协会继续推动争取妇女投票权，1920 年，第十九条修正案最终得以通过，将妇女有权投票参与政治写入了宪法。此时，安东尼和斯坦顿都已经去世了，斯坦顿于 1902 年去世，安东尼于 1906 年去世。但是，她们之后的女性受她们政治友谊和主张的影响，实现了她们的目标。

安东尼和斯坦顿在 1848 年第一次见面，此前不久，斯坦顿刚刚在纽约州塞尼卡瀑布镇和罗切斯特市的会议上发表了《妇女独立宣言》。那时，斯坦顿已经是四个孩子的妈妈，后来又生了三个孩子，安东尼尽管已经三十多岁了，但是仍然单身。在反奴隶制、禁酒和主张妇女权利方面的共同兴趣为她们之间持续了半个多世纪的友情奠定了基础。在自传《八十多载人生路》（*Eighty Years and More*）中，斯坦顿告诉她的读者，安东尼与她的人生紧密相连，所以她有必要讲述一下安东尼的故事，就像讲述自己的故事一样。书中有两章描述苏珊·B. 安东尼，在其他章节还无数次提到她，这阐明了她们之间坚定的友情，以及她们共同奋斗的事业。

斯坦顿回忆说："安东尼小姐和我为禁酒、反奴隶制、教育和争取妇女权利大会写演说词……我们克服重重困难草拟决议、抗议、上诉、请愿、写农业报告和做宪法辩论……为了主张妇女拥有这些权利，我们接受每一次邀请，就每一个问题发表自己的见解，并将之视为良心工作。" 203

虽然斯坦顿和安东尼的生活环境不同，她们的性格和勇气也不同，但斯坦顿坚持说，她和安东尼从来没有发生过任何争执。"我们完全是一个整体，在我们所有的交往中，永远肩并肩站在同一个平台上，从来没有嫉妒的感觉。当单独相处的时候，我们无拘无束地互相批评；当意见不同的时候，我们激烈地争论。但是，在我们多年的友谊中，互不理睬的时间从未超过一个小时。"

无论是在她们的私人关系中，还是在她们的公开露面中，这位七个孩子的母亲和她的单身朋友之间似乎都有着惊人的和谐关系。斯坦顿愉快地回忆那些美好的日子，她的朋友把斯坦顿家的一两个孩子带到罗切斯特郊外的安东尼家庭农场，并一起在那里度过快乐的时光。斯坦顿称安东尼既是她孩子们的"第二个母亲"，也是她自己的"好天使"。那些年，安东尼和斯坦顿一起出行，不只参加美国各地举办的大会和州议会，也前往欧洲。这些旅程既是工作之旅，也是文化享受。

在丈夫面前，斯坦顿很少让步，但她毫无顾虑地写道，她觉得自己和安东尼已经结婚了，她们就像夫妻一样："我们的生活、目

标和经历如此紧密地交织在一起，以至于一旦分开，我们就会有一种不完整的感觉。我们在一起时，自信的力量就会变得如此强大，

204 以至于我们似乎没有逾越不了的障碍、差异或危险。"①

　　她们的故事是关于两个勇敢女人之间的非凡友谊，她们无疑超越了所处的时代。如果她们出生在 19 世纪的最后二十五年，而不是第一个二十五年（斯坦顿出生于 1815 年，安东尼出生于 1820 年），她们无疑会成为受过大学教育、有薪就业的"新女性"。如果她们出生在 20 世纪中期，就会成为支持妇女生育权利和《平等权利修正案》等事业的第二波女权主义者。事实上，她们视彼此为完美的"朋友和伙伴"，可以一起克服所处时代的偏见，并携手为妇女的权利而战。她们不再像默茜·奥蒂斯·沃伦和阿比盖尔·亚当斯那样，局限在"友谊的轻声细语"中，而是肩并肩地面向公众，一个身材纤细、棱角分明，一个身材丰腴、满头卷发。她们之间的友情，亲密而独特，并能在至关重要的问题上点燃群体的友谊。斯坦顿和安东尼将亚里士多德的友谊理想（一种公民美德）

205 提升到将女性纳入国家舞台的高度。

---

　　① 这句话与前文的引文出自 Elizabeth Cady Stanton, *Eighty Years and More: Reminiscences 1815 – 1897* (New York: Schocken Books, 1975), 162 – 194。

第九章

女大学生、城市女孩和新女性

赫尔馆女子俱乐部是简·亚当斯最喜欢去的地方。它把来自世界各地的妇女聚集在一起。每周一次，女人们可以离开她们沉闷的家，在这里与其他女人交谈，享受一杯茶和一块蛋糕的快乐。

——希尔达·赛特·珀拉切克（Hilda Statt Polacheck），

《来时陌生人：一个赫尔馆女孩的故事》

（*I Came A Stranger*：*The Story of A Hull-House Girl*），

20 世纪初期

我们俩谁也不知道有什么快乐能比得上各自有了许多不同的体验之后回到家，一边享受着迟来的饼干和茶，一边向对方讲述当天的大事小情所带来的快乐。

——薇拉·布里顿（Vera Brittain），

《友谊的见证》（*Testament of Friendship*），1940 年

在19世纪的大部分时间里，《格迭斯妇女手册》一直是美国
207 最重要的女性杂志，它于1878年停止出版，其坚定的支持者们试图重振它的辉煌，但都没有成功。它为女性的贞操、自我牺牲、谦逊和依赖所开的处方，对新女性已不再有吸引力，因为她们被高等教育、职业、城市生活和相对自由的选择所塑造。虽然大多数女性仍然把经营婚姻和做母亲当成她们生活中的主要职业，但不安于现状的新女性决心扩大她们的追求范围，从而改变她们的友谊模式。从前的女孩和妇女在她们的姐妹、表\堂姐妹或近邻中寻找最亲密的朋友，而新女性则在同学和大学室友中，在女性俱乐部、工作场所和远离家乡的城市中找到自己的好朋友。

新女性的出现既是美国现象，也是欧洲现象。人们既可以在纽约、波士顿、芝加哥和旧金山见到她的身影，也可以在伦敦、巴黎、柏林、斯德哥尔摩、莫斯科找到她的踪迹。她的特点是年轻、受过良好的教育、精神饱满、充满活力、能干并且勇敢。19世纪90年代，查尔斯·达纳·吉布森为《生活》（*Life*）杂志拍摄了许多照片，照片中的她很可能穿着一件高领白衬衫，衣摆塞入一条长及脚踝的舒适的深色裙子里。广告、杂志和海报宣传新女性的形象，就像其他形式的大众媒体后来展示的形象一样，这些形象包括摩登女郎、家庭主妇、战时工人和女权主义者。自行车是新女性在
208 家庭之外获得自由的象征，她们和朋友们——无论男人或女人——沿着城市的街道一路骑行，直到乡间。虽然新女性的实际人数有限，但她们的形象为无数美国女性的生活奠定了基调，并影响了她们的生活。

毫无疑问，教育机会的增加促进了新女性的出现。她们和她们的大学朋友们是从19世纪发生的变化中受益的第一代和第二代美

国女性，当时，原本只招收男生的学院和大学开始招收女大学生——欧柏林学院早在 1837 年就开始招收女生。虽然东部的传统大学仍然只招收男生，但中西部和西部的许多新学院和大学在建校时就是男女同校，或者最终变为男女同校。与此同时，女子学院的创立，如 1861 年的瓦萨学院、1870 年的韦尔斯利学院、1871 年的史密斯学院和 1885 年的布林莫尔学院，为女子高等教育增添了新的严谨和声望——当然，只有有钱人家的女孩才上得起这样的学校。到了 1900 年，本科毕业的女大学生数量达到了八点五万人。①

研究生院对女性开放后，入学人数开始成倍增长。1890 年，百分之十的研究生是女性；到 1918 年，这一数字已升至惊人的百分之四十一。② 一些最勤奋的本科生被鼓励攻读人文科学的研究生学位，然后到女子学院寻求学术职位。只有极少数人进入医学和法律领域，当然，这些领域也不过刚刚勉强对女性开放。在本科学习阶段，女生们通常有很多"大学女孩"作为潜在的朋友人选，而那些在研究生院或者专业学院求学的女生经常发现在自己的学科里，女生人数屈指可数——这就更有理由让那些位于高等教育最高层的稀有人才携手成为亲密的朋友。

大学同窗

琳达·W. 罗森茨威格一直研究 1900 年前后美国女性生活中的友情，该研究从大学生群体开始。她指出她们之间的感情强烈，

---

① Jean V. Matthews, *The Rise of the New Woman*: *The Women's Movement in America*, *1875 - 1930* (Chicago: Ivan R. Dee, 2003), 11.

② William H. Chafe, *The Paradox of Change*: *American Women in the Twentieth Century* (New York: Oxford University Press, 1991), 99.

而且牢固，同时指出记者和政策制定者对这种"友谊意识形态"所表现出的令人担忧的语气。的确，1900~1920年，许多文章哀叹男性间"友谊艺术"的消亡，这源于一种恐慌，即在都市化、匿名化的20世纪，人际关系正变成泛泛之交。然而，其他一些以女性关系为中心的文章则强调了友谊的好处，它是一种结合教育、地位提升和个人满足感的综合体验。一篇文章强调："我们为朋友而活，不为其他。"另一种观点认为，在情感领域，很多女性，但很少有男性，能够形成最高层次的关系，即真正的友情。当最后的这个观点写出来的时候，友谊的概念已经轻松地包含了女性；它早已经被调整为与女性有关的慷慨情感，而不是男性所期待的克制与理性。然而，并不是所有人都赞同这种把女性视为朋友的积极观点。有些人继续宣称"女性之间的姐妹情谊是匪夷所思的"，她们之间"天生就是相互背弃"。成见难除啊！

在这种令人担忧的氛围中，教授们告诫女学生要谨慎交友，只寻找那些能在智力和道德上提升她们的人，回避那些会让她们堕落或误入歧途的人。1901年，史密斯学院的一名教员建议大学生在崇高理想和高雅文化艺术的启发下建立友谊，并以彼此忠诚为目标。还有一位辅导员这样建议，要在大学的"人群中"寻找安慰，因为这里有集体观念和姐妹之情，而不应该疯狂地寻找那个遥不可及的男人，或者彻底打消这个念头，因为这是"一种不成熟的风流恋情"。

向女性开放的学院和大学的绝对数量促进了女生之间的友谊，这些学生主要来自中上层阶级。从她们的信件和日记中可以看到，友谊是她们当中的许多人在大学生活中最珍视的东西。多萝西·门登霍尔这样回忆她在史密斯学院的岁月："对我来说，最宝贵的不是学习，而是与同龄女孩接触，以及结交几个亲密的朋友。"毕业后，她到巴尔的摩的约翰斯·霍普金斯大学医学院继续学习，并与以前的一位同学建立了密切联系。在史密斯学院求学时，她们彼此并不熟悉，但是由于有着相似的求学经历和专业兴趣，她们成了"密友"。可以想象，当这两位女性身处霸道专横的以男性为主导的医学院校时（其中只有百分之五的女性），她们该多么需要对方啊！

韦尔斯利学院的简·卡里也很感激同学们让她的生活"更充实、更丰富、更快乐"。她记得那些只有女生参与的校园聚会。按惯例，低年级的学生邀请高年级女生和她们一起跳舞；有时候一连几周都见不到男人。在 1913～1914 年写给母亲的信中，她定期评论自己与其他韦尔斯利学院学生的关系。有时，一段新的友情会出乎意料地发展起来，就像海伦一样，不请自来地进入了她的生活："如果她没对我那么好，没尽到朋友的本分，我永远不会把她当作朋友。"

女大学生们会在吃饭、健身、上下课途中、听音乐会、玩游戏以及窝在宿舍聊天至深夜时找到时间结交朋友。她们讨论教授的性格、正在读的书、在教堂里听到的布道、最新的时尚，以及新闻中的话题，比如妇女选举权等。因为女人总有一些小秘密，所以她们相互吐露心声，倾诉自己对某类男人的兴趣，以及她们与其他女孩之间的友谊细节，这些细节有时会因为竞争和嫉妒而变得支离破碎。大多数女性最终会步入婚姻的殿堂，许多人会互相分享她们的婚礼计划，包括对戒指、婚纱、鲜花和蜜月的选择。许多人在大学毕业后仍然是朋友，即使她们成为妻子、母亲，以及后来的寡妇。

安妮·西尔斯是一名幼儿园教师，从未上过正规的大学，但她还是和姐姐的大学朋友弗朗西丝·鲁玛尼埃成了朋友，后者在攻读博士学位。安妮从马萨诸塞州的沃尔瑟姆给在剑桥的弗朗西丝写信，表达了她热切的愿望，希望她们能保持友情，尽管彼此之间存在地理上的距离和教育上的差距。她在 1903 年 10 月 1 日的信中反思了与朋友保持联系的重要性："虽然我同意你和爱默生的观点，我们必须依靠信任来维系与朋友的关系，但经验似乎告诉我，如果朋友很久没有见面或没说过一句话，那么难免会不由自主地疏远。"虽然弗朗西丝后来到曼荷莲女子学院教书，然后结婚，但她依然保持着和安妮的友情。

安妮的信件表明，她能够间接或事后分享弗朗西丝作为一个学者、新娘和母亲的生活。她在第一次参观曼荷莲女子学院之后写道："我很高兴现在能够更好地描绘你的生活了，无论是在你的课堂上、公寓里，还是在你快乐的三餐中。"听到弗朗西丝订婚的消息，她欢呼道："你无法想象，我多么希望能见到你，想多少了解一点儿这种新生活对一位亲爱的朋友意味着什么。"但她也想知道，对于弗朗西丝来说，放弃教授的工作和她那半波西米亚式的大学生活会不会很难："你知道这些天我一直在想你……致以一切美好的祝愿，祈祷这真的是你最好的生活。"

213　　安妮回忆了她所处的那个激动人心的时代，那个时代的女性比过去的女性有了更多的选择，但现实也让她意识到"这个世界不是为女性而准备的"，"无论我们是属于旧（女性）还是属于新（女性），未来似乎都会与忧愁相遇"。作为不依附他人并且经济独立的教师，安妮和弗朗西丝绝对属于新女性。我们不知道她们中是否有谁剪了短发或者在公共场所吸烟，这些是 20 世纪初新女性令人震惊的标志。但我们知道，她们继续珍视二人之间多年的情谊。1914 年，当第一次世界大战即将摧毁许多欧洲人和美国人的生活时，安妮更加坚定地相信友谊的价值："在我看来，友谊是这一生

1

中最美好的东西。"①

在大陆另一端的加利福尼亚州，斯坦福大学于 1891 年成立时，女孩们就可以入校求学了。虽然斯坦福是一所男女同校的大学，但它仍以很多方式促进同性友谊的发展，比如建立姐妹会和其他女性协会。在大学期间收集的剪贴簿中，黑兹尔·特拉法根列出了1902 年、1903 年和 1904 年所有 Kappa Alpha Theta 姐妹会成员的名字，每年有十几到二十名。黑兹尔大概和她们所有人都交了朋友，或者至少和其中一些人成了朋友。此外，她还在各种她称之为"女性化"的俱乐部（包括女子体育协会、白橡树健身俱乐部、女子曼陀林俱乐部和女子合唱团）里结识了潜在的朋友。一些俱乐部，如地质学和乐队，被列为"男性的"，而其他俱乐部，如管弦乐队、图书馆、高尔夫和科学俱乐部，被指定为"中性"。有这么多女性俱乐部和常规俱乐部可供她选择，黑兹尔·特拉法根有足够的机会可以在课业以外的时间里结识其他有相似兴趣的学生。

另一本斯坦福剪贴簿是凯莉·杰特·约翰逊的，上面记录着她从 1909 年至 1911 年是 Phi Delta Phi 女生联谊会和女子棒球联盟的成员。她出席了基督教青年会和基督教女青年会的招待会，听了音乐会，参加了戏剧表演和她的朋友克拉拉·布莱克的婚礼。在她的剪贴簿中，分类插入了许多纪念品，其中一件很引人注目：一封日期为 1909 年 5 月 9 日至 12 日的脏兮兮的信封，上面写着"信封里装着克拉拉·布莱克的婚礼蛋糕，我枕着它入睡，来确定自己的命运"。（根据古老的迷信，如果睡觉时枕头下垫着一块结婚蛋糕，你会在梦中看到未来配偶的样子。）

214

---

① 以"大学朋友"开头的那段话和之前的引文出自 Linda W. Rosenzweig, *Another Self: Middle-Class American Women and Their Friends in the Twentieth Century* (New York: New York University Press, 1999), 40, 41, 51 - 56。

当时和现在一样，女孩之间的友谊往往与异性恋关系平行存在，并被认为可以支撑起男女之间的爱恋。如果不能把男朋友大胆求婚的最新细节以及他的缺点告诉你最好的朋友，你还能向谁倾诉呢?①

即使在斯坦福这样男女同校的校园里，许多学术项目也存在严重的性别隔离。从 1910 年和 1912 年斯坦福大学的毕业典礼上可以看出，男性垄断了工程学、地质学、矿业和法律学位，而女性则广泛地分散在各个学科中，主要集中在英语、外语和历史专业。

工作与婚姻

1880~1900 年成年的第一代新女性意识到，她们年轻时的自由可能会因为婚姻而终结。受过教育的女性必须在婚姻与家庭和真正的职业之间做出一个严酷的选择，这是社会的既定事实。正如科学家艾丽斯·汉密尔顿在 1890 年所说的那样："正确的社会状态是，女性可以自由地选择究竟是过独立的单身生活，还是牺牲自我去生育和抚养下一代。"② 那些选择职业的人会向她们的女性朋友寻求帮助，建立一个互助圈子和替代家庭。有些人与其他女性建立了长期的家庭伙伴关系。

一般来说，女大学毕业生要工作几年再结婚。拥有研究生或专业学位的女性通常必须承诺永久单身，因为她们这个层次的工作被认为与婚姻和家庭不相容。例如，初出茅庐的弗朗西丝·鲁玛尼埃教授在结婚后不得不放弃她在曼荷莲女子学院的教职，韦尔斯利学院校长艾

---

① 黑兹尔·特拉法根和杰特·约翰逊的剪贴簿保存在斯坦福大学图书馆特藏部。
② Jean V. Matthews, *The Rise of the New Woman: The Women's Movement in America, 1875 - 1930* (Chicago: Ivan R. Dee, 2003), 97.

丽斯·弗里曼在嫁给了一位哈佛教授后，也放弃了自己的事业。

伊丽莎白·卡迪·斯坦顿的孙女诺拉·斯坦顿·布拉奇回忆起 20 世纪初在康奈尔大学面临的困境："我们都决心以某种方式把婚姻和事业结合起来。这是困难的，但也是可以做到的。"① 但遗憾的是，大多数女性发现这是不可能的，尤其是在孩子出生之后。很少有中产阶级女性有毅力或愿望去追寻诺拉祖母的人生轨迹，她在中年时决定把工作（尽管没有报酬）和友情作为生活的中心。

216

工人阶级的友谊

工人阶级女性即使是在结婚以后也不能选择待业。如果她们是移民，就更不能待在家里不出去赚钱了。1880～1919 年，有两千三百万名移民来到美国，这些移民主要来自德国、斯堪的纳维亚、爱尔兰、意大利、俄罗斯、波兰和罗马尼亚，也有来自加拿大和拉丁美洲的移民。此外，来自中国和日本的工人源源不断地涌入美国西海岸。总体而言，美国人口增长了约百分之二十五。移民涌入美国东部和中西部城市，尤其是纽约和芝加哥。随着美国从一个以农村为主的国家转变为一个以城市为主的国家，纽约和芝加哥一直在扩张。② 生活在城市的美国人口数量从 1870 年的一千万增加到 1920 年的五千四百万。

无论她们来自国外还是美国农村，工人阶级女性都希望可以通过就业最终摆脱她们低下的社会经济地位。然而，在拥挤的厂房和

---

① Jean V. Matthews, *The Rise of the New Woman: The Women's Movement in America, 1875 – 1930* (Chicago: Ivan R. Dee, 2003), 98.

② Mary Beth Norton and others, *A People, A Nation* (Boston: Houghton Mifflin, 2005), 512.

工作条件恶劣的血汗工厂里工作，拿着过低的工资，这是大多数女性移民和贫穷白人难以摆脱的命运。黑人妇女甚至被剥夺了在工厂工作的权利，只能在私人家里打扫卫生和做饭。受过一定教育的中产阶级白人女性可以在百货公司当售货员或在办公室当文员。受过良好教育的中上层阶级的女孩填补了教师、记者、社会工作者的空缺，也填补了女性在医学和法律领域的空白。

当这些女性在一个陌生的世界里挣扎着寻找自己的道路时，她们需要朋友来分担她们的艰辛，分享她们的梦想。在多数情况下，友谊是在同一社会阶层的成员之间建立起来的。纽约"善意俱乐部"的艾琳·特蕾西乐观地写道，她的俱乐部为像她这样的工薪阶层女孩提供了与来自中上阶层的女性交朋友的机会，但这样的友谊是非常罕见与特殊的。俱乐部的赞助人很少邀请工人阶级女性到家里来。正如一位敏锐的观察家所言："姐妹情谊可以存在，但很少能够跨越种族和阶级的障碍。"①

来自波兰的犹太移民萨迪·弗鲁恩讲述了一个典型的故事，关于她和一个同样来自工人阶级家庭背景的女孩之间的友谊。1900年前后，萨迪在纽约一家加工裙子的血汗工厂上班，每周工作六天，每天十个小时，一周赚四美元。她和一个叫艾拉的女孩住在一起，艾拉也在这家工厂工作，每周赚五美元，可能因为她的经验更多吧。用萨迪的话说："我们有一个自己的房间，每周支付一点五美元，做一些简单的家务……我们在油炉上做饭，生活得不错，就像我们这一周的开销清单所显示的那样。"

艾拉和萨迪一周食物支出：

---

① William H. Chafe, *The Paradox of Change*: *American Women in the Twentieth Century* (New York: Oxford University Press, 1991), 13.

茶：0.06美元；可可粉：0.1美元；面包：0.4美元；罐装蔬菜0.2美元；土豆：0.1美元；牛奶：0.21美元；水果：0.2美元；黄油：0.15美元；肉类：0.6美元；鱼：0.15美元；另加洗衣0.25美元。

每周的伙食费和房租加起来总共是3.92美元，还不到她们九美元工资总和的一半。萨迪骄傲地补充道："当然，我们本可以生活得更节俭一些，但我们都想好好善待自己，也觉得负担得起这些花销。"在萨迪剩下的钱中，她每周在买衣服和休闲娱乐上支出一美元，再把省下的一美元攒起来。

这种由经济需要而产生的女性关系，与上层社会年轻女性的浪漫流露或豪情壮志相去甚远。尽管萨迪没有详细说明她对室友的感受，但她表示，她们相处得很好，都喜欢美食，并且都没有被剥夺属于她们自己的廉价的快乐。在休息日，像萨迪和艾拉这样的纽约工薪阶层女孩经常和朋友们（有男有女）一起去游乐场，比如布鲁克林科尼岛的卢娜公园。她们也去剧院，到1910年，纽约市已经有四百个电影放映场所了，她们可以选一个去看电影。

萨迪继续上夜校学习，变换工作和住所，把收入提高到每周四点五美元，并加入了一个工会组织。随着时间的推移，她找到一个男朋友，他催促她嫁给他，但在她十七岁那年，当写下自己的故事时，她觉得自己还没准备好结婚。①

219

像萨迪这样的工人阶级女孩通常不住在家里。1912年，纽约三角内衣工厂发生火灾，一百四十六名制衣工人丧生。美国红十字

---

① "The Story of a Sweatshop Girl: Sadie Frowne," *The Independent*, Sept. 25, 1902, 出自 *Plain Folk: The Life Stories of Undistinguished Americans*, ed. David M. Katzman and William M. Tuttle Jr. (Urbana: University of Illinois Press, 1982), 48-57.

会发现，在一百二十三名女性受害者中，有三分之一的人独居或与室友同住，完全靠自己的收入生活。① 众多这样的女性构成了一个新型未婚工人群体，她们不过多从属于自己的家庭，而是更多依赖与其他女性的友谊来维持生计，分担家庭责任。

工人阶级女性结婚生子后，一般会离开有薪工作，选择留在家里照顾家人。一般来说，她们不会冒险远离居住的公寓。男人下班后会定期在沙龙、兄弟会或工会聚会，而女人则在晚上哄孩子上床睡觉和打扫卫生。无论她们拥有什么样的闲暇时光，都是和女邻居一起在自家门口的台阶上度过的，或者是和孩子们一起在当地的公园里度过的，或者是在教堂、犹太教堂里度过的。这并不意味着她们失去了朋友。在美国历史的早期，邻居们可能会在一天中的任何时候过来借厨房用品，或者在紧急情况下来寻求帮助。这一点在描述住在上东区公寓的两个爱尔兰家庭时得到了证明："H 夫人经常待在 C 夫人的家里。白天，她们互相帮忙，晚上，她们的丈夫一起打牌，喝啤酒。"②

城市还提供了新的公共空间，如公园、百货商店和电影院，在那里，几乎不认识的人也可以见面。这些空间尤其为年轻人提供了机会，尽管女性不得不小心翼翼，以免结交品行不良的朋友，因为这些人可能会让她远离令人尊敬的家庭和宗教价值观，或者更糟的是，导致她失去童贞并怀孕。引诱和强奸不仅仅是低俗小说中令人

220

---

① Elizabeth Dutcher, "Budgets of the Triangle Fire Victims," *Life and Labor*, Sept. 1912, 266 – 267.

② Thomas Jesse Jones, *Sociology of a New York City Block* (New York, 1904), 108 – 109, 出自 Kathy Peiss, "Gender Relations and Working-Class Leisure: New York City, 1880 – 1920," *"To Toil the Livelong Day": America's Women at Work, 1780 – 1980*, ed. Carol Groneman and Mary Beth Norton (Ithaca, NY: Cornell University Press, 1987), 104。

不安的片段，也是现实生活的组成部分，工人阶级女性比条件优渥的女性更容易经历这些遭遇。当女性陷入困境时，她们会向朋友寻求安慰和建议，有时还会征询避孕甚至堕胎方面的指导。1916 年之前，女性获得此类信息的主要途径是朋友间的口口相传。这一年，玛格丽特·桑格在布鲁克林开设了第一家节育诊所，并开始在全国推广计划生育。

　　幸运的是，一些早期的进步力量感觉到了城市贫民的许多其他需求，于是提供了诸如免费幼儿园、健身房、游泳池、成人教育和夏令营等新的服务。这些服务最初由女性俱乐部资助，后来在简·亚当斯在美国发起的社会睦邻中心运动中得到了最充分的体现。

开拓性的新女性：简·亚当斯、埃伦·盖茨·斯塔尔和玛丽·罗泽特·史密斯

　　简·亚当斯（1860—1935）和她的好友埃伦·盖茨·斯塔尔（Ellen Gates Starr，1859—1940）在芝加哥共同创建了具有历史意义的赫尔馆。在赫尔馆成立初期，她们就住在那里，并为其他美国社会睦邻中心树立了榜样。在那里，男女老少生活、工作，并为社会变革而奋斗。后来亚当斯与富有的芝加哥女继承人玛丽·罗泽特·史密斯（1868—1934）保持了三十多年的友情。这些女性中没有一个人结过婚，很明显，她们的主要依恋对象是其他女性。在这里，让我们感兴趣的是，她们在赫尔馆所进行的长达半个多世纪的开创性工作，友情在其中是如何发挥作用的。

　　没有人能想到，年轻的简·亚当斯会成为美国历史上的一位杰出人物。她是美国第一个社会睦邻中心的创始人，是推动社会和道

德正义的力量，还是 1931 年诺贝尔和平奖得主。她出生在伊利诺伊州塞达维尔一个富裕的老式美国家庭，四岁时患了小儿麻痹症，接下来又出现了脊椎弯曲和其他健康问题。后来，一次脊柱手术、一次休养疗法、一次神经崩溃，以及几次抑郁症发作，让她无法从事自己希望从事的医学事业。然而，她从父亲和伊利诺伊州罗克福德女子神学院的老师那里接受的早期道德教育，以及所读的狄更斯、托尔斯泰和约翰·斯图亚特·密尔的作品激励她思考如何成为一名社会改革家。当她在一本杂志上读到关于伦敦第一个社会服务所——汤因比馆的描述时，她决定亲自去看看它到底能提供什么服务。

222　1887 年 12 月，她和她在罗克福德女子神学院的朋友埃伦·盖茨·斯塔尔以及其他几位朋友出发前往欧洲，期待着能到汤因比馆参观，并梦想着有一天能在美国创造出类似的服务机构。亚当斯在西班牙旅行时，甚至在她还没有真正看到汤因比馆之前，就把自己的梦想告诉了埃伦·盖茨·斯塔尔。这是她在 1910 年出版的《赫尔馆二十年》（*Twenty Years at Hull - House*）一书中对那段对话的记忆："我还清楚地记得，当我终于向斯塔尔小姐——我以前的同学，也是我们俱乐部的一员——讲述自己的想法时，我是如何磕磕巴巴，犹豫不决。"只有在斯塔尔小姐的"陪伴和安慰"下和她旺盛热情的感染下，亚当斯才开始相信自己的项目计划是正确的。

和埃伦·盖茨·斯塔尔在巴黎分开后，亚当斯独自前往伦敦，并最终看到了汤因比馆，那里的情况远远超出了她的预期。它让大学男生生活在穷人中间的模式，以及他们从这种安排中所得到的共同利益，直接促使了美国赫尔馆的建立。

回到美国后，亚当斯和斯塔尔开始为她们的项目寻找合适的场所，亚当斯这样描述她们是如何幸运地找到了老赫尔大厦的：

第二年的 1 月份，我和斯塔尔小姐在芝加哥寻找一个可以实施我们计划的街区。这座房子建于 1856 年，是芝加哥一位拓荒者——查尔斯·J. 赫尔的住宅。此后，它经历了许多改变，不过总体状况尚佳。我们用在欧洲收集到的照片和其他物件，以及一些家用红木装饰房子，就像我们在城市的另一个地方，装潢自己的家一样。一个年轻的主妇在自己家里摆放物品时也许不会像我们第一次装饰赫尔馆时这么高兴。

223

1889 年，当这座房子被改造成适合接待访客时，斯塔尔开始举办"读书会"。第一次读书会，斯塔尔大声地给一群年轻女子朗读乔治·艾略特的历史小说《罗摩拉》（Romola），后来，她们每周都会过来，参加在楼上餐厅举行的活动。这个群体中，每周会有两名成员像客人一样受邀去吃晚饭，不过之后要帮助斯塔尔和亚当斯刷盘子洗碗。

斯塔尔还设置了其他形式的文化活动，包括她自己教的艺术课程。后来，斯塔尔对艺术的兴趣转到了另一个方向。亚当斯回忆说，斯塔尔接受过装订工培训，然后在赫尔馆建立了一个装订厂，"在那里，为数不多的几个学员学习设计、工艺与整个装订流程"。

赫尔馆最终成为大约二十五位女性的住所。白天，它为数百名来访者提供各种课程，其中许多是由志愿者讲授的。它拥有一个女生俱乐部、一个男生俱乐部、一个男女都可以参加的戏剧社团、一个幼儿园、一个健身房、一个澡堂、一个图书馆、一个音乐学校、一个艺术画廊，还有成人夜校。到 1910 年，赫尔馆已发展成为一个由十三栋建筑组成的综合住宅区，有一个操场和一个夏季营地。

224

这个项目特别适合贫困儿童的需要，他们中的许多人十四岁就离开了学校，因为在那之后，上学就不再是强制性的了。亚当斯写道："在我们看来，重要的是，这些孩子应该为自己找到一个可以永远依附的场馆，它可以为他们提供夜间俱乐部，以及和老朋友一起上课的机会，它还能把学校生活尽可能轻松地融入工作生活中。"

与此同时，赫尔馆也为成年人和老年人提供特殊的课程和服务，按照亚当斯所说，这消除了人们的一个普遍看法，即"成年人在面对教育机会和社交生活机会时不会做出任何反应"。她们照顾一位九十岁高龄老妇人的例子就证明是非常值得的。

> 白天，当她的女儿在一家餐馆当厨师时，这位老太太只能整天一个人待着，并养成了一种顽固的习惯——把墙上的灰泥刮掉，以至于一个接一个的房东都拒绝把房子租给她。只花了几个星期的时间，她学会了做大的纸拉花，慢慢地，越来越满足于做这样的手工。最后，她从装饰墙壁中获得的快乐和以前破坏墙壁时得到的快乐一样多。又过了一段时间，人们发现这位老妇人竟然会讲盖尔语，当一两个表情严肃的教授来看她时，邻居们都感到很惊讶。

人们经常问亚当斯和斯塔尔，她们完全有能力选择住在其他什么地方，为什么要住在霍尔斯特德街呢？她们的回答道出了彼此共同人生哲学的核心："也许在最初的那些日子里，我们就朝着后来在《章程》中阐明的目标迈出了第一步：'为更高层次的公民和社会生活提供一个中心；建立和维护教育和慈善事业，调查和改善芝加哥工业区的条件。'"

令人惊讶万分的是，两个没有受过任何特殊训练的未婚女性竟然能够为弱势群体建立这样一个庇护所。她们的事业是大胆的，不仅在她们的时代是这样的，而且在任何时代都是如此。她们俩谁能独自完成这样的事业呢？虽然亚当斯是这个项目的领导者，但如果没有斯塔尔小姐的友谊和陪伴，她还能坚持下去吗？就像早期的二人组，如哈克伯恩的米歇尔德和大格特鲁德、胡安娜和玛丽亚·路易莎、伊丽莎白·卡迪·斯坦顿和苏珊·B. 安东尼，亚当斯和斯塔尔也需要通过彼此找到最好的自己，以实现她们不可能独自实现的梦想。

在赫尔馆成立初期，亚当斯依赖斯塔尔，而她最认真的情感依恋对象则是另一个女人——富有而优雅的玛丽·罗泽特·史密斯。在她的自传中，亚当斯不经意地介绍了史密斯，她见证了亚当斯在 1895 年秋季伤寒中所经历的长期康复过程："病去如抽丝，接下来的冬天，我的健康状况堪忧。第二年五月，我和好友史密斯小姐去了国外，如果可能的话，希望可以恢复得更彻底一些。"①

至少可以说，她们的旅行是具有里程碑意义的。她们不仅拜访了英国许多著名的公众人物，还远赴俄罗斯，在亚斯纳亚·波良纳——伟大的列夫·托尔斯泰的家乡见到了他。她们后来又去了德国，在拜罗伊特，她们欣赏了瓦格纳的《指环王》，这部作品与托尔斯泰的朴素农业主义信条大相径庭。这段壮观的旅程开启了一段伙伴关系，使史密斯和亚当斯在一起共度了余生。

女同性恋群体中的许多人声称亚当斯和史密斯是她们的榜

226

---

① 以"我记得很清楚……"开头的这句话和之前的引文出自 Jane Addams, *Twenty Years at Hull-House with Autobiographical Notes* (New York: The Macmillan Company, 1912)。

样。备受尊敬的历史学家布兰奇·维森·库克认为她们是女同性恋，2008 年的一部电视纪录片《为芝加哥骄傲》也是这样描述她们的。① 其他学者的观点是，无法确定亚当斯和史密斯之间是否存在性关系，而且她们很可能拥有的是无性的浪漫友谊。② 无论我们今天如何定义她们的关系，她们当时称彼此为"朋友"，并活出了这个有意义词汇的最高理想。对她们而言，这意味着与芝加哥贫民窟的穷苦移民和受压迫的穷人一起分享她们的友谊。这也意味着一起旅行，或者不在一起时，给对方写信，并把她们的关系视为一种婚姻。玛丽·罗泽特·史密斯的画像挂在赫尔馆的博物馆里，这不仅是因为她与亚当斯之间的友谊，227 而且因为她是维持赫尔馆的主要资助人。

希尔达·萨特和简·亚当斯

从一个贫穷的犹太移民女孩的角度来观察简·亚当斯和赫尔馆是非常有趣的。希尔达·萨特和她寡居的母亲以及姐妹们住在一个工薪阶层社区。希尔达最初是被一个爱尔兰玩伴带到赫尔馆的。她们一起去参加一个圣诞晚会，来自不同国家、信仰不同宗教、操不同语言的孩子们在晚上玩得非常开心。希

---

① Blanche Wiesen Cook, "Female Support Networks and Political Activism," *A Heritage of Her Own*, ed. Nancy F. Cott and Elizabeth H. Pleck (New York: Simon & Schuster, 1979), 415 – 420.

② Gioia Diliberto, *A Useful Woman: The Early Life of Jane Addams* (New York: Scribner, 1999); Jean Bethke Elshtain, *A Useful Woman: Jane Addams and the Dream of American Democracy* (New York: Basic Books, 2002); Louise W. Knight, *Citizen: Jane Addams and the Struggle for Democracy* (Chicago: University of Chicago Press, 2005).

尔达被眼前这种和平的多元文化景象震撼了，同样也被迎接客人的简·亚当斯震撼了。希尔达在她的自传中写道："那是我第一次看到如此和蔼、善解人意、闪烁着接纳光芒的眼睛，使我觉得有人需要我。"

在接下来的岁月里，那双善解人意的眼睛一直伴随着希尔达步入成年早期，鼓励她在辍学后成为一名服装工人，指导她学习成人教育英语课程，甚至确保她在芝加哥大学学习一个学期，尽管她没有高中文凭。最终，亚当斯为希尔达在赫尔馆找到了一份带薪工作。简·亚当斯成为希尔达的赞助人、导师、精神引领者，并最终成为她的朋友。用希尔达的话说："十年来，我的大部分夜晚都是在赫尔馆度过的。前三年，我几乎每晚都能见到简·亚当斯。我总能感觉到她的存在，无论是与她本人在一起，还是与她的精神同在。"

后来希尔达到一家出版社工作，接着嫁给了一个中产阶级背景的男人，然后搬到了密尔沃基。但在十五年舒适的家庭生活之后，1927 年，她的丈夫去世了，她失去了他们的大部分财产。希尔达离开密尔沃基，带着孩子们搬回芝加哥，恢复了与简·亚当斯的联系，她们此时的关系更加平等了。

赫尔馆成立四十周年之际，希尔达·萨特坐在简·亚当斯的餐桌旁，身边有许多名人和赫尔馆的前成员。希尔达说："简·亚当斯就像任何一位母亲一样，当她远嫁他乡的孩子们回到老家团聚时，她穿梭于她们中间，无论这些人是功成名就还是默默无闻。她知道她们每个人的名字。她询问她们孩子的境况。多年前她们到赫尔馆之前还是不知所措、背井离乡的移民。"在希尔达人生中的那一刻，在经历了失去丈夫和金钱的痛苦之后，她在简·亚当斯身上发现这是一位能够支持她的朋友，简给了她希望和勇气，帮助她度过了前方要面对的黑暗日子。①

　　当然，希尔达对亚当斯的描绘被粉饰了，这不仅出于她对前导师的感激，而且因为她将其偶像化并想象成赫尔馆的守护神。尽管如此，友谊的纽带将这两位名望不同的女人紧紧联系在一起。她们的友谊一直持续到 1935 年亚当斯去世。

友谊中的教育、阶级和种族因素

　　1900 年前后，一种新的女性友谊模式出现了，这种模式在 20 世纪持续了相当长的时间。在中上层阶级中，友谊与教育水平有一定联系，至少一个人要受过高中教育，通常要上过大学。就寻找维持友谊的场所而言，一个人读的学校有时甚至胜过他上哪间教堂。教育是一种手段，通过这种方式，希腊移民的女儿可以成为殖民地美国那些初入社交界的富家少女的大学朋友。

　　在 20 世纪前几十年里，如果工人阶级女性能够完成高中学业，她们就很幸运，不过其中绝大多数无法读完高中。十六岁甚至十四岁离开学校意味着她们只能与和自己有一样教育水平和来自相同社会阶层的人交朋友，尽管也有少数像希尔达·萨特这样的人可以通过成人教育或有利的婚姻成为中产阶级。至于黑人女性，无论她们是否成为中产阶级，种族界限让她们无法与白人女性交往，尤其是在南方。南方公立学校的法律隔离直到 1954 年才结束，实际的隔离持续的时间更长。

　　根据一位女学者在 1925 年的观察，南方的中产阶级白人女性

---

　　① 这句话与之前的引文出自 Hilda Satt Polacheck, *I Came a Stranger: The Story of a Hull-House Girl* (Chicago: University of Chicago Press, 1989), 52, 167.–168。

继续定期见面，一起享受"打桥牌、喝茶、闲聊"的快乐。然而，即使在南方，在第一次世界大战后，一种进步的精神仍然鼓舞了许多女性团体。一些南方女性和美国其他地区的女性一样，经常与她们的同龄人聚在一起，这样做不仅仅是出于社交的考虑，也是为了努力改善贫困儿童、女工和非洲裔美国人的处境。①

20 世纪 20 年代的某个时候，在美国，严肃的新女性形象开始淡出，取而代之的是无忧无虑的时髦女郎。正如露西·卡佩哈特在 1904 年回顾 19 世纪的浪漫友谊时把它看作过去的事一样，维达·斯卡德——韦尔斯利学院的一位教授，在 20 世纪 20 年代宣布，她在世纪之交所经历的革命情谊，在年轻女性的生活中已不复存在。② 一代社会活动家所奋力争取来的权利被她们的女儿和孙女们视为理所当然。

然而，伊丽莎白·卡迪·斯坦顿、苏珊·B. 安东尼和简·亚当斯等改革者带来的改变并未消失。新的教育和就业机会使一些女性可以独自生活，或者如我们所见，以家庭伙伴关系的形式共同生活，这是对婚姻的一种替代选择。玛格丽特·桑格发起了一场使避孕合法化的改革运动，这带给许多女性控制生育数量的可能性，并使她们享受更大的性自由。1920 年通过的妇女选举权使所有成年女性在政府和公共事务中拥有了发言权，尽管她们发出的声音仍显微弱。这些坚定的改革家证明，共同努力的女性可以解决任何数量的社会弊病，而且与维达·斯卡德所表达的幻灭观点相反，她们的例子使人们始终相信，美国的女儿们无所不能。

---

① 出自 Anne Firor Scott, *The Southern Lady: From Pedestal to Politics, 1830 - 1930* (Chicago: University of Chicago Press, 1970), 230。
② William H. Chafe, *The Paradox of Change: American Women in the Twentieth Century* (New York: Oxford University Press, 1991), 104.

薇拉·布里顿和威妮弗雷德·霍尔特比

有一段关于两位新女性之间友谊的深入描写，其作者并不是美

231 国人，而是一位英国女性。薇拉·布里顿（1893—1970）在她的
《友谊的见证》一书中，记录了她与威妮弗雷德·霍尔特比
（Winifred Holtby，1898—1935）之间的亲密友情，这段友情从她们
在牛津相识开始，直到霍尔特比因肾衰竭早逝结束。布里顿和霍尔
特比的友谊是非凡的，不仅因为她们之间有着深厚的情感，这种情
感一直延续到布里顿结婚后很长一段时间，而且因为她们互相鼓励
对方成为优秀的作家和进步的改革家。

布里顿的《友谊的见证》揭示了我们一直强调的各个年龄段
女性最佳友谊的特征：亲密、自我表露、共同的经历、忠诚、教
养、关爱和相互支持。与此同时，她的描述展现了第一次世界大战
后受过良好教育的英国女性之间友谊的鲜明特征。

1919 年，布里顿和霍尔特比都回到了牛津大学萨默维尔女子
学院。布里顿是两人中年龄稍长的，她经历了严重的战后抑郁症，
在战争中她失去了未婚夫、哥哥和她哥哥的两个最亲密的朋友。在
战争中，她做了四年护士，在经历了失去亲人的痛苦后，她精疲力
竭，极度悲观。霍尔特比在陆军妇女辅助服务队服务一年之后，仍
然精力充沛，乐观向上。事实证明，霍尔特比身上昂扬向上的精神
帮助布里顿重新点燃了生命的火花。

从 1878 年开始，女性就可以在牛津大学求学，但直到 1920

232 年，她们才有资格获得学位。由此可见，布里顿和霍尔特比是首批
获得牛津大学本科学位的女性，她们就读的是专为女性成立的萨默
维尔女子学院。但在她们共同拥有这样的学习经历之前，布里顿和

霍尔特比，用布里顿的话说，"就已经被一种独特的纽带联系在一起了，那就是我们都曾在军中服役，并且都对战争交织着同情与反对的态度，我们觉得这也是萨默维尔女子学院老师们的态度"。

最初，布里顿并不相信霍尔特比的乐观性格，还对她表现出了毫不掩饰的敌意。但是，在战争中共同的服务经历把她们紧密地联系在一起，这是不容否认的。在第一个停战纪念日，当在大教堂里相遇时，她们发现彼此是志趣相投的人。她们很快坦承自己想当作家的愿望，并开始了一段长达十六年的无休止的谈话、散步和旅行。在牛津大学结束了第一年的学习后，她们一起去康沃尔旅行了两周，在那里她们"穿过两侧长满忍冬的小路，踏过四周布满岩石的海岸"，还确定了下个学期的计划——她们将一起搬到校外居住。

她们经常谈论失去的爱，布里顿的未婚夫在战争中丧生，霍尔特比的未婚夫受了伤，之后彼此疏远。她们经常坐在炉火前，霍尔特比把脸埋在布里顿的膝盖上，诉说着宗教冲突的痛苦。虽然有破碎的爱情和宗教怀疑的痛苦，但是她们都确信自己最大的野心是成为记者和小说家。拿到学位后，她们动身去伦敦合住。

她们的新女性立场在一首小诗中得到了表达，这首诗是霍尔特比根据音乐剧《帝王》（*The Mikado*）的曲调创作的：

233

> 我们要主宰人生这部戏，
>
> 我们不羞怯，
>
> 我们会让整个世界运转——
>
> 我和我的朋友们！

当放下学业，走向世界的时候，她们坚信友谊的力量能够支撑

起她们的精神世界，有助于实现她们的计划。霍尔特比开始就她所
热衷的话题进行写作和演讲，比如世界和平。当她离开布里顿的时
候，她已证明自己是"一个快乐的、充满感激之情的、反应敏捷
的写信人，她的来信能使人联想起一段漫长、生动、完整的谈
话"。她们共同经历的最快乐的事情是一次夏季意大利之旅，布里
顿认为"这是我所有假期中最完美的假期，我相信，也是威妮弗
雷德最完美的假期"。

她们分开后，霍尔特比给布里顿写了一封信，在信中表达了她
深深的爱："最美好的事情莫过于每天都能发现对我而言你是多么
珍贵。这原本是一段大体快乐的旅程，但因为你在那里，所以一切
都令人感到愉快。"是的，友谊可以封装在与特定人一起经历的独
特快乐中：因为是你，因为是我。从这一点来看，真正的友谊和真
正的爱情并没有什么不同。

1922~1923 年，布里顿和霍尔特比住在布鲁姆斯伯里的一套
公寓里，那里离大英博物馆不远。后来，她们搬进了梅达谷一栋豪
宅的宽敞公寓里，那不是一个时髦的街区，不同于昂贵的、知识分
234 子聚集的布鲁姆斯伯里。布里顿还记得，20 世纪 20 年代，她们兴
奋地确信，"人类可以学会"不重复第一次世界大战的恐怖。但不
幸的是，她们的预言错了。

两人都以记者和小说家的身份继续着自己的事业，并取得了越
来越大的成功。她们两个人，无论谁回自己的家去探亲，当再回来
时，"都对我们艰苦的、独立的、迷人的伦敦生活感到前所未有的
高兴"。像许多幸福的夫妻一样，她们在一天的工作之后有很多话
要对彼此说："我们俩谁也不知道有什么能比得上经历了一天的繁
杂事务之后回到家，一边喝着茶，吃着点心，一边向彼此讲述所见
所闻更让人觉得快乐的事情了。"

这两个女人之间建立的关系如此亲密，用布里顿的话讲，她们是以一种本能的方式对彼此的需要和情感做出回应，也就是说，甚至在对方还没开口陈述或要求的时候，她们就已经做出了回应。长时间在一起共同生活的人都知道布里顿话里的意思。已婚夫妇、家庭伴侣、姐妹、母女有时能够达到这种默契。

然而，布里顿和霍尔特比并不是彼此的镜像。她们之间是互补的，外貌和气质都是如此。布里顿个子矮小、黑头发、心事重重，而霍尔特比身材修长、金发碧眼、性格外向。布里顿年长几岁，受到的磨难更多，在某种程度上也更需要帮助。回想起来，她承认，在经历了战争的悲剧之后，她可能一直很难与他人相处，她们之间友谊的延续主要是霍尔特比的成就，而不是她自己的成就。

235

虽然薇拉·布里顿和威妮弗雷德·霍尔特比有着深厚的友谊，但布里顿还是接受了一位年轻的大学教授乔治·卡特林的求婚，并于 1925 年嫁给了他。婚礼前一天，霍尔特比送给布里顿一串镶有珍珠的铂金项链，正好搭配婚纱。（十二年后，当临终的霍尔特比闭着眼睛躺在病床上时，布里顿把项链像手镯一样绕在自己的手臂上，然后把霍尔特比的手指放在它的上面。）霍尔特比是布里顿唯一的伴娘，她穿着漂亮的礼服，戴着一顶大大的羽毛帽子，帽檐上别着一大束蓝色和淡紫色的飞燕草。直到很久以后，布里顿才承认，她的婚姻一定给霍尔特比带去了巨大的痛苦，她一直设法"用爱和忘我的宽宏大量"掩饰这种感情。霍尔特比在名为《愚蠢的时钟》（*The Foolish Clock*）一诗中记录了她的感受，这首诗描述的是时钟的嘀嗒声，布里顿经常在她们的公寓里给这些时钟上发条："现在她走了，但她所有的时钟都在嘀嗒作响。"时钟响亮地提醒着"我的爱曾经在这里的那些珍贵瞬间"。

幸运的是，婚姻并没有破坏友谊。两位女性继续支持彼此作为小说家、记者，以及国际联盟活动家的工作。在霍尔特比对南非进行了五个月的访问后，她经常以荣誉家庭成员的身份与布里顿和卡特琳一起住在伦敦。随着时间的推移，布里顿有了两个孩子，一儿一女，而霍尔特比依然保持单身。

236 虽然霍尔特比只活了三十七年，但她在短短的一生中出版了六部小说、大量短篇小说、诗歌、讽刺作品和一本关于弗吉尼亚·伍尔夫的书。她发表过关于反战主义、女性权利以及非洲人权利的演讲，到去世时，霍尔特比已是一位著名的公众人物了。

布里顿的第一部小说出版于 1923 年，但直到写了自传体作品《青春的见证》（*Testament of Youth*，1933 年出版）和《友谊的见证》，她才找到了自己真正的文学声音。后者本质上是一本关于威妮弗雷德·霍尔特比的传记，其中很大一部分内容描述了她们之间十六年的友谊。作为一名作家，布里顿清醒地意识到女性之间的友谊很少能够成为历史记录的一部分：

> 从荷马时代起，男人之间的友谊就享有了荣耀和欢呼。虽然有露丝和娜奥比的友谊，但是女人之间的友谊通常不仅没有被歌颂，而且被嘲笑、贬低和错误地解读。我希望威妮弗雷德的故事能打破这些低级的解读，并向读者展示女性之间的忠诚和喜爱是一种多么高尚的关系，它永远不会枯竭，实际上还增进了女孩对情人的爱、妻子对丈夫的爱、母亲对孩子的爱。①

---

① 以"特殊的纽带无形地联系在一起"开头的这句话和前文的引文出自 Vera Brittain, *Testament of Friendship*（New York：Seaview Books, 1981），84，109 - 112，114，117，145，146。

我们只能补充说，现在的女性既不需要证明她们的友谊的正当性，也不需要把友谊作为异性恋爱情、婚姻和母亲身份的正向附属品。但在布里顿所处的时代，她与霍尔特比的亲密关系被认为是不寻常的，甚至是可疑的。在我们看来，这两位新女性因个人感情和共同从事的有意义的工作而联结在一起，为 20 世纪后期的女性能够在姐妹情谊的旗帜下团结在一起铺平了道路。

237

238

第十章

埃莉诺·罗斯福和她的朋友们

我们向今天不在场的朋友们敬酒，多想请他们一起共进晚餐啊，我提议时想到了亲爱的你。

——埃莉诺·罗斯福（Eleanor Roosevelt）写给洛雷娜·希科克（Lorena Hickok）的《白宫圣诞夜》（*Christmas Night in The White House*），1933 年

我们的友谊如此长久，时间和距离从未对其产生过任何影响。

——埃莉诺·罗斯福写给伊莎贝拉·塞尔梅斯·弗格森·格林韦·金（Isabella Selmes Ferguson Greenway King）的信，1953 年 10 月 9 日

生命中没有什么比友情更珍贵。

——埃莉诺·罗斯福的著作《礼仪常识》（*Common Sense Etiquette*），1962 年

　　埃莉诺·罗斯福（1884—1962）生活在影响所有美国人，尤其是女性的社会和政治变革的支点上。她本人经历了女性角色的根本性转变，从维多利亚时代理想的家庭天使到世纪之交的新女性，又到 20 世纪二三十年代的新新女性，接下来经历了战时中断、战后乐观、民权运动，以及早期有组织女权主义的萌芽时期。在埃莉诺非凡的一生中，她的许多朋友在她的生活中扮演了重要角色。

　　虽然富兰克林和埃莉诺的公众形象掩盖了她们的光芒，但到目前为止，埃莉诺的朋友们已成为研究罗斯福时代的历史学家所熟悉的人物。埃莉诺不同于其他美国总统夫人（除了阿比盖尔·亚当斯），她留下了一大堆书面材料，证明她拥有庞大的家庭成员和广泛的朋友圈。这些经过仔细检查的信件、日记、自传、文章和演讲，让我们对她的个人关系有了深刻的了解，也让我们看到了 20 世纪上半叶女性作为朋友的整体场景。

　　从富兰克林·罗斯福 1928 年成为纽约州州长到 1945 年去世，埃莉诺一直被视为也一直努力被视为罗斯福的得力助手。富兰克林和埃莉诺在电台的轻松闲聊，埃莉诺在报纸上的"我的一天"专栏，以及媒体对他们一举一动的持续关注，使他们成为迄今最具明星光环的一对总统夫妇。他们的公众形象是恩爱的、富有同情心、具有贵族气质，并致力于美国人民福祉的一对夫妻。很少有人知道，他和他的妻子早已不再同床而睡，而且他们都在婚姻之外维持着各自的友谊。

　　1905 年，年仅二十岁的埃莉诺嫁给了富兰克林，在婚后前十年，他们共生了六个孩子。1918 年，她震惊地发现，富兰克林与他的秘书露西·默瑟已经有了两年的婚外情。埃莉诺提出与他离婚，但萨拉·罗斯福——富兰克林专横的母亲，威胁说，如果他接受离婚，她将切断对他们的经济支持。此前，每年的大部分时间，富兰克林夫妇都生活在她的海德庄园里。埃莉诺和富兰克林继续保持着婚姻关系，事实证明，她是他政治生涯中不可或缺的盟友，尤其是在他 1921 年患脊髓灰质炎导致腰部以下瘫痪之后。

在接下来的几年里，埃莉诺越来越多地向她的朋友寻求爱和认可。她八岁时丧母、十岁时深受父亲（西奥多·罗斯福总统的弟弟）去世的打击，从而缺乏安全感。朋友们帮助她成长、抚平创伤并重拾安全感。埃莉诺出生于纽约的旧式家庭，由严厉的外祖母抚养长大，在英国完成学业。1902 年，十八岁的埃莉诺回到纽约，在社交圈初次登场。虽然她认同一个初入社交圈的少女必须刻板和虔诚，但她仍在位于下东区里温顿街的社区睦邻中心从事志愿工作，这体现了她富有同情心的天性。富兰克林·罗斯福是她的远房堂亲，哈佛大学的学生，把她引向了另一个方向，让她扮演一位全力支持丈夫事业的妻子的角色，这位丈夫和他的母亲有着同样的政治抱负。

伊莎贝拉·塞尔梅斯·弗格森·格林韦·金

在结婚时，埃莉诺已经和古典美女伊莎贝拉·塞尔梅斯成了朋友。虽然伊莎贝拉比埃莉诺小两岁，但她在埃莉诺的生活中始终是个重要人物。事实上，当富兰克林求婚时，埃莉诺就把他俩秘密订婚的消息告诉了伊莎贝拉，甚至早于通知双方的家人。伊莎贝拉是埃莉诺的六个伴娘之一。在埃莉诺婚后几个月，伊莎贝拉嫁给了鲍勃·弗格森，他比伊莎贝拉大十八岁，是罗斯福家族的老朋友。这两对夫妇，各自在欧洲度蜜月的时候，都是在另一对的陪伴下，住在位于苏格兰的罗伯特祖传庄园里。在纽约市，埃莉诺和伊莎贝拉都住在相似的富人区里，她们经常就生育、抚养孩子和家庭管理等交换意见。伊莎贝拉是罗斯福夫妇第一个孩子安娜的教母，安娜出生于 1906 年 5 月，埃莉诺是伊莎贝拉第一个孩子玛莎的教母，玛莎出生于同年 9 月。后来她们又各自生了一个儿子——詹姆斯·罗斯福出生于 1907 年，罗伯特·弗格森出生于 1908 年。即使有了孩子，埃莉诺和伊莎贝拉依然经常在三艺俱乐部相聚，该俱乐部成立的初衷是建立并发展社区睦邻中心，同时为从事艺术工作的女性或者青年联盟成员提供住宿。

但是，当鲍勃·弗格森被诊断患上肺结核之后，这种上层社会田园诗般的生活戛然而止了，弗格森一家不得不搬到气候温和的新墨西哥州。埃莉诺经常给伊莎贝拉写信，帮助她鼓起生活的勇气。但是不久后，埃莉诺也经历了痛苦的磨难：1909 年 11 月 1 日，她的第三个孩子，七个月大的富兰克林因流感夭折。在 11 月 12 日写给伊莎贝拉的信中，埃莉诺表达了她从朋友勇敢的榜样中所获得的安慰："亲爱的，我想告诉你，你在身处痛苦与焦虑时所表现出来的无私乐观的精神帮助我熬过了过去的两个星期。你不知道，这对我有多么重要。有时候，我认为自己无法承受一个小生命去世所带来的痛苦，但是转念一想，生命中仍有那么多值得感激之处。"

弗格森一家搬到西部后，埃莉诺和伊莎贝拉之间四十多年不断的书信往来表现了她们对彼此的深厚感情。她们书信的内容包括：埃莉诺后来出生的孩子——1910 年出生的埃利奥特，1914 年出生的小富兰克林（为了纪念她失去的婴儿而命名），1916 年出生的约翰·D. 埃利奥特，以及她们参与的社会与政治活动。她们偶尔也会在东海岸或者西海岸小聚。

242

1917 年 4 月，美国对德宣战，这两位女性开始积极承担与战事相关的活动，埃莉诺在华盛顿特区的红十字会工作，伊莎贝拉在新墨西哥州为国防委员会效力。就像英国的薇拉·布里顿和其他新女性一样，这场战争为埃莉诺和伊莎贝拉提供了一个从事有意义的志愿工作的机会，这也是她们在未来成为公众人物迈出的重要一步。

1922 年秋天，鲍勃·弗格森死于肾衰竭。伊莎贝拉马上给埃莉诺发去电报，告诉她这个令人伤心的消息。埃莉诺的回信情真意切，表达了对鲍勃的爱，认为他是一位"热忱又忠诚的朋友"。三个月后，伊莎贝拉慢慢从悲伤中重新鼓起生活的勇气，在她给埃莉诺的信中，一开头就表达了对她们之间牢不可破的友情的感激："噢，我挚爱的埃莉诺，有了你，我不用重新开始，一切都在继续。你是一个很棒的朋友，即使面对我无法言说的沉默，也能理解我。"她知道埃莉诺能够理解她的"痛苦和惭愧"，即使她过了这么久才回信。她也知道，在她不到两年后嫁给约翰·格林威并一起搬到亚利桑那州的时候，埃莉诺仍会支持她的选择。

伊莎贝拉的幸福婚姻并没有持续太久。1926 年 1 月初，她陪同丈夫去纽约做胆囊手术，仅仅一周后，他就死在了她的怀里。埃莉诺向伊莎贝拉保证，她永远都会在她身边："如果你和玛莎（她的女儿）真的需要我，我就过来，因为我是如此爱你们！我渴望可以帮上忙，虽然我知道此时没有人能帮助你摆脱痛苦。"

在接下来的几年里，像许多新女性和新新女性一样，埃莉诺和伊莎贝拉积极参与政治活动，而且加入了民主党。富兰克林连任两届纽约州州长后，于 1932 年在芝加哥举行的民主党全国代表大会上被提名为总统候选人，正是来自亚利桑那州的代表伊莎贝拉·格林威为他的提名做了第一场支持演讲。同年 8 月，伊莎贝拉在亚利桑那州民主党初选中战胜了两名男性竞选者，当选为第七十三届国会议员，进而可以继续完成一位辞职代表的任期。她搬到华盛顿开始自己的任期，在那里她可以定期见到老朋友，也就是当时的第一夫人。

有时，伊莎贝拉在白宫吃午饭或晚饭。有时，埃莉诺遛狗时经过威拉德酒店，就和伊莎贝拉一起吃午饭或喝茶。伊莎贝拉在1934年赢得连任，但1936年拒绝再次参选。1939年4月，她第三次结婚，嫁给了哈里·欧·金，之后在纽约和图森度过了余生。

在富兰克林的第一个和第二个任期，伊莎贝拉·塞尔米什·弗格森·格林韦·金是他最有力的支持者。但是，当他决定竞选第三个任期时，伊莎贝拉决定支持温德尔·威尔基而不是罗斯福。埃莉诺当然很失望，但她向伊莎贝拉保证，她的决定不会影响她们的友谊。她在信里写道："我意识到你必须做自己认为正确的事情。"①富兰克林赢得了连任，她们的友情也如同从前一样继续。

1941年，对美国人而言，第二次世界大战爆发了，埃莉诺和伊莎贝拉再一次参与到不同的战时工作中。即使这样，她们也没有忘记彼此的生日，没有忘记送出生日礼物。1945年2月15日，她们在纽约会面，埃莉诺希望这是一个真正宁静的时刻。几个月后的1945年4月12日，富兰克林在佐治亚州温泉镇去世的消息使埃莉诺内心的平静荡然无存。不久之后，埃莉诺在纽约比尔特莫尔酒店与伊莎贝拉共进午餐，她努力适应寡居生活和白宫之外的生活。和一生的挚友在一起无疑是极大的安慰，在她面前，埃莉诺不隐藏任何秘密。

245

---

① 这句话和前文的引文出自 Kristie Miller and Robert H. McGinnis, eds., *A Volume of Friendship: The Letters of Eleanor Roosevelt and Isabella Greenway, 1904 – 1953* (Tucson: Arizona Historical Society, 2009), 20, 190, 202, 261。

新朋友，新世界

埃莉诺的生活中确实有一些秘密。向别人讲述她不幸的童年和发现富兰克林与露西·默瑟有染的故事成为她人生进入重要阶段的一个仪式，标志着埃莉诺和新朋友从单纯相识到真正友谊的转变。埃莉诺在 20 世纪 20 年代和 30 年代结识的新朋友包括埃丝特·莱普和伊丽莎白·里德、南希·库克（南）和玛丽昂·迪克曼、爱丽诺·摩根索、马尔维娜·汤普森（汤米）、路易斯·豪、厄尔·米勒和洛雷娜·希科克。在这些朋友中，每一位都帮助埃莉诺走出她的家庭圈子，进入更广阔的世界，在那里，她作为自由事业的发言人留下了自己的印记。

在 20 世纪 20 年代的格林尼治村，许多新女性过着单身生活，或者是成双成对生活，这在当时仍被称为"波士顿婚姻"。这些女性为争取妇女选举权而斗争，为废除童工和为劳动女性争取更好的工作和生活条件而斗争，同时投入其他进步事业。其中，埃丝特·莱普和她的伴侣伊丽莎白·里德，以及南希·库克和她的终身伴侣玛丽昂·迪克曼一直在埃莉诺政治实习之路上扮演亦师亦友的角色。

最初，通过为妇女选民联盟和世界法院工作，埃莉诺结识了这些独立女性，随后又通过在她们位于格林尼治村的公寓里所举办的纯粹社交之夜了解了她们。通过和韦尔斯利学院的大学毕业生、大学教授埃丝特·莱普、史密斯学院毕业生、律师伊丽莎白·里德在一起，埃莉诺脱掉了愤愤不平的妻子和尽职尽责的儿媳的外衣，融入这些女性中，她们在一起开心随意地进餐，大声朗读诗歌。①

---

① Blanche Wiesen Cook, *Eleanor Roosevelt*, *Volume I*: *1884 – 1933* (New York: Viking, 1992), 292 –293.

20 世纪 20 年代格林尼治村的另外一对伴侣——玛丽昂·迪克曼和南希·库克在埃莉诺二十多年的生活中扮演了重要的角色。南希是纽约州民主党妇女事务部主任，玛丽昂是纽约市托德亨特女子学校的教师和副校长。她们帮助埃莉诺在纽约州北部建立了民主党女性俱乐部，并共同创办了名为《妇女民主新闻》（*Women's Democratic News*）的时事通讯。考虑到埃莉诺与玛丽昂、南希、埃丝特和伊丽莎白的友谊，历史学家多丽丝·卡恩斯·古德温写道："有充分的证据表明，这四名女性以及另外六名……在埃莉诺·罗斯福的教育中发挥了重要作用，向她传授政治、战略和公共政策等领域的知识，鼓励她在情感上开放，培养她的自信和自尊。"①

在海德庄园，埃莉诺不得不按照她婆婆的上层社会标准生活，但那里距离她可以和富兰克林一起度假的瓦尔基尔乡间别墅只有约三点二公里。在瓦尔基尔，当埃莉诺与玛丽昂、南希和富兰克林一起野餐时，她欣喜地接受了他的建议，就是在那里盖一所小房子，这样她就可以生活得更简单了。他们用粗石砌成的小屋非常迷人，埃莉诺认为这是第一个真正属于自己的住所。在这里，她可以不经婆婆的允许就把朋友们请回家。众所周知，婆婆不喜欢埃莉诺那些思想独立的伙伴。

247

亲密的友谊给埃莉诺提供了她所需的维持婚姻稳定的"平静剂"。面对富兰克林和他活泼的私人秘书玛格丽特·莱汉德（昵称米茜），以及围绕在她魅力非凡的丈夫周围的一群献媚者，埃莉诺建立了自己的忠实的男女小圈子。20 世纪 20 年代，没有人比玛丽昂和南希更忠诚，她们成了埃莉诺为振兴当地手工艺而创建的瓦尔

---

① Doris Kearns Goodwin, *No Ordinary Time: Franklin and Eleanor Roosevelt: The Home Front in World War Ⅱ* (New York: Simon & Schuster, 1994), 208.

基尔实业公司的合伙人。在南希的指导下，瓦尔基尔实业公司成为一家成功的家具制造、纺织和金属制品企业。富兰克林鼓励埃莉诺与南希和玛丽安建立三方合作关系，他很自豪地把在瓦尔基尔生产的第一件家具放在他位于佐治亚州温泉镇的小屋中，那里是美国脊髓灰质炎治疗的主要场所，为富兰克林提供了一个健康的休养地，他的私人秘书米茜在那里照顾他。

埃莉诺与米茜的关系很复杂。富兰克林和埃莉诺同意分开过自己独立的私人生活，事实证明，这是一种成功的伙伴关系，尽管有些不合常规。既然这样，埃莉诺就无法反对他身边有一位秘书伴侣了，尤其是当米茜将埃莉诺解放出来之后，她就不必经常去照料自己瘫痪的丈夫了。埃莉诺也知道她是富兰克林不可或缺的妻子，他们既是孩子的父母，也是政治盟友，她认为可以把他们的私生活与他们在公共领域希望完成的重要工作分开。

除了瓦尔基尔，埃莉诺、南希和玛丽昂还在纽约市买下了托德亨特女子学校。玛丽昂成了学校的校长，埃莉诺成了学校最受欢迎的文学和美国历史老师。从 1928 年到 1932 年，当她的丈夫担任纽约州州长的时候，埃莉诺每周会花两天半的时间在学校教书，然后赶回奥尔巴尼，承担起州长夫人的职责。埃莉诺热爱教书，直到富兰克林当上总统，她才勉强将其放弃。她认为和南希在瓦尔基尔以及和玛丽昂在托德亨特共同工作的经历是"最令人满意的交友和保持友谊的方式"。① 在这方面，埃莉诺遵循的是简·亚当斯和其他世纪之交新女性所走的道路。埃莉诺同样结交 20 世纪二三十年代的新新女性，并帮助她们发展事业，这些人将成为未来几代人的

① Joseph P. Lash, *Love, Eleanor: Eleanor Roosevelt and Her Friends* (Garden City, N. Y.: Doubleday & Company, Inc. , 1982), 85.

行为榜样。罗斯福总统的官方随行人员中包括第一位被任命为美国内阁成员的女性——劳工部长弗朗西丝·帕金斯，这并非偶然，罗斯福任总统期间，帕金斯一直担任这一职务。

罗斯福政府提拔的担任政府高级职务的女性数量前所未有。这些被任命者中，许多人依靠与第一夫人的友情得以接近总统。这群人理解彼此的艰辛，多半能够相互支持。当内阁成员得知罗斯福的死讯时，弗朗西丝·帕金斯和埃莉诺"像两个女学生一样坐在长凳上"哭泣。[①]

爱丽诺和小亨利·摩根索是罗斯福夫妇最早的犹太朋友。从一开始，埃莉诺就羡慕甚至嫉妒爱丽诺·摩根索在瓦萨学院接受的良好教育。她非常欣赏爱丽诺·摩根索的能力，管理一个有三个孩子和一大群员工的和谐家庭可不是一件容易的事情。当时，爱丽诺·摩根索还在民主党妇女事务部工作，同时全力支持她的丈夫小亨利的事业，小亨利是纽约州拔尖的农业学家。

然而有时候，即使是最亲密的朋友之间，也会产生紧张关系和误解。这就是爱丽诺·摩根索和埃莉诺·罗斯福所经历的情况，1928 年富兰克林成功竞选纽约州州长时，爱丽诺觉得自己受到了怠慢。为了安抚朋友的情绪，也为了表达自己的担忧，埃莉诺·罗斯福在信中写道："我一直觉得你经常受到虚构事情的伤害，我很想保护你。但如果一个人想要拥有一个健康的、正常的关系，我认为它必须建立在某种平等的基础之上。你不该总是如此轻易地受伤，人生苦短，理应快乐相伴！"[②] 那个星期，她邀请爱丽诺共进

①　Gail Collins, *America's Women：400 Years of Dolls, Drudges, Helpmates, and Heroines*（New York：Harper Perennial, 2003）, 362.

②　Joseph P. Lash, *Love, Eleanor：Eleanor Roosevelt and Her Friends*（Garden City, NY：Doubleday & Company, Inc., 1982）, 112.

午餐，希望她的朋友能克服那个消极念头。爱丽诺做到了。

后来，当小亨利·摩根索成为罗斯福总统的财政部长时，爱丽诺·摩根索和埃莉诺·罗斯福几乎每天早饭前都去华盛顿的石溪公园一起骑马。她们还经常一起去纽约的殖民地俱乐部看戏和吃晚饭。当她的朋友因为是犹太人而被拒绝入会时，埃莉诺·罗斯福倍感震惊，于是放弃会员身份以示抗议。① 由于她与摩根索夫妇的友谊，埃莉诺不得不面对在她所处阶级中蔓延的反犹太偏见。

埃莉诺·罗斯福的另一个重要的朋友是马尔维娜·汤普森，也被称作汤米，从二十多岁就开始帮助埃莉诺处理州政治事务。在接下来的三十年里，马尔维娜一直是埃莉诺的得力助手。作为埃莉诺在白宫的秘书，汤米总陪在埃莉诺身边，无论是为客人在附近找一套公寓，还是在二战期间陪同埃莉诺去伦敦访问。

汤米也与埃莉诺的女儿安娜成了朋友，正是由于她们之间大量的信件，我们才得以从另一个角度看待埃莉诺的人际关系。汤米写给安娜的信对于理解为什么埃莉诺在 1938 ~ 1939 年与玛丽昂·迪克曼和南希·库克痛苦地分手至关重要。从汤米的视角看，南希和玛丽昂很瞧不起埃莉诺在 20 世纪 30 年代带到瓦尔基尔的那些新人。这些人来自各个领域，包括左翼学生、移民和佃农的后代。南希和玛丽昂对汤米在瓦尔基尔工作和休息的事实感到不满，经常对她很傲慢，正如 1937 年 9 月 10 日汤米给安娜的信中所写的那样："我必须告诉你，迪克曼小姐一直在承担教育我的任务。她告诉我，我说话的声音太大，我经常使用某些语句，在不应该强调的时候强调某些词汇！我拥有如此难得的机会可以从麻雀变成凤凰！"

---

① Maurine H. Beasley, *Eleanor Roosevelt: Transformative First Lady* (Lawrence: University Press of Kansas, 2010), 136.

最终，埃莉诺买下了南希和玛丽昂在瓦尔基尔的股份，又退出了托德亨特学校。分手对所有相关人来说都是痛苦的，尤其是对埃莉诺，她从未想过会失去曾经对她如此重要的两个女人的友谊。汤米对埃莉诺的这两位朋友的评价是嘲讽的："我真为埃莉诺感到难过，我差点就要哭出来了，我想埃莉诺也快忍不住哭出来。我无论如何也弄不明白，像她这样一个好人，为什么周围有那么多骗子。"①

路易斯和厄尔

埃莉诺也有几个亲密的男性朋友，他们是路易斯·豪和厄尔·米勒，以及后来的约瑟夫·P. 拉希。路易斯·豪是富兰克林的主要政治顾问，埃莉诺起初并不信任他，不过她最终发现虽然他政治上表现得圆滑，但其实是个有坚定信仰的人。20 世纪 20 年代，他们建立了深厚的友谊，这种友谊一直持续到 1936 年路易斯去世。路易斯是埃莉诺的朋友中唯一一个和富兰克林也有着同样亲密关系的人，因此，他能够在他们之间扮演一个独特的桥梁角色。他让她审阅演讲稿，讨论新观点，从而把她带进了政界。在他的鼓励和指导下，埃莉诺变得越来越自信，相信自己可以为富兰克林竞选做出更多的贡献。

厄尔·米勒的情况则完全不同。富兰克林任州长期间，他是埃莉诺的保镖，日夜陪伴她，保护她免受伤害。与路易斯不同的是，他个子高，长得帅，喜欢运动，非常有女人缘。尽管在公共场合他

---

① 这句话和前文的引文出自 Blanche Wiesen Cook, *Eleanor Roosevelt*, *Volume* 2: *The Defining Years*, *1933 - 1938* (New York: Viking, 1999), 527 - 528, 533。

对埃莉诺的情感表现得很外露，例如把胳膊搭在她的肩膀上或把手放在她的膝盖上，但他的意图看起来很有礼貌，很有骑士风度。他总是称她为"女士"。埃莉诺的朋友们不喜欢州长夫人和她的平民保镖之间发展出如此亲密的关系。然而，她们意识到，当他在身边时，埃莉诺更放松、更顽皮，他们的感情是相互的。玛丽昂·迪克曼这样回忆："他给了埃莉诺一些东西……那是一种深深的依恋。"①

希克

事实证明，埃莉诺与洛雷娜·希科克——也称希克——之间的友谊更具争议性。从 20 世纪 30 年代初到 1962 年，他们的信件大约有三千五百封，这些信件被保存在富兰克林·德拉诺·罗斯福总统图书馆。对于任何想要了解和描绘成熟的埃莉诺·罗斯福的人来说，这些信件就是一座金矿。当这些信件在 1978 年向公众公开时，可以很明显地看出，埃莉诺深爱着希克，并且一度远远超过任何其他朋友。

1932 年秋，希克作为美国联合通讯社（简称美联社）记者被派去报道富兰克林的第一次总统竞选活动。年近四十岁的她是一位在男子占主导地位的新闻领域非常成功的记者，以同他们中最优秀的人一起喝酒和抽烟而闻名。她是个结实的高个子女人，体重约九十公斤，不过站在埃莉诺身旁，她显得要矮一些。

253　　　她们的成长经历和社会地位截然不同。希克在南达科他州长

---

① Joseph P. Lash, *Love, Eleanor: Eleanor Roosevelt and Her Friends* (Garden City, NY: Doubleday & Company, Inc., 1982), 116-119.

大，父亲是一个狂暴、粗鲁的工人，经常对孩子拳脚相加。在她十四岁时，母亲去世，之后，无论接受什么教育，希克基本上都是靠自己。在成为美联社一员之前，她通过在几家报社的工作经历而在新闻界崭露头角。埃莉诺既同情希克可怕的早期人生经历，也钦佩她成为一个有成就的记者。希克也同情埃莉诺，埃莉诺既害怕被富兰克林的总统竞选所吞没，也害怕失去自己独立的生活。

1933 年 3 月 4 日，富兰克林宣誓就任总统。此时，对埃莉诺而言，希克已不可或缺。埃莉诺几乎每天都在白宫给她写长信。

她在 3 月 7 日自己生日当天写给希克的信中说："亲爱的希克，我整天都在想你，下一个生日我要和你在一起，可是今天晚上你离我那么遥远，那么客气……你的戒指给了我很大的安慰……"

她在 3 月 8 日写给希克的信中说："刚刚打电话给你，哦！很高兴听到你的声音，感觉你的状态不错，除了你，没有人能使我这么快乐。"

她在 3 月 9 日写给希克的信中说："我把照片几乎都挂到了墙上，你的照片放在我的客厅里，这样，我醒来后的大部分时间都能够看到你……"①

读着这些信，我们仿佛被带回 19 世纪的浪漫友谊中。语言和感情是一致的，当然打电话这一段是例外。爱的表达、希克给埃莉诺的戒指、埃莉诺展示的希克的照片、拥抱对方的渴望以及得到对方爱的保证，这些都体现在埃莉诺的新关系中。

---

① Rodger Streitmatter, ed., *Empty Without You: The Intimate Letters of Eleanor Roosevelt and Lorena Hickok* (New York: Free Press, 1998), 16 – 22.

　　埃莉诺身为第一夫人，她的生活会引起未来传记作家的兴趣，因此希克建议她在每封信的末尾都加入每天的日程安排。埃莉诺把日记作为她日常通信的一部分，并保证按时寄出，这可以证明她精力充沛。希克对此印象深刻，从她对埃莉诺的报道中可见端倪，她把参与竞选活动的埃莉诺称为"旋风"。作为第一夫人，埃莉诺优雅地将家庭成员和朋友与履行她的政治职责糅合在一起，形成了一个社会生活圈，在她丈夫的整个总统任期，这个圈子把她紧紧地包围起来。虽然埃莉诺和罗斯福一起出现在政治活动、晚宴、电影院、音乐会和其他需要夫妻一起露面的场合，但她并没有和丈夫，而是和她最亲近的朋友们一起体验了真正亲密的关系，尤其是 1933 年和 1934 年与希克的亲密接触。

　　当孩子们的婚姻以离婚告终时，她向希克吐露了自己对孩子们的担忧。她把所经历的事情像流水账一样记录下来，并寄给希克，例如从洛杉矶寄出的信，记录她乘飞机抵达那里的行程；从图森寄出的信，讲述她和伊莎贝拉·格林威一起度过了一个晚上；还有从纽约和海德庄园寄出的信。好消息是，希克在华盛顿联邦紧急救济署找到了一份工作，负责评估国家新政项目的成效。虽然她的工作需要她经常出差，但她很高兴回到华盛顿特区后，可以睡在白宫埃莉诺套房旁边的一个房间里。

　　正是希克建议埃莉诺每周举行一次新闻发布会，而且记者仅限于女性。埃莉诺起初不愿意接受这样的宣传，但在希克和富兰克林的鼓励下，她开展了一项被证明是非常成功的公关事业，甚至在希克的指导下从这样的事业中获取快乐。

　　1933 年 7 月，埃莉诺和希克一起自驾游到了纽约州北部、新英格兰和法属加拿大。今天，很难想象美国第一夫人开着自己的车——一辆蓝色的别克敞篷车出游，非但没有被认出来，而且没有带贴身的安保人员。然而在美妙的三个星期里，埃莉诺就是这样做的。7 月 28 日，当她们回到白宫时，富兰克林很快安排了一个私人晚宴，这样他就可以听到她们所有的冒险故事了。

有时，埃莉诺和希克会找机会一起为关注弱势群体的事业而努力。例如，当希克行至西弗吉尼亚州摩根敦附近的煤矿区时，她被自己的所见所闻吓坏了，于是打电话给埃莉诺，让她赶快过来。埃莉诺也被这个地方的极度贫困所震撼，她说服丈夫将这个地方用于一个解困的宅地项目，这个项目名为阿瑟戴尔，后来被称为"埃莉诺的孩子"。

1934 年希克和埃莉诺之间的信件读起来就像情绪化的过山车。有时，她们对彼此的渴望会以神圣的语言喷涌而出："我爱你""我想你""我深深地爱着你""我全心全意地爱你""用全世界爱你"。在其他时候，由于她们的生活环境和性情大不相同，互相之间难免会产生一些问题，并影响她们之间密切的关系，这些问题又使她们道歉、悔恨、焦虑和内疚。希克的性格非常不稳定，喜怒无常，当她过度劳累或烦躁时，就会毫无节制地大发脾气，这与埃莉诺一贯的矜持形成了鲜明的对比。当埃莉诺成为第一夫人，并凭借自己的实力成为受人尊敬的公众人物时，希克自己的事业却一落千丈。她不再是一位广受尊敬的记者，在华盛顿政坛的旋涡中，希克从未找到一个可以与从前媲美的位置。

1934 年夏天，她们去约塞米蒂国家公园旅行，这成为她们关系的转折点。她们原先设想待在幽静的林中小屋，结果却住进了公园内著名的阿瓦尼酒店，记者、游客和护林员都想给埃莉诺·罗斯福拍照，这使她们的行程变成了一场噩梦。此外，这个海拔

256

高度也不适合患有糖尿病和有吸烟后遗症的希克。虽然比埃莉诺
小十岁，她却比不上她那精力充沛的朋友，埃莉诺每天骑马，一
257 生都在锻炼身体，因此非常强健。当希克对一群叽叽喳喳的游客
大发脾气时，埃莉诺不得不把她从人群中拉开，并在私下里安抚
她的情绪。这是一件希克无法忘记，并倍感羞愧的事情。在写于
1962 年的传记《埃莉诺·罗斯福，不情愿的第一夫人》（*Eleanor
Roosevelt*, *Reluctant First Lady*）中，她记录了这件事。值得注意的
是，这本书以她们 1934 年约塞米蒂假期的最后一天结束。① 她们
的友谊又持续了近三十年，但无法再像最初两年那样充满激情
了。

　　希克和埃莉诺之间的书信揭示了两个彼此相爱的女人的双重肖
像。当时，女人（或男人）公开自己的同性情感是很不安全的。
在把信件交给富兰克林·D. 罗斯福总统图书馆之前，希克审查了
她们的一些信件，也许还毁掉了一些，这也不足为奇。埃莉诺和希
克知道，她们之间的爱是同时代人无法接受的。

　　终于，埃莉诺的情感烈焰渐渐熄灭，希克感到万分痛苦。受
伤的情感、被取消的约会、再三的道歉、埃莉诺归还的戒指，所
有这一切都在显示她们的关系恶化了。尽管如此，在富兰克林的
第二个总统任期内，她们建立了一种不稳定的平衡关系，并且持
续了多年。

　　虽然她们用不同的方式表达感情，但她们之间无声的爱从未消
失。当希克发现自己被健康和经济问题困扰时，埃莉诺拿着支票和
礼物来帮助她。当希克深爱的狗——普林兹，在十五岁去世时，埃
258 莉诺送来一条英国塞特犬。希克继续鼓励埃莉诺从事人道主义活

---

① 　Lorena Hickok, *Reluctant First Lady* (New York：Dodd Mead, 1980).

动，有时还会给她公开出版的作品做编辑。20 世纪 40 年代初，两人都结交了新朋友：希克与比她小十岁的美国税务法院法官马里恩·哈伦建立了一段特殊的友谊；埃莉诺与比她小二十五岁的自由派知识分子约瑟夫·P. 拉希关系密切。

乔

埃莉诺第一次见到约瑟夫·P. 乔·拉希是在 1939 年秋天。当时他是左翼学生领袖，被召到众议院非美活动委员会作证。埃莉诺全程坐在现场，表明自己对这些年轻活动家的支持。作证结束后，她邀请拉希和他的五个朋友到白宫共进晚餐。第二年夏天，拉希在瓦尔基尔待了整整一个星期，这奠定了他们之间持久的关系，用埃莉诺的女儿安娜的话来说，"这是我所知道的母亲拥有的最亲密的关系"[①]。

拉希后来讲述了很多关于埃莉诺人生这个阶段的事情。随着孩子们长大成人，丈夫忙于公共事务，她内心深处有"一种无法抑制的被需要的渴望……她需要与亲近的人在一起，在某种意义上，他们是她的人，她可以慷慨地帮助他们、关心他们、温柔地对待他们。如果没有这样的朋友，她害怕自己会枯萎、死去"[②]。乔非常愿意扮演这个帮助她的年轻朋友的角色。

第二次世界大战期间，埃莉诺和乔一直通信。当他在太平洋驻军时，埃莉诺像母亲一样照看着乔未来的妻子特鲁德。战后，埃莉　259

---

① Doris Kearns Goodwin, *No Ordinary Time：Franklin and Eleanor Roosevelt：The Home Front in World War II* (New York：Simon & Schuster, 1994), 122.

② Doris Kearns Goodwin, *No Ordinary Time：Franklin and Eleanor Roosevelt：The Home Front in World War II* (New York：Simon & Schuster, 1994), 123.

诺和乔共同创立了"美国民主行动"，一个自由的反共产主义组织。

1945 年 4 月富兰克林突然去世，埃莉诺的朋友们给了她安慰和陪伴。伊莎贝拉一直保持着跟埃莉诺的联系，即使她们很少见面，而汤米继续为埃莉诺工作，直到汤米像伊莎贝拉一样在 1953 年去世。乔·拉希和埃莉诺一直保持着亲密的关系，直到埃莉诺去世，后来，乔成了埃莉诺生平的第一位重要的编年史家。① 希克和埃莉诺不仅见面，而且还定期通信，直到 1962 年希克收到一封电报，宣布富兰克林·D. 罗斯福夫人去世，并邀请她参加在海德庄园举办的教堂礼拜仪式。

不断扩大的圈子

在富兰克林去世之前，埃莉诺就一直在扩大她的朋友圈，把她年轻时所处的权势阶层之外的人也接纳进来。这些新朋友中，有一些是工人阶级的改革者、劳工组织者，还有有色人种，当他们到瓦尔基尔的时候，南希和玛丽昂极不情愿地接待了他们，那时，她俩仍是瓦尔基尔的共有人。埃莉诺和宝莉·默里的关系就是一个很好的例子。

1939 年，在罗斯福总统获得北卡罗来纳大学荣誉法学博士学位后，默里觉得有必要给他写一封信，并把信的副本寄给埃莉诺。她在信中指出，罗斯福在他的获奖感言中赞扬了该校的"自由思想"，但忽略了一个事实，即"黑家伙们"仍然被排除在录取资格之外。她本人就被北卡罗来纳大学研究生院拒绝了。令默里吃惊的

260

---

① 拉什关于埃莉诺的著作中最著名的那部著作是根据埃莉诺·罗斯福的私人文件改编的。*Eleanor and Franklin: The story of their relationship* (New York: Norton, 1, 1971 and 2, 1973). 该书的第一卷为他赢得了普利策奖。

是，她收到了一封由埃莉诺·罗斯福签名的回信，尽管信中建议她
"用和解的方法努力奋斗"，但也鼓励她追求梦想。这封信开启了
一段关系，一直持续到埃莉诺去世。①

在被白人大学拒绝后，默里去了霍华德大学学习法律，这是历
史上一所典型的黑人大学。1944 年 4 月，第二次世界大战期间，
当默里即将从法学院毕业时，她和其他几名学生溜进了位于华盛顿
潮汐湖附近的汤普森白人餐厅。当餐厅服务员拒绝为她和其他黑人
学生服务时，她依然和其他学生坐在座位上，面对着眼前的空盘
子。他们静静地坐在那里，对嘲笑和讽刺不做任何回应。外面，另
一群学生站成一排，举着抗议标语牌，上面写着："我们一起死
去，为什么不能一起吃饭？"

默里给埃莉诺写信，描述了这次抗议活动，她知道埃莉诺会赞
同他们所遵循的圣雄甘地的非暴力策略，这个策略常被民权运动所
采纳。埃莉诺在她这位爱惹是生非的朋友的生活中始终扮演有节制
的角色。1956 年 5 月，埃莉诺和小马丁·路德·金、国会议员亚
当·克莱顿·鲍威尔、阿拉巴马大学的第一位黑人学生奥瑟琳·露
西在麦迪逊广场花园露面后，默里又给她写了一封信，信中说当埃
莉诺"生气"的时候，她自己有点儿像个"煽动者"。②

1961 年，肯尼迪总统邀请埃莉诺担任总统妇女地位委员会主 261
席，埃莉诺安排当时著名的民权律师默里起草委员会的研究报告。
由于健康状况恶化，精力衰退，埃莉诺把维护妇女权益的火炬传递

---

① Allida M. Black, "Persistent Warrior: Eleanor Roosevelt and the Early Civil Rights
Movement," *Women in the Civil Rights Movement: Trailblazers and Torchbearers,
1941 - 1965*, ed. Vicki L. Crawford, Jacqueline Anne Rouse, and Barbara Woods
(Bloomington: Indiana University Press, 1993), 243.

② Allida M. Black, *Casting Her Own Shadow: Eleanor Roosevelt and the Shaping of
Postwar Liberalism* (New York: Columbia University Press, 1996), 116.

给她的年轻朋友，她完全相信默里有能力使火焰继续熊熊燃烧。

这些重要的朋友推动了埃莉诺成年生活的运行轨迹。他们给了她建议和指导，使她能够将自己重塑为一名企业家、老师和社会活动家。她成为一名广受欢迎的公众演说家，并出版了多本收入不菲的出版物。她成长为成功的政治人物、被压迫者的盟友、女性的发言人、促进不同种族间和谐的发声者、世界和平的捍卫者。她的朋友们相信她、鼓励她，而她也激励他们。

埃莉诺·罗斯福的影响如此之大，以至于 1946 年杜鲁门总统任命她为美国驻联合国大会代表团成员。在这个平台上，她领导起草了第一部《世界人权宣言》。

她很伟大，不能被认为具有普遍代表性，但它确实说明了在 20 世纪上半叶，美国女孩和妇女有很多机会。大多数生活在贫困线以上的女孩都上了高中，其中一定比例的女孩还上了大学。那时，女性开始越来越多地进入劳动力市场，尤其是在第二次世界大战期间。一些女性甚至进入政界，像弗朗西丝·帕金斯一样，走上了权力岗位。如果没有埃莉诺的督促，女性不可能在富兰克林的总统任期内得到如此高的重视。无论埃莉诺的故事多么让人激动，它都是美国历史上七个关键十年中女性在多方面取得进步的缩影。埃莉诺·罗斯福比她那个时代的任何女人都更充分地利用了自己作为政治家妻子的地位。一开始得到了朋友的支持，后来她又开始指导他人，埃莉诺值得作为全人类的朋友而被铭记。

第十一章

从伴侣关系到姐妹情谊

男人来了,又走了,
你的朋友会留下来,
女人会留下来,
妈妈这样告诉我。

——阿尔玛·鲁兹·维拉努埃瓦
(Alma Luz Villanueva),
《妈妈,我可以吗?》(*Mother May I ?*),1978 年

凯瑞蒂和莎莉是用千丝万缕的情感和共同的经历缝合在一起的。每个人的存在都是为了另一个人,那个始终如一理解并同情你的伙伴——每个人都希望拥有,但许多人永远也找不到。

——华莱士·斯特格纳 (Wallace Stegner),
《越至平安地》(*Crossing Safety*),1987 年

心理治疗师出现之前就有女性朋友的存在。

——克里希纳·科尔曼（Chrisena Coleman），

《女性朋友之间：非裔美国女性庆友谊》

（*Just Between Girlfriend：African-American*

Women Celebrate Friendship），1998 年

265

在美国历史上，已婚夫妇一直是社会的基石。当大众媒体开始塑造人们看待自己生活方式的时候，美国民众开始整天面对这样的画面——要么是幸福的男女，要么是大打出手的夫妻。在电台节目中，比如《海伦·特伦特的罗曼史》和《我们女孩的星期天》连载播放的是寻求永久浪漫恋情的女性冒险故事。诸如《一夜风流》（1934）和《得力女秘书》（1940）等荒诞喜剧描述的都是性别之战，轰动一时的小说《乱世佳人》（1936）让女性幻想着嫁给天使般的阿什利或放荡不羁的瑞德·巴特勒。只有在著名的油画《美国哥特式》（1930）中，画家格兰特·伍德对画中那对美国夫妇的讽刺描绘似乎表明，强制婚姻里有一种冷酷可笑的东西。①

女性朋友在媒体中扮演着一个次要的角色，当她们出现在媒体上时，往往被描绘成敌对的或奸诈的。《女人们》（1939）是好莱坞展现女性形象的经典范例，她们被刻画成有钱的荡妇，残忍地从其他女人那里偷走丈夫、情人、金钱和社会地位。《彗星大战前夜》（1950）讲述了一位上了年纪的明星被一位年轻的女演员背叛的故事，她最终毁掉了导师的事业和个人生活。从历史上看，流行文化中很少有证据表明，面对不幸的婚姻，女性可以在情感和物质上相互依赖。

一旦她们"钓到了"丈夫，人们就期望女性对自己的命运感到满意，尤其是在 20 世纪 30 年代，当时大萧条的幽灵笼罩着每个人。人们说，上帝禁止已婚妇女继续工作，抢走男人的饭碗！1936 年进行了一项民意调查，询问已婚女性是否应该拥有全职工作，只

① 把这对夫妇看作一个经典历史范例的观点，参见 *Inside the American Couple*: *New Thinking/New Challenges*, ed. Marilyn Yalom and Laura L. Carstensen（Berkeley: University of California Press, 2002）。

有百分之三十五的受访者表示应该。① 尽管在第二次世界大战期间，劳动妇女的地位有所改善，那仅仅是由于战时的迫切所需而已。权威人士在战前和战后都告诉她们，家务将是她们的全职工作。许多女性对这些限制望而却步，但仍继续在外面工作，但更多的人试图从家庭主妇、母亲和社区成员的身份中找到满足感。

两对夫妻之间的友情

20 世纪 30 年代和 40 年代的美国，开始流行两对夫妻之间的友情。在四人进行的谈话或者游戏中，妻子们应该全程参与谈话和游戏，同时为客人提供茶点。中产阶级夫妇经常和其他夫妇打桥牌，轮流邀请对方共进晚餐，或者夏天在同一个度假地点见面。作家黛安娜·约翰逊在她充满乐趣的回忆录《飞越人生》（Flyover Lives）中写道，她的父亲是一名高中校长，母亲是一名全职家庭主妇，他们在伊利诺伊州莫林的社区里有一个核心群体，成员是一对对夫妻，他们一起打桥牌、玩扑克、喝杜松子酒，或者打高尔夫："博斯夫妇、马丁斯夫妇、吉尔夫妇和莱恩夫妇（她的父母）正好凑成两桌桥牌，有时也会玩扑克，经常小赌一番……他们还喝很多酒，有白兰地，也有马提尼，有时还得送客人回家，当然大家都住在一条街上，步行就可以了。"

约翰逊的母亲和她的女性朋友们一起开了两家桥牌俱乐部，活动时间安排在下午，毕竟她们都不需要出去工作。她来到莫林的时候是一名美术教师，但是按照当时的习俗，结婚后就不能教书了。② 从孩子的视角看，这些朋友们相互喜欢，尽管有时会开玩笑

① Gail Collins, *America's Women: 400 Years of Dolls, Drudges, Helpmates, and Heroines* (New York: Harper Perennial, 2003), 362.

② Diane Johnson, *Flyover Lives* (New York: Viking, 2014), 42–43.

说谁喝多了或者谁打桥牌时不守规矩。在这幅小镇和谐景象的背后隐藏着什么秘密，这位未来的作家是不知道的。

作家华莱士·斯特格纳在他的半自传体小说《越至平安地》中选择了两对夫妇之间的友谊作为主题（1987）。在小说中，斯特格纳追溯了从 20 世纪 30 年代到 70 年代的四十年间，两位大学教授和他们的妻子之间的相互关系。《越至平安地》是一首非凡的赞歌，歌颂那种特殊的友谊形式，当四个人无论作为个体还是作为夫妻，互相之间能够关爱时，这种友谊就产生了。

> 凯瑞蒂和莎莉由深厚的情感和共同的经历联系在一起。每个人的存在都是为了另一个人，那个始终如一理解并同情你的伙伴——每个人都希望拥有，但许多人永远也找不到。希德和我很亲密，但是他们更亲密……我可以肯定的是，友情——不是爱情，友情可以在男人之间存在，同样，也可能存在于女人之间。而且无论在哪种情况下，友情往往更强大，因为它不必跨越界限。性和不信任常常相伴而行，这两者都与友谊毫不相干。①

在称赞两个女人之间的亲密关系时，斯特格纳的语气充满嫉妒。长期以来，我们从男性作家那里接受的观点是：女性无法像男性那样忠诚。有趣的是，斯特格纳果断地把友谊和性爱分开了，她认为性爱对前者总是有害的。这个问题一直困扰着谈论友谊的人，无论是古希腊时期的友情还是当代美国的友情。

20 世纪 50 年代，一对夫妻与另一对夫妻之间的友谊串起了有史以来最成功的两部电视情景喜剧的情节：《我爱露西》和《蜜月期》。在

---

① Wallace Stegner, *Crossing to Safety* (New York: Modern Library, 2002), 277–278.

第一个传奇节目中，主角夫妇是露西和里基·里卡多，扮演者分别是露西尔·鲍尔和德希·阿纳兹（银幕外也是伴侣）。另一对是弗雷德和埃塞尔·梅尔兹，是主角夫妻的房东和最好的朋友。他们共同住在曼哈顿上东区的一栋楼里，都表现出那个时代的性别角色。因此，露西，一个傻乎乎的家庭主妇和尽职尽责的母亲，当她想要像她的乐队指挥丈夫里基一样走出家门，进入演艺圈的时候，受尽嘲笑。虽然她展示了一些必要的才能，但是里基和弗雷德不断地打击和贬低她。不过，前歌舞剧明星埃塞尔支持她的梦想。演员们把这两对夫妇之间巧妙的相互影响锁定在一个滑稽友情的框架内，并为日后获得娱乐大奖做好了铺垫。

269

《蜜月期》于 1951 年首次播出，主角是两对工人阶级夫妇。杰基·格里森饰演的巴士司机拉尔夫·克拉姆登和妻子爱丽丝住在布鲁克林的一套普通公寓里，与邻居艾德和特里克茜纷争不断。《蜜月期》向大家证明，四方友谊并不局限于上东区，它们也可以进入普通人的生活。在这两种情况下，一对夫妻与另一对夫妻之间的友谊，因其自身存在的弱点而变得笑料十足。

20 世纪 50 年代

无论这些情景喜剧、电影和小说看起来多么另类，它们都反映了那个时代人们的心态。20 世纪 50 年代，当美国人正在重返战后"常态"生活时，女性和男性结婚的年龄要比 20 世纪的任何时期都要小。1940 ~ 1950 年，女性初婚的平均年龄急剧下降，从二十三岁降至二十岁半，男性从二十五岁出头降至二十四岁。[1]

---

[1] "Median Age at First Marriage by Sex: 1890 – 2010" (graph), United States Census Bureau, www. census. gov/hhes/socdemo/marriage/data/acs/ElliottetalPAA 2012figs. pdf.

青少年认真地约会，然后和高中时的恋人结婚，这在当时并不罕见。另外，由于社会对婚前性行为不认可，只要男人有了工作，年轻人就迫不及待地步入婚姻的殿堂。一位韦尔斯利学院一九五四级的毕业生记得，在大学四年级订婚，毕业就结婚，一直工作到第一个孩子出生（通常是婚礼后一两年），这在当时是一种被普遍接受的做法。之后，女性就应该在家庭生活和家务中获得满足感，用诗人玛克辛·库明的话来说："不得不在周末与其他夫妇沟通交流。"[①] 这些女性通常在邻居中找到朋友，因为她们对孩子和家长教师协会有着共同的兴趣。已婚女性如果决定继续深造或追求事业就会被认为太有野心，缺乏表明女性的柔美特征。欢迎来到 20 世纪 50 年代版的维多利亚女性时代！

美国郊区的兴起为家庭主妇们提供了形成新的女性聚会场所的机会。这样，和年龄、收入、房子类型差不多的女性交朋友就变得容易了。许多人通过孩子们的活动建立起友谊，甚至在孩子们长大成人、结了婚、有了自己的孩子之后，她们之间的友情仍在继续。

20 世纪 50 年代的郊区社区倾向于全部白人、中产阶级的同质化，非白人和低收入家庭被排除在外。工人阶级家庭有自己的友谊模式，米拉·科马罗夫斯基在 1958 年和 1959 年对其进行了研究。[②] 她注意到丈夫的工作生活和家庭生活之间存在严格的分离。绝大多数妻子与丈夫的工作伙伴完全没有任何接触，无论丈夫在工作中建立起什么样的友谊，都不会延伸到妻子身上。这种情况与中产阶级的"公司妻子"形成了对比，她们的社会生活往往围绕着丈夫的

270

① Maxine Kumin, "Our Farm, My Inspiration," *American Scholar*, Winter 2014, 66.
② Mirra Komarovsky, *Blue Collar Marriage* (New York: Vintage Books, 1962).

事业。但科马罗夫斯基抽样的许多夫妇确实与其他夫妇之间有社交
271 活动，百分之五十八的夫妇每周或者每月一聚。这样的朋友在小学
或高中经常晚上一起打牌或看电视。有时，他们也会出去打保龄
球、游泳或徒步。只有百分之十七的夫妇从未拜访过其他夫妇。这
些数据告诉我们，在《我爱露西》和《蜜月期》中所描绘的理想
的一对夫妻与另一对夫妻之间的友谊，确实进入了工薪阶层家庭，
尽管程度低于社会经济地位较高的群体。

　　工人的妻子在有同样关注点的女性中找到朋友。她们组成六
到十人的社交俱乐部，每周轮流到各家聚会，要么打牌，要么缝
纫。偶尔，她们从会费中拨出足够的钱，一起出去吃晚饭，看电
影。工人阶级女性是夫妻教会俱乐部、家长教师协会、保龄球联
盟和歌唱协会的活跃成员。在科马罗夫斯基列出的"十大快乐
活动"排行榜上，"与朋友相聚"排在第三位，仅次于看电视和
与孩子玩耍。

　　在结婚初期，蓝领丈夫和他们的妻子把配偶称为他们最喜欢的
伴侣，但是七年或更久之后，年龄渐长的妻子越来越频繁地提到朋
友和亲戚，而年龄渐长的丈夫则减少了他与家庭之外的人联系。各
个阶层的男人，随着年龄的增长，似乎都有一种倾向，越来越依赖
他们的妻子来获得友谊，尽管他们的妻子已在家庭圈子之外找到了
更多的朋友。

友谊和女权主义

　　1961 年，约翰·F. 肯尼迪总统任命了一个妇女地位委员会，
272 由埃莉诺·罗斯福担任主席。1963 年（埃莉诺死后一年），委员会
提供了一份报告，列出了在治理、教育和就业方面对妇女的歧视

做法，并提出了纠正这些做法的建议。随后，各个州长组织了妇女问题委员会。就像新女性和早期女权主义者一样，女性再一次互相交谈，并与男性谈论阻碍她们充分参与美国社会的那些障碍。

同年，贝蒂·弗里丹（Betty Friedan）出版了畅销书《女性的奥秘》（*The Feminine Mystique*），讲述了中产阶级家庭主妇所经历的冲突。弗里丹的个人风格赢得了郊区白人的喜爱，她们发现，除了最新的西屋烤箱，生活中还有更多其他的东西。弗里丹后来成为全国妇女组织的创始成员和妇女解放运动的领导者。

1968 年，激进的女权主义者包围了美国小姐选美比赛现场进行抗议。整个抗议活动是针对选美比赛的，因为它体现了强加于所有女性身上的人为的美丽标准。示威者将假睫毛、高跟鞋和紧身衣扔进垃圾桶，但与媒体报道相反，她们没有焚烧胸罩。尽管如此，"胸罩焚烧者"（bra burners）这个词出现了，妇女解放运动通过大量负面新闻引起了全国的关注。组织者和示威者之一卡罗尔·哈尼什描述了这个想法是如何在一次"意识提升"会议上产生的："我们决定在屋里转转，每位女士都谈一下自己对选美比赛的感受……从我们的集体思维中产生了明确的行动方案。最初的策划小组一致认为，这次示威的主旨是，所有女性都会受到美国小姐选美比赛的伤害，包括我们自己。"①

觉悟的群体，就像引领"美国小姐"抗议活动的那个群体一样，致力于这样一个主张：个人的即政治的，就是说一个人的个人问题与我们周围的社会结构息息相关。不，朱莉娅，不是因为你软

273

① Carol Hanisch，"A Critique of the Miss America Protest"（1968），*Women's America：Refocusing the past*，ed. Linda K. Kerber and Jane Sherron De Hart，577.

弱，你丈夫才摆布你。他摆布你是因为这个社会告诉我们，男人优于女人，男人应该主导一切。不，帕特丽夏，你不是一个一心想做家具的怪人。工作不应该根据生理性别来分配，而应该根据个人的才能和爱好来选择。不，玛格丽特，不想生孩子并不意味着你很古怪。我们不必接受那种过时的观念，即只有母亲才是"真正的"女人。觉悟的群体促成了一种新型友谊的产生，被人们称为姐妹情谊（sisterhood）。

在分析美国小姐选美比赛时，卡罗尔·哈尼什使用了姐妹情谊这个词。她担心，抗议活动可能已经"损害了姐妹情谊的事业"，因为它让美女给我们的印象"是我们的敌人，而不是和我们一起受苦的姐妹"[1]。她希望未来的行动可以影响尽可能多的女性，并传递出一个明确的信息——姐妹情谊需要把所有女性涵盖在内。

274　　1970 年，由诗人罗宾·摩根编辑的女性主义文选《强大姐妹情》（*Sisterhood is Powerful*）问世。尽管受到评论家们的抨击，这本书还是很快成为畅销书。评论家们对该书作者尖锐、刻薄和不满的语气大加挞伐。它也激发了许多女性参与妇女运动，改变自己的生活。

姐妹情谊成为女性友谊的流行语，意味着所有的女孩和妇女，甚至那些没有血缘关系或婚姻关系的女性，都应该以爱和忠诚对待彼此，就像对兄弟姐妹所期待的那样。姐妹情谊这个词在新造的短语"强大姐妹情"中展示出大胆的政治色彩。像姐妹一样团结起来，女性可以集体实现社会变革，使每个个体都能从中受益。反过来，个体层面上一个人的所作所为同样具有政治意味。当妻子让丈

---

[1]　Carol Hanisch, "A Critique of the Miss America Protest" (1968), *Women's America: Refocusing the past*, ed. Linda K. Kerber and Jane Sherron De Hart, 577.

夫照顾孩子或做饭时，个人影响就超越了家庭而进入更大的社会。

通过标语口号、抗议游行、意识提升会议，第二波女权主义浪潮引发了人们对女孩和妇女具体需求的关注，并且以新的尊重标准对待她们生活的方方面面，其中就包括她们的友情。因为一个男孩打来电话约会一个女孩，而使她取消原定与闺蜜的约会，这在政治上已不再正确。女人可以让她的丈夫待在家里陪孩子，而她可以和朋友去听"摇滚甜心"演唱会。女性友情的价值无疑在一路上涨。

女权主义神学家卡萝尔·克赖斯特和朱迪丝·普拉斯科甚至称妇女运动是一种"宗教体验"。她们的意识觉醒重塑为一种萌芽仪式，赋予成员力量和一种共同的使命感，向他人传播"福音"。在女性朋友群体的支持下，她们可以积极追求传统犹太基督教的启示、自我改造和救赎的目标："互相称呼'姐妹'，感受一种能够互相触摸和拥抱的新自由，这些是我们之间新纽带的具体表现。"①

当然，并不是所有的美国女性都想成为姐妹，许多人反对女性友谊与亲属关系拥有平等的地位。菲利斯·施拉夫利领导了这场反女权主义运动，并致力于反对其运动目标。特别值得一提的是，她到处游说，反对通过《平等权利修正案》，之所以这样做是因为她重视男女之间的根本差异，认为男女之间的完全平等不会给任何一方带来好处。施拉夫利不同意妇女解放运动的基本原则：女性的个人困境与社会有关，只有依靠集体的力量才能解决。在施拉夫利看来，女权主义姐妹是毫无个性的对抗主义者，她们消极的世界观禁

① Carol P. Christ and Judith Plaskow, eds., *Womanspirit Rising: A Feminist Reader in Religion* (New York: Harper & Row, 1979), 204.

锢了而不是解放了她们。施拉夫利提出了一个不同的观点——
"积极女性"，通过她的组织"老鹰论坛"，她向更保守的人群发表
自己的观点，这些人对熟悉的模式感到满意，而且不相信女性受到
了压迫。

尽管遇到了这样强烈的反对，女权主义思想依然渗透到了社会
的各个层面。1975 年 12 月进行的一次哈里斯民意调查报告显示，
百分之六十三的受访女性赞成旨在提高女性地位的改革。支持批准
276 《平等权利修正案》的组织名单不仅包括像全国妇女组织这样的女
权主义团体，还包括诸如全国商业和职业妇女协会、美国大学妇女
协会、全国黑人妇女理事会和基督教女青年会等主流组织。所有那
些成立于 19 世纪末和 20 世纪初的女性俱乐部依然在发挥作用并为
争取女性权利而努力奋斗。

1977 年，国际妇女年会在德克萨斯州休斯敦举行，两千名代
表和两万名嘉宾出席。三位第一夫人——伯德·约翰逊、贝蒂·福
特和罗莎琳·卡特——表达了对平权法案的支持。她们举着从塞尼
卡瀑布城——1848 年第一次妇女权利大会的举办地——传来的点
燃的火炬。火炬传递手包括苏珊·B. 安东尼二世、网球明星比
利·简·金、国会女议员贝拉·艾布扎格和贝蒂·弗里丹。代表们
用起立或坐着表示她们投的是支持票还是反对票。唯一一次全体代
表起立的情况是支持通过一项动议，即所有女性，不论已婚与否，
都应有权以自己的名义开立银行账户和信贷。经济上的考虑把每一
个女性都团结了起来。

离婚妇女之间的同志情谊

1934 年出生的卡洛琳·西伊记录了一段非凡的友谊，这段友

谊始于初中，持续了半个世纪。在那段时间里，她和她的朋友
杰姬·约瑟夫像许多其他的女孩和妇女一样，经历了第二波女权运
动的剧变。作为女孩，卡洛琳和杰姬都和她们的离异母亲住在南加　277
州的一个中下层社区。正如西伊所讲述的那样：

　　这就是我和杰姬的共同经历：我们孤独地生活在这个世界
上，和妈妈住在一起。情况好的时候，她们不太喜欢我们，
情况糟的时候，她们对我们恨之入骨……我和杰姬的共同之
处是我们都很穷，非常非常穷！我母亲是打字员。我的父
亲，当他该给孩子送抚养费的时候，通常让他的女朋友们过
来付钱，当然，这些钱是从她们微薄的服务员薪水中挤出来
的……杰姬的妈妈，有一段时间，实际上在贫民窟开了一个
卖酒的小店。她开车带着我们——两个十四岁大的孩子，到
城里去为她干活。

　　这两个女孩是跟单亲妈妈生活在一起的贫困的女儿，她们的妈
妈不愿意也无力给予她们所渴望的保护，正是这些苦难的经历把她
们联结在一起。尽管如此，她们在学校里都是好学生，并与琼和南　278
希两姐妹成为朋友，两姐妹富有的犹太家庭为她们提供了闻所未闻
的奢侈品：她们高中时衣橱里的大部分衣物是从琼和南希那里借来
的。这四个人的友情断断续续持续了将近一生。二十五岁时，这四
个朋友都结婚了。那是 20 世纪 50 年代末，女人的结婚年龄都很
早，因为除了夫妻可以住在一起之外，婚前同居还不被社会所认
可。到 70 年代初，四位女性中有三位离了婚，卡洛琳还离了两次
婚。当卡洛琳和琼在一起谈论离婚后的生活时，欢笑和泪水使她们
走到了一起：

在各自忍受离婚的痛苦中，我和琼在一起生活了几年。（女人经常忘了要说的话，一旦你习惯了，就会觉得很有趣。）很多晚上，她和她的三个孩子，我和我的两个孩子，以及我们能叫来的男友会开车去一家名为"中国宫殿"的非常棒的餐厅。孩子们经常闹得天翻地覆，我们要么咯咯地笑个不停，要么笑得前仰后合，没有人会管我们的事。我们可以尽兴地玩！没人能对我们发号施令！

当杰姬的丈夫跟一个年轻女人混到一起时，她就跟他离婚了。她一直忙着照料孩子、演戏、唱歌、照顾重病的母亲，根本没有注意到他的风流韵事。离婚后，她决定改变人们对带着孩子单独生活的女性的看法，于是她成立了一个名为"女士"（LADIES）的组织，这是 Life After Divorce Is Eventually Sane 的缩写，即"离婚后的生活终将恢复正常"。

卡洛琳冷冷地回忆起她们的处境："杰姬、琼和我就像许多离婚女性一样，没有收入，带着孩子。孩子们对父亲怀有强烈的渴望，因此羞于被人看到（只）和你在一起。"欢迎来到 20 世纪 70 年代末和 80 年代初的美国，这是离婚率一直在百分之五十左右徘徊的时代。

离婚的消极后果往往是使女性的收入比其前夫少，而且她们还要承担起照顾子女的主要责任。许多像卡洛琳、杰姬和琼这样的女人都清楚地认识到，靠自己挣的钱和丈夫应该支付的孩子的抚养费生活，根本不够维持生计。

然而，离婚也带来了一个意想不到的积极结果，就是在离婚女性中涌现了同志情谊。没有人来指挥她们，卡洛琳和琼可以自由地以全新的、充满乐趣的方式享受生活。她们的婚姻并没有什么乐趣可言。杰姬在"女士"组织中找到了集体支持,她把这些搬上电视,在离婚女性中树立起了团结的榜样:"听着!"她说,"离婚对我们所有人都不好。但是,我们可以摆脱伤害,我们应改变体制。"个体的的确变成了政治的。

卡洛琳第三次嫁人时,终于做出了正确的选择。到 1992 年,她和她的"好男人"已经在一起生活了十九年,她和杰姬的友谊也持续了四十六年。当卡洛琳回首往事的时候,她的用词见证了妇女解放运动的动荡岁月。当她写下下列文字的时候,父权制这个女权主义的梦魇进入了她的词汇:"这是父权制下一个女性友情的故事,当然,在我和杰姬小时候,我们甚至无法拥有一位男性的家长!"

卡洛琳·西用一个感人的评价总结了她一生的友谊:"我认为这是一个奇迹,两个极度贫穷、极度孤独的孤儿能够日复一日地、糊里糊涂地建立起长达半个多世纪的友谊。我认为这个世界更加美好是因为杰姬·约瑟夫生活在其中。我很幸运,能认识她真是太幸运了。"① 280

女权主义运动有意识地强调女性友情的重要性,这在美国历史上开了先河。在过去,女性朋友被认为在婚姻关系和家庭关系中扮演的是配角,而现在,她们在人际关系的版图上被明确地标出了位置。人们认识到了朋友对个人幸福和社会福祉的重要性。女权主义鼓励女性以一种新的方式彼此珍惜,并且共同努力争取拥有和男人平等的地位。

为了实现这一目标,她们需要许多愿意像姐妹一样对待彼此的

---

① 这句话与前文的引文出自 Carolyn See, "Best Friend, My Wellspring in the Wilderness!" *Between Friends: Writing Women Celebrate Friendship*, ed. Mickey Pearlman (New York: Houghton Mifflin Company, 1994), 56 – 73.

女性的参与，而且这一群体不能仅限于居住在纽约市的白人中产阶级。她们要到美国其他地方去寻找这样的姐妹，包括黑人女性、亚裔美国人、拉丁裔女性和其他有色人种女性。她们必须像卡洛琳一样相信，女性作为朋友可以让世界变得更美好，这与种族、宗教、民族背景、性取向或社会经济地位无关。在 20 世纪 70 年代和 80 年代的一段时间里，这一愿景似乎可以实现了，尤其是对白人中产阶级女性而言。

黑人姐妹

从一开始，女性运动中的种族问题就是一个让人头疼的问题。非裔美国人和其他有色人种女性起初并不认为自己是白人女性的姐妹，反之亦然。毕竟，正是白人把她们的祖先当作奴隶带到美国，还把他们的后代视为低等人，因此她们有理由不相信可以与白人交朋友。在非裔美国人社区，一直存在强大的女性交际网络，尽管她们一直受到黑人男性和白人的支配。在 20 世纪 60 年代动荡的民权运动中，黑人女性首先忠于自己的族裔，这些人在街上游行，公然坐在药店和公交车标着"仅限白人"的座位上，忍受被愤怒的白人旁观者嘲笑和唾弃的羞辱。的确，许多白人男女加入了非裔美国人的斗争，而且从那之后，种族间的关系总体上有了改善。但是回到 20 世纪 60 年代，当民权运动进行得如火如荼的时候，中产阶级白人女权主义者所表达的关注并没有得到大多数黑人女性的响应。

非裔美国女性通过自身的经历才认识到，父权制对她们和对白人女性一样害人匪浅。由于被负责政治活动的黑人男性视为附属品，黑人女性逐渐开始愿意接受女权主义思想。也许，在非裔美国人的用语中如此流行的"姐妹"一词，或许可以把它扩展到更广的姐妹情谊的层面。也许，是时候权衡对性别与种族的担忧了。

20世纪70年代和80年代，黑人女性的文学作品清楚地显示了女权主义思想的存在。流行诗人尼基·乔瓦尼（Nikki Giovanni）在1971年的自传《双子》（*Gemini*）中，以反映非裔美国人方言的风格，正面论述了男性统治的主题：

> 你有时候会说，没关系，如果他占我的便宜，那又怎样？如果你十九岁，那很酷，或者二十三岁也行。但在二十五岁或约三十岁，你会说，也许男人和女人不应该住在一起。也许他们在交配季节聚在一起的原因是不同的……但是住在一起就有了太多的博弈。亲密关系似乎仍然留给了他最好的朋友和你最好的朋友。我的意思是，这个的发生率太高了，不能被忽视。这对青年男女在结婚之前是形影不离的，等到结了婚，这种状况就改变了，他跟他的朋友出去玩，她跟她的朋友出去或者独自待在家里……她不再是他的另一半了。①

乔瓦尼的结论是，女性必须更多地依靠女性朋友，而不是她们的爱人或丈夫。这一结论在包括托妮·莫里森、艾丽斯·沃克、格洛丽亚·内勒和特丽·麦克米伦在内的整整一代黑人女作家中得到了呼应。

在托妮·莫里森（Toni Morrison）1973年的小说《苏拉》（*Sula*）中，两个女人之间的友谊是故事的中心主题，主人公在南

---

① Nikki Giovanni, *Gemini*（New York：William Morrow, 1971），37.

282

方的一个小镇度过了困难的青春期，在美国大城市流浪多年后又回
到了家乡。在与男人的不同关系中变得更加坚强，苏拉认识到
283 "她一直在寻找一个朋友，而且……对女人而言，爱人不是同志，
永远也不会是"①。在这本书中，就像在她的其他书中一样，莫里
森从未提出过令人宽慰的解决方案。她作品中女性的结局要么是发
疯，要么是死亡。即使是友谊也不能永远承受降低身份的环境。

在 1983 年的一次采访中，莫里森反思了《苏拉》中友谊主题
的新颖之处：

> 女性之间的友谊是特殊的、不同的，在《苏拉》之前，
> 它从来没有成为哪部小说的主要关注点。没有人谈论女性之间
> 的友情，除非它是同性恋情节的表现，在《苏拉》一书中，
> 并没有同性恋。女性之间的关系总是被写得好像她们从属于她
> 们所扮演的其他角色似的。但对男人不是这样。在我看来，黑
> 人女性用守旧的词义诠释朋友的含义；也许这不但适用于黑
> 人，而且同样适用于我。这本书创作到一半的时候我才意识到
> 文学上的友谊是一个相当现代的概念。②

在《苏拉》之后，越来越多的女性友情开始成为一面棱镜，
透过它，黑人女作家构建她们的故事。格洛丽亚·内勒 1982 年的
小说《布鲁斯特广场的女人》（*The Women of Brewster Place*）描绘
了一幅生活在一条死胡同里的下层妇女的群像。母亲、女儿和朋友
284 之间的关系是在父亲、情人、丈夫和儿子的不断变化的背景下展开

---

① Toni Morrison, *Sula* (New York: Knopf, 1974), 5.
② Claudia Tate, ed., *Black Women Writers at Work* (New York: Continuum, 1983), 118.

的，除了上了年纪的酒鬼看门人本，当女人需要他们时，这些男人很少出现在画面中。内勒描绘的世界很残酷，但也有崇高优雅的时刻。在年轻母亲希埃尔与孩子那一无是处的爸爸发生争吵时，意外发生了，她刚出生不久的女婴夭折了，希埃尔变得死亡般的冷漠，希埃尔的老朋友马蒂用坚定的爱使她重新燃起生活的勇气。玛蒂轻轻地摇晃希埃尔，给她洗澡，好像她是个婴儿。马蒂用强烈的母爱把她的朋友从死亡线上拉了回来。[①]

摇晃和洗澡的动作都极其轻柔。女性通常会为她们的婴儿做这样的事情，有时也会为老年人做这样的事情，但以这种方式照顾朋友就不那么常见了。然而，在这里，这似乎是自然的、必要的，是传统上与女性相关的养育职责的延伸。这并不是说男人没有这种能力，或者可以反过来说，所有女人都具备这种能力。很多男人能够满足他们的婴儿、妻子、情人和父母的各种需求。但是让我们正视一点：通常来说，照顾他人的任务自然而然地就落到了女人的肩上。即使在不那么严酷的情形下，女孩和女人们也会互相给对方洗头发、涂指甲油、按摩后背。在女性友谊中经常会有肢体的接触，这跟性无关，也许就像马蒂和希埃尔的例子，这种肢体接触有着治愈的功效。

1982 年，艾丽斯·沃克也出版了她的普利策奖获奖小说《紫色》(*The Color Purple*)。它也是基于这样一个主题，即在一个由男性主宰的世界里，女性努力地撑起自己的半边天。用小说中的主要人物之一索菲亚的话说："我一生都在战斗。我不得不和我爸爸战斗，不得不和我的兄弟们战斗，不得不和我的堂兄弟和叔叔们战 285

---

① Gloria Naylor, *The Women of Brewster Place* (New York: Viking, 1982), 103-104.

斗。在一个到处都是男人的家里，女孩子是不安全的。"①

　　然而，女性角色舒格是一名蓝调歌手，她成功地逃离虎口并过上了相对独立的生活。她与主人公西莉亚建立了深厚的友情，尽管西莉亚在各个方面都与舒格和索菲亚截然不同。西莉亚温和顺从，先是顺从父亲，然后顺从丈夫，他们剥削她的劳动，剥削她的性。在舒格生病期间，西莉亚和她成为朋友并照顾她，最终帮助她恢复了健康。她们之间从护士和病人之间的关系发展成姐妹关系。舒格还帮助西莉亚了解了女性身体的秘密。有一次，舒格说服西莉亚用镜子看自己的身体。这一幕让我们回忆起20世纪60年代末，革命性的女权口号——"我们的身体，我们做主"，鼓励女性在必要的情况下可以借助镜子审视自己的身体。

　　西莉亚和舒格之间的变革性友谊是构成《紫色》主线的几种女性关系之一。另外一组女性关系是西莉亚和妹妹内蒂的关系。内蒂与传教士们一起被派到非洲，因为她拒绝了西莉亚的丈夫阿尔伯特的性侵。阿尔伯特的残忍在内蒂离开后还在继续：他没收了内蒂寄给她可怜沮丧的姐姐西莉亚的所有信件。当这些信件通过舒格和西莉亚的计谋被发现时，它们给予了西莉亚反抗阿尔伯特并离开他的力量。然而，尽管小说充满了对男性压迫的反抗，但它远非一部反男性作品。沃克创造了一个神话般的传奇故事，在这个故事中，女性朋友的言行举止帮助黑人男女找到了他们共同的人性。

286

　　1985年，《紫色》被拍成电影，由史蒂文·斯皮尔伯格执导，乌比·戈德堡主演，其他演员包括丹尼·格洛弗和奥普拉·温弗瑞等，并在影评和票房上都取得了巨大的成功。与同时代的任何

---

①　Alice Walker, *The Color Purple* (New York: Pocket Books, 1985), 42.

书籍或电影相比，《紫色》更胜一筹，它将女性友谊作为探讨的主题，使之成为媒体再也不能忽视的话题。女性友谊不属于黑人女性或白人女性；在接下来的几十年里，无数的小说、电影和电视节目都承认了这一事实。

电影中的女性友谊

在网上查一下电影中的女性友谊，你会发现十部、二十部或五十部以女性友谊为主题的电影。引用最频繁的是《紫色》（1985）、《海滩》（1988）、《神秘的比萨》（1988）、《钢木兰》（1989）、《塞尔玛和路易斯》（1991）、《魔法四月》（1992）、《喜福会》（1993）、《待到梦醒时分》（1995）、《安东尼娅家族》（1995）、《美衾梦寻》（1995）、《大老婆俱乐部》（1996）、《罗密和米歇尔的高中同学聚会》（1997）、《丫丫姐妹会的神圣秘密》（2002）、《牛仔裤的夏天》（2005）、《回归》（2006）、《婚礼之歌》（2008）、《伴娘》（2011）、《雪花秘扇》（2011）和《弗朗西斯·哈》（2012）。最近的一系列电影表明，人们对女性友谊影片的兴趣并没有减弱。许多这样的电影最初都是作为成功的小说出现的，它们从通常被认为是小妞文学的大众小说中脱颖而出。一些电影是以非裔美国人为主要人物，一些是以亚裔美国人为主要人物，还有一些是在远离美国的国家制作的。所有这些使女性友谊成为当代世界不可忽视的力量。

这些电影通过了贝克德尔测试，该测试有三个标准：（1）电影中必须出现两位女性；（2）这两个女人交谈过；（3）谈论了除男人之外的话题。这项测试是由艾莉森·贝克德尔在她的连环漫画《小心戴克斯》（1983～2008年）中提出的，对于任何希望在媒体上宣传更真实的女孩和女性形象的人来说，它已经成为一道关卡。

287

为此，一些电影关注女性友谊中不那么吸引人的方面，尤其是青少年时期的友情。2004 年的喜剧《贱女孩》描述了小团体如何伤害"不入流"或不受欢迎的女孩。该片改编自罗莎琳德·怀斯曼的非虚构小说《女王蜂与跟屁虫》（*Queen Bees and Wannabes*），这是一部为青少年父母写的自助书籍，话题触及人们的痛处。一些社会科学家将女孩人际交往的残忍一面归因于她们"超群的社交智慧"，这使她们可以把其他女孩的弱点作为攻击目标。大多数女孩长大后就不这样了，但不是所有的女孩都能做到。①

电视上的女友： 从《玛丽·泰勒·摩尔秀》 到《大城小妞》

20 世纪 50 年代，《我爱露西》呈现了两对夫妇中的女性朋友的形象。当时的社会还没有准备好让两个单身女孩在没有合适丈夫陪伴的情况下在客厅里晃悠。直到 20 世纪 70 年代，《玛丽·泰勒·摩尔秀》才让一位女性在电视上以工作和朋友为中心展开生活。玛丽的随从包括她最好的朋友罗达和一个不太讨人喜欢、势利的朋友菲利斯。玛丽与罗达的亲密关系获得了象征性地位，在该节目停播二十年后，在另一个对女性友谊进行标志性描述的电影《罗密和米歇尔的高中同学聚会》（1997）中，她们变成了一个令人捧腹的比喻。

1981 年，《警花拍档》讲述了纽约市两位严肃的侦探以及她们在各自的职业和私人生活中相互扶持的故事。重要的是，其中一个

---

① Margaret Talbot, "Girls Just Want to Be Mean," *New York Times Magazine*, February 24, 2002, www. nytimes. com/2002/02/24/magazine/girls – just – want – to – be – mean. html.

是职业母亲，另一个是有各种浪漫经历的单身女性。由于粉丝们的强烈抗议，这部剧被撤档后又重返屏幕，播出了七季。

《黄金女孩》（1985～1992年）呈现了四个退休女性合住一所房子的画面，这既与众不同，也与婴儿潮一代的未来密切相关。这四位女性都是单身，这部喜剧围绕着她们组成家庭的滑稽方式展开。

1989年，《宋飞正传》打破了情景喜剧的模式。因"没有主题"而名声大噪，它讲述的是一群三十岁出头的朋友和他们愚蠢的日常互动。主要角色之一伊莱恩和主角杰瑞是好朋友。故事的背景是，伊莱恩是杰瑞的前女友，但他们一直没有感受到异性恋爱情所必需的性化学反应。伊莱恩由朱莉娅·路易斯·德雷福斯扮演；杰瑞·宋飞，由他本人饰演；杰瑞的两个古怪的男性朋友反映了社会的变化——男人和女人可以作为真正的朋友进行互动。

289

到20世纪90年代，美国电视上最受欢迎的情景喜剧之一《老友记》的制作时机已经成熟，该剧从1994年一直播放到2004年。主要故事情节围绕着三个女人和三个男人展开，他们都是一个朋友圈的成员，相当于一个家庭。《老友记》作为女性友谊史上的一个里程碑，在体现男女角色拥有平等地位上具有重要的意义。不同于《我爱露西》中展示的一个女人在和一个更强势的男性角色争吵时所暴露的可笑弱点，也不同于《玛丽·泰勒·摩尔秀》中打破常规状态的单身职业女孩玛丽，《老友记》反映了年轻人过去和现在的群体友谊。

《欲望都市》（1998～2004年）所表现的也是一个朋友圈，但这部电视剧只与女性有关，偶尔也展示她们的同性恋朋友，她们在寻找浪漫、幸福和新鞋子的过程中始终互相支持。《实习医生格蕾》（2005～）提供了一个必要的对应衔接，它描述了两位成就斐然的女医生之间的真挚友谊。正如一位评论家所说："当梅雷迪思的丈夫感觉到床上有第三者时，他知道是克里斯蒂娜。"①

在网上，女孩和女人们发现了无数女喜剧演员之间的友谊范本，比如《周六夜现场》短剧中的艾米·波勒和蒂娜·菲。和世界上其他著名的超级情侣一样，这两位睿智的女性经常作为现实生活中最好的朋友出现在名人杂志上。

波勒在电视剧《公园娱乐》中继续庆祝女性的友谊。波勒扮演的角色和她最好的朋友安之间的关系，就像四十年前玛丽和罗达之间的关系一样，是情节发展的核心。对话中充满了令人难忘的俏皮话语，比如安的宣言："永远不要让丈夫去尽最好朋友的责任。"

与此同时，YouTube 上的视频和正式制作的电视剧让强大的新女性人得以在公共观看空间中崭露头角，并创作出富有创意且很搞笑的女性友谊画面，而且这些友谊并不围绕男性展开。最近两部优秀的电视剧都是由现实生活中一对最好的朋友——列侬·帕拉姆和杰西卡·圣克莱尔制作的。她们第一次尝试制作的是《女冤家》，共播出了六集，第二部是 2014 年播出的《纸牌屋》。角色所做的事情是现实生活中最好的朋友才会做的事情：一个人跳上飞机去帮助另一个急需帮助的朋友；一个人把另一个泡了七个小时澡的人从浴缸里拽出来；一个人把另一个人的胸当作对口型麦克风。的确，有些情节很奇怪，但也很有趣。

《大城小妞》是一部讲述现代女性即使在人生中最艰难的时刻仍然保持朋友关系的电视剧，2009 年在 YouTube 上首播后开始得到媒体的认可。这部电视剧是对现实生活中艾比·雅克布森和伊拉

---

① Rebecca Raber, "The 10 Best Female Friendships in Television History," TakePart, www. takepart. com/photos/10 - best - female - friendships - television - history/ 10 - the - mary - tyler - moore - show - mary - and - rhoda.

纳·格雷泽之间亲密友谊的喜剧夸张表现，流露出一种"真正的同志情谊"。① 正如《纽约客》（*New Yorker*）所描述的那样，"这是一幅朴实无华的女性友谊画像，她们不会互相诋毁，不会为自己的长相而烦恼，也不会因为和谁上床而给自己下定义。这部剧的核心是艾比和伊拉纳之间的爱情故事"。②

291

提升的姐妹情

无论看向哪里（而且我们正在看！），我们都能发现一些迹象，表明美国女性正相互依赖，寻求陪伴和支持，这种依赖可能比以往任何时候都要强烈。姐妹情谊或许不再像20世纪六七十年代那样具有政治光环，但它已成为女性意识中的一股积极力量，尤其是在今天，相伴一生的异性恋关系变得更加难以把握。无论已婚、单身、离异还是丧偶，许多女性能从她们的朋友——无论是一个朋友还是一群朋友那里，找到倾听她们情感诉求的人，找到能给予感同身受建议的人。

记者克丽丝娜·科尔曼在她的《女友之间》（*Just Between Girlfriend*）一书中，展示了一系列小插曲，体现了友谊在当代非裔美国女性生活中的重要性。她乐观地说："我们不能选择家人，但感谢上帝，我们可以选择自己的朋友。""友谊就像美酒，越陈越香。""当一败涂地时，打电话给我最好的朋友。她有办法擦去我的眼泪，安抚我的恐惧。"

像每一个族裔的美国女性一样，科尔曼有一个特殊的朋友圈，

---

① Dave Itzkoff, "Taking an Express to Cult Fame," *The New York Times*, January 13, 2015.

② Nick Paumgarten, "Id Girls," *New Yorker*, June 23, 2014, 40.

她们定期举行半正式聚会，自称"山芋姐妹"。她们共五个人，为
每人都举办生日派对，通常在家中进行，但有时也选择奇特的地
点，如玛莎葡萄园岛或酒吧舞厅。"山芋姐妹"中的一名成员在评
论姐妹团的价值时说："我们是姐妹也是朋友。我们互相支持，真
正享受我们的关系网。'山芋'总是在那里，让我们的生活更
愉快。"①

　　好姐妹和好朋友。今天，成千上万的美国女性会很自然地用这
些词来形容她们的朋友圈。无数女子团体每周或每月聚会一次，打
网球、骑自行车、打篮球或练瑜伽。全国各地的女性教堂唱诗班可
以作为周日活动的灵感来源，而业余和专业的无伴奏合唱团体则为
私人和社区活动增添了活力。女性园艺团体在美国有着悠久的历
史，文学界也是如此，通过一本大家都应该读过的书把女性团结在
一起。尽管路途遥远，一些大学毕业生还是坚持每年在指定的地点
见面。

　　"亲爱的姐妹文学小组"由一群有思想的黑人女性组成，从
1995 年开始每月聚会一次，轮流在各个成员家里进行。这些妇女
的年龄从二十七岁到七十二岁不等，她们自称基督徒和妇女主义
者。该小组成员之一 N. 琳恩·韦斯特菲尔德将她们的聚会定义为
"开怀欢乐组"："在聚会上，女人们一起欢笑而不是互相嘲笑。女
人们嘲笑男人、工作、白人、邻居、牧师、种族、性别、宠物、理
发师和衣柜。"② 一起欢笑释放了压抑的焦虑情绪，展现了韦斯特

---

①　这句话与前文的引文出自 Chrisena Coleman, *Just Between Girlfriends*: *African-
American Women Celebrate Friendship* (New York: Simon & Schuster, 1998), 61,
68 – 70。

②　N. Lynne Westfield, *Dear Sisters*: *A Womanist Practice of Hospitality* (Cleveland:
Pilgrim Press, 2001), 65.

菲尔德和她的非裔美国姐妹们的快乐经历。   293

　　马萨诸塞州剑桥市的"母亲学习俱乐部"最初是由哈佛大学教授的妻子们组成的，并于 2014 年庆祝其成立一百周年。一位会员说，她非常钦佩年长成员的智慧、敏感和慷慨——在面对我们所有人都会经历的战争、疾病、多次搬家等危机的挑战时，那些没有像她那样获得专业工作机会的女性成功地克服了所有的困难。代际友谊只是姐妹关系众多形式中的一种。①

　　姐妹情谊已逐渐融入日常用语中，与兄弟情谊、交情和友爱等词一起，表明一种情感共同体，即使不像阳性词语那样暗示的是全人类之间的情感，至少也是为所有女性所共有。这个词曾经只表示血亲姐妹之间的关系，或引申为一个宗教秩序下女性群体的关系，而现在指的是所有具有相同经验、兴趣或关切问题的女性。褪去了激进的、反男性的立场色彩，如今的姐妹情谊可能比五十年前更受   294
欢迎，而且以自己的方式变得更加强大。

---

① *The Mother's Study Club: The First Century 1914 – 2014* (Concord, NH: Town & Country, 2013), 200 – 207.

第三部分

21 世纪面对面

第十二章

闺蜜

女性引领社交界。

——谢丽尔·桑德伯格（Sheryl Sandberg），

Facebook 首席运营官，2012 年

我们使用电子邮件的方式与十年前完全不同；再过十年，我们也许根本就不用它了。

——米兰达·裘莱（Miranda July），

艺术家，2013 年

　　不管你喜不喜欢，社交媒体已经从根本上改变了几乎所有人的交友方式。① 与男性相比，对女性而言尤其如此。② 社交媒体对女性来说更为重要，部分原因在于它能容纳女性友谊中常见的情感表达和自我表露。这些富有同理心的表达与男人之间的友谊模式形成了鲜明的对比。

297 一般来说，男人之间保持友谊，无需像女性那样经常向彼此亲密告白。

　　随着女性可支配时间变得越来越少，社交媒体如雨后春笋般涌现出来。在双收入家庭中，即使丈夫真诚地想要承担一份家务负担，可下班回到家的妻子依然要承担更多的主妇/妈妈的职责。因此，21 世纪的女性已成为典型的多任务工作者。社交媒体为女性提供了重要的工具，因为她们在管理家庭和工作事务的同时，依然希望可以维持重要的友谊。正如脸书的首席运营官谢丽尔·桑德伯格所指出的，女性完成了 Facebook 上的大部分分享。桑德伯格表示，男性通常利用社交媒体进行研究或提升地位，"而社交界则由女性主导"③。

---

① 美国百分之八十五的成年人和全世界近百分之四十的人在上网。"Internet users per 100 inhabitants 2006 – 2013"（table），International Telecommunications Union，in "Global Internet Usage," Wikipedia，en. wikipedia. org/wiki/Global_ Internet_ usage（accessed June 3，2013）. 参见 2013 年和 2014 年的皮尤互联网和美国生活项目，www. pewinternet. org。

② 在网上，女性作为一个群体，不辜负她们更善于沟通的性别名声。例如，百分之七十一的女性访问社交网站，只有百分之六十二的男性访问社交网站。每个月，女性访问推特（Twitter）的人数比男性多四千万。与女性相比，男性往往更多地访问技术网站。大约百分之四十的男性一般访问交流和分享的大型网站，百分之六十的女性访问此类网站。女性访问以下网站的占比分别为：pinterest（百分之七十九）、goodreads（百分之七十）和 blogger（百分之六十六）。

③ Jenna Goudreau，"What Men and Women Are Doing on Facebook," *Forbes*，www. forbes. com/2010/04/26/popular – social – networking – sites – forbes – woman – time – facebook – twitter. html。

"千里传情，没有距离"

虽然高效的友谊听起来可能有些矛盾，但是当忙碌的女性想维系因距离或日程安排而分开的友情时，社交媒体就发挥了纽带作用。一些闺蜜可能会利用社交媒体安排一次即兴聚会，这在过去打电话总是找不到人的时代是绝对不会发生的。

在表达对远方闺蜜的关心时，高效也不是一件坏事。通过屏幕，亲爱的人能够见面。当强大的女性友谊超越了时间和距离的变化时，一条简简单单的短信或一篇帖子就能说明一切，就像"朱莉娅今天用她的红碗吃了燕麦粥一样"。同样，"照片墙"和"快拍"这两款手机应用的成功也证明，即时向朋友发送一张照片确实可以胜过千言万语。

最近，一位忙碌的女士表达了全世界数百万女性在网上发帖、发推特和短信的感受："我整天不停地给闺蜜发信息……我们分享一切，因为我们喜欢接收信息，不愿意评论，只有接纳和关爱。我愿意每周用这五百条短信来交换一个跟她们三个人坐下来聊一次天的机会吗？不，因为这是不可能实现的。这不仅在地理上是不可能的，而且实时交流是一种宣泄，它们像虫子一样吞噬了孤独……"[1]

有人在吗？

除了维系长期关系，社交媒体还为寻找和培养新的友谊提供了无限的可能性。如果一个女人对她周围的社交机会不满意，一个社

298

---

[1] http：//www.tericase.com/？p=183#more-183.

交网站可能会把她引向她一直渴望的姐妹电子迷、编织者、缝被人或业余火箭制造者。这些姐妹狂热者可能就在街上，或者在地球的另一端。

当然，孤独对男人和女人都有影响，但从历史上看，受家庭义务束缚的女人很少有办法与生活圈之外的人保持联系。社交媒体为女性提供了前所未有的接触潜在朋友的途径。想一想网站群"需要葡萄酒的妈妈"。在追随这个群体的女性当中，酒精语境中出现的"需要"一词多少有点儿调侃之意。她们的大多数帖子和文章往往不谈全球进口的豪情壮志。相反，它们表达了爱心妈妈们典型的日常冒险和挫折。但在该组织的 Facebook 页面和 Twitter 互动中，她们不会冒遭到社会反对的风险。对于那些除了相夫教子和葡萄酒之外，还希望参与其他活动的女性来说，社交媒体提供了人口统计学、社会经济学、性别认同，以及可以形成友谊群体的共同兴趣。在不太可能找到想要的群组的情况下，创建一个新的 Facebook 群组、Twitter 或 Instagram 主题标签相对简单。

其中一个以网络为基础的专业团体是 SheWrites. com，专门面向文学女性。凯米·维考夫和黛博拉·西格尔创办了 SheWrites，把它作为一个虚拟空间或者沙龙，在那里，共同痴迷一件事情——她们的写作作品——的女性可以聚在一起分享相关信息。在这个"知识和支持圈"①，友情通常是在网络上发展起来的。网站的形态模仿了维考夫和她的妹妹萨隆涅雷斯一起在一个房间里的发现："我们的成员是在交流，而不是一个人通过扩音器对着一群人讲话。这就是我们网站的模式。这是那个房间在全国范围内的延伸。"

① 凯米·维考夫（SheWrites. com 的创始人）于 2013 年 8 月 19 日对作者的采访。

维考夫注意到，即使在虚拟沙龙中，友谊的形成也远远超出了网站本身的范畴。运行 SheWrites 使她投入的时间越来越多，当她需要从中解脱出来时，她的网络同事们像朋友一样聚集在一起。"所以，我发布通告：'我真的需要帮助，有人愿意为博客做个客座策划，让我有时间投入到自己的工作中去吗？'我希望得到一些回应。不到一周，我就有了七十名志愿者！"① 300

就像面对面的友谊一样，网络上的人们可以关注小事，也可以关注大事。虽然母亲偶尔遭受的苦难或写作时的共同关注点可能听起来不是最深沉的情感和弦，但有些网络联系确实是在深刻而持久影响人们的事件中发展起来的。一个令人心酸的例子是，2015 年 3 月，丽莎·亚当斯去世后，网上一片悲哀。作为一名住在郊区的全职妈妈，她在博客和推特上讲述自己因患转移性乳腺癌而走向死亡的经历，并拥有超过一点五万名粉丝。那些从未见过丽萨本人，却把她视为亲密朋友的人，在听到她去世的消息时，都对着智能手机流下了眼泪。她们互发短信、Twitter 和电子邮件，寻求人们一直以来从朋友那里寻求的东西：失去亲人后的相互安慰和支持。为了表示同情，人们紧紧地握手，互相拥抱，一切都是虚拟的，不过，一切也都是真实的。

虚拟还是现实？

社交媒体的一个基本特征是在虚拟环境中现实的模糊含义。即使是那些把自己的想法原原本本地表达出来的 Twitter 用户，也是在向她的推特观众展示她虚拟的一面。更明显的是，网上的欺骗往

---

① 凯米·维考夫于 2013 年 8 月 19 日对作者的采访。

往是故意的。你在网上交友资料中使用的照片可能是你五年前的，

301　或者比现在瘦九公斤时的，也可能根本不是你。

行为艺术家米兰达·裘莱在 2013 年的一次在线"装置艺术"中探索了在电子邮件中创建人物角色的想法。这个项目①请一些二流明星和知名度较低的人提交他们在正常生活中发送的真实电子邮件。然后，裘莱将这些曾经是私人信息的邮件批量发送给了那些在她的项目中注册接收这些邮件的人。在她的网站上，裘莱写了关于在线隐私艺术的文章：

> 我总是设法让朋友把她们发给别人的电子邮件转发给我，比如她们写给妈妈的、男朋友的、经纪人的电子邮件，写得越平凡越好。她们如何在电子邮件中表现得如此亲密，从她们自己的观点粗略一看，有的邮件写得甚至有点儿放荡。……我们使用电子邮件的方式与十年前完全不同；再过十年，我们也许根本就不用它了。②

我们在网上塑造隐私的方式——我们选择揭示什么，隐藏什么——以及我们操纵自己人格的方式，显然这些会影响我们在网上交友的质量"真相"变得比以往任何时候都难以捉摸。虽然人们可能亲自操纵或欺骗他人，但我们面对面接受的感官刺激越多，我们的直觉就越能帮助我们辨别什么是真实的。

据前联邦调查局反间谍特别探员乔·纳瓦罗说，他毕生致力于

302　观察人们的非语言交流方式：

---

① 由马加辛三世博物馆和斯德哥尔摩当代艺术基金会赞助。
② Miranda July, We Think Alone, http://wethinkalone.com/about/.

　　非语言交际行为占所有人际交流的百分之六十到百分之六
十五……非语言交际能够……揭示一个人的真实想法、感情和
意图。由于这个原因，非语言交际行为有时被称为……身体语
言，通常比一个人的口头声明更诚实。①

　　今天，短信、在线聊天和 Twitter 已经从许多互动中去除了丰
富的感官信号叠加，比如语调、手势、肢体语言、触摸和气味。失
去了这些重要的感官线索，就隐藏了某些在现实生活中难以掩盖的
真相。对于女性来说，社交媒体有助于增进友谊，但她们通过凝视
朋友的脸和友好的拥抱所获得的深深的同理心在屏幕后面消失了。

　　此外，不了解社交的人，尤其是年轻的数字原住民，往往误解
或无法理解网络友谊和现实生活友谊之间的区别。② 社交网站的现
实是，它们为在线角色提供了与其他在线角色交互的平台。重要的
是，这种关系可以通过点击"删除好友"、"取消关注"或者"屏
蔽"按钮来结束。从道德层面看，这样分手是无足轻重的。毫无
疑问，这与西塞罗的建议背道而驰，西塞罗认为友谊应该逐渐淡
去，而不是被扑灭。西塞罗要求我们尊重友情，即使是已经变糟的
友谊，他没有预料到，作为 Facebook 上的朋友，这种内在的联系
是多么脆弱。

303

　　网络交流的每个方面都有其优点和不足。网络交流不仅去除了
感官信号，而且使浅薄、恶意和仇恨轻易滋生。同样，屏幕的缓冲

① Joe Navarro with Marvin Karlins, *What Every Body Is Saying: An Ex-FBI Agent's Guide to Speed-Reading People* (New York: William Morrow, 2008), Kindle e-book, locations 149–193.

② 一个必然的结果是，暴力视频和在线游戏的年轻玩家可能无法理解假装攻击性和真实情况之间的区别。

区有时会产生相反的效果。爱和支持的信息可能很难当面说出来，但是在网上可以迅速地向对方表达。无论是好是坏，这些新的友谊世界只需要一个表情符号。

Facebook 在 2013 年宣布，互联网接入是一项人权。也许吧。但仅凭崇高的宣言，并不能将连通转化为沟通，这一事实正促使许多女性将在线社交网络带回到现实世界。女性上网是为了把友谊带离网络。

上网是为了离开网络

虽然网络上有各种各样的群体，但人类与他人进行特有接触的基本动力并没有消失于无形。对许多女性来说，与人接触仍然是一个优先事项。因此，面对面的友谊网站越来越受欢迎。

斯科特·埃费尔曼，Meetup. com 的创始人兼首席执行官，"9·11"之后在纽约创立了该网站，他曾这样说："我们的目标是创建一个网络平台，帮助人们围绕任何对他们来说重要的事情组成当地社区，利用互联网来脱离互联网，最终得以进行面对面的交流。"① Meetup. com 是美国最大的柏拉图式聚会网站；其会员数量表明，在线互动永远无法完全取代面对面的社交。

虽然 Meetup. com 本身并没有性别区分，但它里面的许多群组都是由年龄、种族和兴趣高度多样化的女性组成的。与大多数网站群组的不同之处在于，Meetup. com 的参与者居住在同一个地理区域，要进行面对面的互动，上面有专门为拉丁裔、非洲裔美国妇

304

---

① Teri Evans, "Reaping Success Through Stranger 'Meetups'," *Wall Street Journal* online, 21 Nov. 2010. http://www. wsj. com/articles/SB1000142405274870417040457562473 3792905708.

女、亚洲妇女、女工程师、女艺术家、老年妇女和青年女性设立的聚会小组。重要的是，无论种族、性别或文化背景如何，女性都可以根据共同的兴趣找到潜在的朋友。例如，一些寻求与志同道合的女性交朋友的女同性恋者可能会在"四十岁以上东湾女同性恋友好活动团体"中找到合适的人。这些女孩对集体活动很感兴趣，比如骑自行车、远足、遛小狗和聚餐。性取向只定义了相对较少的 Meetup 群体。其他寻找志同道合朋友的女性可以试试"姐妹读书社交俱乐部"或"湾区有色人种天后"，以及美国其他无数自我定义的团体。

几位企业家超越了 Meetup. com 以共同兴趣为焦点的理念，开始设计着重强调友情的网站。对于那些寻求与其他女性建立深厚、无性友谊的女性来说，这是一个潜在的巨大目标市场。这个市场上最大的三个目标网站是 GirlFriendCircles. com、GirlFriendSocial. com 和 SocialJane. com。

这些专门针对女性交友的网站已经确定了当今女性的一大需求：即使两个女人已经成为朋友，生活也可能成为障碍。朋友搬走了，孩子长大了，夫妻离婚了，有人去世了。由于种种原因，女人常常希望有一个新朋友。为寻找伴侣而存在的成熟的社交渠道并不一定适合寻找柏拉图式女友的女性。在酒吧为另一位单身女性买一杯饮料会传递性信息。走向一群不认识的、正开怀大笑的女性，试图加入她们的行列，即使不是彻头彻尾的可怜，也会被认为是令人尴尬的。

一个女人可能在人生的前一阶段有过亲密的朋友，但现在，在过渡阶段，她身边却空无一人。于是，问题隐现出来：在当今多变的生活方式中，朋友们是如何找到彼此的？

SocialJane. com 的创始人詹尼斯·库普费雷尔仍然记得她搬到一个城市寻找新工作时所感到的孤独。她浏览约会网站 Match. com，有时还点击其他女性的资料，希望能和她查阅到的一些女性交朋友。她想知道，为什么没有一个结交女性朋友的网站？[①] 因此，她创建了 SocialJane.com 网站，该网站使女性可以具体了解她们想要结识的潜在朋友的信息。如果你正在寻找一位拉丁裔的跑步伙伴，或者一位拥有一只达克斯猎狗的非裔美国专业人士，或者一位阅读纳博科夫俄文小说的朋友，你可能会在某个女友网站上找到她。

成千上万的女性注册了交友网站，她们希望与真正的女性进行实时的接触。乍一看，这些网站的功能类似于在线约会网站。申请人需要提交她们的个人资料，还要列出她们希望从朋友那里得到什么的信息。然后，要么她们自己筛选个人资料，一旦发现潜在的匹配对象，就与之联系，要么网站将她们与给定地理区域内的相似女性进行匹配。GirlFriendCircles 通常在咖啡馆里以小组形式组织见面会，这样申请人就有了好几个选择。

女友约会网站并没有以指数级增长速度席卷全球。不过，GirlFriendCircles 创始人沙斯塔·尼尔森认为，该类型将折射出在线约会网站的发展轨迹：

> 当网上约会出现时，这个想法遭到了很多抵制。人们说："我并不那么急切。"女性朋友网站出现时，人们一开始会说："什么？我还得为交朋友付费？"但是，就像人们过去对网上约会感到羞耻一样，如果你想和某人约会，不上网几乎是不正常的。女性交友网站也将遵循这一趋势。[②]

---

① Rebecca Tuhus-Dubrow, "Women Can Connect, Click by Click," *New York Times*, 13 July 2012.
② 2013 年 9 月 5 日，沙斯塔·尼尔森（GirlFriendCircles. com 的创始人）与作者的讨论。

一位 GirlFriendCircles 会员在该网站的博客上讲述了自己在交友方面的成功经验。肖莎娜在通过一个相亲网站找到男朋友后决定加入这个女性团体。

> 去年 10 月，在墨西哥度假庆祝我三十岁生日的时候，我和男友讨论，没有朋友住在附近，这种状况对我来说多么难以面对。我在橘子郡长大，但已经在洛杉矶住了好几年了——距离不远，可是对友谊的影响是惊人的。从研究生毕业到从事全职工作，中间过去这么多年，可是我没有时间出去结识别人，或者培养新的友情，我正感受着友情的缺失。我男朋友有很多好朋友，我喜欢和他们在一起，但我真的觉得我也应该有自己的朋友。他开玩笑说，应该有一个交友网站，类似于约会网站（我们大约四年前在 Jdate 上相识）。于是我拿出 iPad，在谷歌上搜索。我找到了 GirlFriendCircles.com，喜欢上了我所看到的一切，并决定回到洛杉矶后马上加入该网站。[①]

因此，社交媒体很可能会促使更多寻找朋友的女性使用互联网来摆脱互联网。社交媒体将不断发展，直到下一个"大事物"取代它。我们可以肯定，随着新技术再次改变文化范式，女性将继续重塑她们的友谊。

307

308

---

① Shoshana K., "A Success Story: Shoshana Is Making Friends in L. A.," Shasta's Friendship Blog, GirlFriendCircles, girlfriendcircles. com/blog/index. php/2013/07/ a - success - story - girlfriendcircles - make - friends - la/.

第十三章

给予与索取：市场经济下的友情面面观

我记得凯丽倚着桌子说："无论你做什么，都不要放弃。你能做得到。"……这是人生中的一个关键时刻……对我而言，意义重大。

——克里斯汀·格鲁斯·里士满

(Kirstin Groos Richmond)，

革新食品连锁 (Revolution Foods) 的合伙人

我们可以说，友谊不是为了消遣或回报，而是为了让人生有意义……正是因为这种非经济性的特质，它才会在这个社会中受到威胁。在这个社会中，我们每个人都被强加于他或她的资源，只提供所有权、购物、竞争和增长的代名词。

——托德·梅 (Todd May)，《经济时代的友情》

(*Friendship in An Age of Economics*)，

《纽约时报》(*New York Times*) 在线，2010 年

女性朋友在一场持续不断的"给予与索取"的共舞中互相关爱。如今，由于越来越多的女性发现自己的空闲时间越来越少，[1] 市场经济满足了朋友和家人过去需要解决的一些需求。例如，照顾病人和老人，合住中的生活安排，或者专业导师和她的女学生之间的互动。毫无疑问，在这些交易中有经济动机，但我们也看到了女性友谊的许多特征，这些特征出现在各个时代和文化环境中。

物以类聚，人以群分

经济学以这样或那样的方式影响着我们生活的方方面面：我们生活在哪里，我们认识谁，我们做什么。但是，我们真的能把所有的人际关系剥离到所谓的"悲观科学"中吗？[2] 值得庆幸的是，答案是否定的。同理心、忠诚和喜爱——这些仍然是无价的情感，将人们联系在一起。然而，经济学在我们选择朋友时依然发挥着作用。在其他条件相同的情况下，人们倾向于与那些他们认为与自己相似的人交往。社会学家尼古拉斯·克里斯塔基斯将这种现象称为"同质性"并这样加以解释："无论是地狱天使还是耶和华的见证人，瘾君子还是禁酒主义者，民主党还是共和党，集邮者还是蹦极者，事实是，我们寻找那些与自己有共同兴趣、历史和梦想的人。

---

① "2013 年，所有有十八岁以下子女的女性劳动者参与率（即工作或找工作的人口比例）为百分之六十九点九。"家庭就业特征摘要，参见 United States Bureau of Labor Statistics, 25 Apr. 2014, http://www.bls.gov/news.release/famee.nr0.htm。

② 托马斯·卡莱尔发明了一个新词，他把托马斯·马尔萨斯 18 世纪的经济理论——人口增长将不可避免地超过食物供应——描述为"惨淡"。Thomas Carlyle, *Chartism*, 2nd ed. (London: James Fraser, 1840), 109.

物以类聚，人以群分。"①

　　最简单地说，我们倾向于和社会经济阶层中与我们相似的人建立友谊。这在很大程度上是因为我们在一个共同的时间和地点发现了彼此，并发现了生活中有重叠的兴趣。尽管有时候，我们努力对朋友的净值视而不见，可是，经济上的差异可能会导致一段关系出现裂痕，尤其是当其中一个朋友的财富发生变化时，无论是上升还是下降。（正如我们在默茜·奥蒂斯·沃伦和阿比盖尔·亚当斯之间所看到的那样，当亚当斯一家经历了一次财富的回升时，默茜变得愤愤不平。）也许，除了最近出现的社交媒体上的友谊和一些持久的笔友关系能够坚持到底之外，经济因素影响着大多数人的友谊。

如果你帮助了我……

　　纵观历史，我们看到女性出于共同的关注点而建立起友谊，这始于《圣经》故事中的马利亚和伊丽莎白，她们因各自所面对的怀孕事宜而联结在一起。中世纪的修女们在与世隔绝的修道院里分享她们的信仰和生理需要。17 世纪的沙龙女主人也是如此，她们因其精英阶层的社会地位和共同的文学追求而成为朋友。在美国早期，妇女们聚在一起互相帮助做大大小小的家务。19 世纪后期，她们聚集在一起，一方面鼓励彼此提升自己的思想境界，另一方面携手帮助受压迫的人。在相互支持的团体中所产生的友谊遗产，通

---

① Nicholas A. Christakis, *Connected: The Surprising Power of Our Social Networks* (New York: Back Bay Books, 2009), 18.

过在公民团体、自我完善团体和商业进步团体中的传承，使其在今天依然牢不可破。

　　许多女性倾向于主动为朋友做事；她们经常在没有被要求的情况下给予对方帮助，或者赠送小礼物，而且不要求任何回报。但不管承认与否，人们会想起亚里士多德的沉默友谊守则：你帮助我，我帮助你，就这样永无止境地循环。

311

　　当今的政治哲学家托德·梅从消费主义和企业家精神的角度来看待人际关系。在他看来，每一种关系，无论是政治关系、社会关系还是个人关系，都已经变成了某种"市场"。[①] 在这种对友谊基础的严峻评估中，梅呼应了17世纪拉罗什富科的利己主义理论，以及后来的哲学悲观主义者。梅认为，消费主义就像一种使人上瘾的毒品，致使人们不去关心他人，因为它把一个人的注意力集中在了稍纵即逝的快乐上。就像毒品一样，消费者的"兴奋感"会逐渐消退，并需要定期更新。[②] 企业家精神鼓励个人利用他人谋取个人利益。

　　然而，梅关于市场机制正在破坏友谊的担忧或许有些言过其实。即使我们有时内心肤浅、崇物拜金、张扬炫耀、消费无度，但这并不意味着我们不能深切地关爱朋友，也不意味着我们不能建立基于喜爱和信任的关系。

---

① "由于市场理性是新自由主义的核心，市场变得无处不在。不仅我们的经济，而且我们的政治、社会和个人关系都成为市场。"Todd May, *Friendship in an Age of Economics: Resisting the Forces of Neoliberalism* (Lanham, MD: Lexington Books, 2012), 30.

② May, "Friendship in an Age of Economics," opinionator. blogs. nytimes. com/2010/07/04.

职场友情

　　许多女性（和男性一样）在工作场所交朋友，而这些关系往往对她们的职业生涯至关重要。工作上的朋友会在办公室政治的漩涡中保护你。因为一直和你在一个战壕，所以她可以用一种同理心让你发泄工作带来的压力，而这种同理心是你的朋友圈里其他人无法提供的。

　　今天，许多人不区分工作和个人友谊。谢丽尔·桑德伯格是Facebook 首席运营官，也是谷歌创办阶段的资深人士，她认为职业关系应该是私人的："我坚信要全身心投入工作……这并不意味着人们必须告诉我关于他们个人生活的一切。但我很喜欢分享我的个人生活。"并非桑德伯格所有的同事都是她的朋友，但她的一位长期同事指出："在工作中是她朋友的人在工作之外也是她的朋友。"①

　　另一些职场礼仪的权威人士则提出了不同的看法，建议我们要谨慎行事，因为如果职场友谊变糟了，除了失去朋友，还可能遇到更多的麻烦：首先，你希望避免与某人的日常接触，因为会觉得很尴尬。更糟的是，报复的可能性也许会导致失业。另一个陷阱潜伏在同事无意中透露的一个朋友私人生活的细节中，这可不是应该拿出来让大众消费的事情。

　　任何级别的主管与下属之间的职场关系都需要约束与克制，无论是日常互动中的微妙潜台词，还是严格维持的界限。即使老板和

312

---

① Ken Auletta, "A Woman's Place: Can Sheryl Sandberg Upend Silicon Valley's Male-Dominated Culture?" *New Yorker*, 11 July 2011.

下属对他们的友谊感到满意，其他同事也可能会表现出嫉妒或偏执，尤其是当下属被认为在拍马屁或上司被认为偏心时。老板与员工之间的友谊缺乏亚里士多德所认为的真正友谊所必需的平等。也许在这里用"互惠"这个概念来代替亚里士多德的"平等"更讲得通。尽管两个人在生活的各个方面永远不可能完全平等，但当双方都以一种慷慨的互让精神为这段关系做出贡献时，那么，真正的友谊可能会茁壮成长，尽管双方的地位和财富不在一个水平线上。

313

外包、互惠和友谊

同样，即使一方是个人服务的买家，另一方是个人服务的卖家，友谊有时也会出现，因为忙碌的人把过去可能由朋友满足的亲密需求"外包"出去了。阿莉·霍赫希尔德（Arlie Hochschild）在《外包的自我：市场时代的亲密生活》（*The Outsourced Self: Intimate Life in Market Times*）一书中指出：

> 随着女性进入就业大军，以及所有美国人的工作时间更长，工作更不稳定，现代家庭的压力变得越来越大……人们没有昔日的社区可以依靠……越来越多地把目光投向剩下的一个选择——市场。①

家庭服务市场现在提供看护者、管家、司机、勤杂工、守墓人、私人教练、厨师、代孕妈妈、雇佣祖母、任务兔（Task -

---

① Arlie Hochschild, *The Outsourced Self: Intimate Life in Market Times* (New York: Metropolitan Books, 2012), 8 - 9.

Rabbit，它是通过一个在线市场来完成差事的应用软件）等，应有尽有。大量的在线资源涌现出来，将我们与那些乐于助人的人联系起来，他们会有偿为我们做需要做的事情。我们过去常常"在自然环境下"与人见面，就像一些在线约会网站所说的在聚会上见面的老方法一样，而现在我们让其他人来进行审查和筛选。外包甚至延伸为真正友谊的市场替代品："对于那些独自生活的人来说，一项名为'租朋友'的服务可以提供一个付费的朋友，和他/她一起吃饭、看电影、去健身房锻炼、整理照片，或者一起旅行——其中不包括性服务。"①

314

去美容院是一种把以前的个人任务外包出去的常见方式。许多女人和她的理发师或美甲师都知道，频繁的拜访和身体接触为友谊提供了肥沃的土壤，即使这只是亚里士多德所说的实用友谊。特别是在个人美容服务中，美容师和她的客户之间会产生重要的朋友关系。雪莱·泰勒引用了对灵长类动物梳理行为（通过梳理同伴的皮毛来清除虱子）的广泛研究："梳理可以使同伴的毛发保持干净、有吸引力，同时也是一种非常舒缓、宽慰的行为。"② 虽然现代女性可能不认为理发或修指甲是从抓虱子进化而来的，但身体上的亲密感可能是相似的。现在没有人有侍女来做这些事，所以我们会给自己买一些小奢侈品，有时和理发师、培训师或瑜伽教练成为朋友。

外包正成为我们在双重职责生活中建立关系的重要渠道。莉雅·布斯克是 TaskRabbit 的首席执行官，她惊讶地发现，随着人们接受她的市场概念，即建立在需要完成任务的人和愿意完成任务的

315

① Arlie Hochschild, *The Outsourced Self*: *Intimate Life in Market Times* (New York: Metropolitan Books, 2012), 195 - 196.

② Shelley Taylor, *The Tending Instinct*, 94.

人之间的市场，她的新网站的业务量正以指数级的速度在增长。不仅是传统经济学在起作用，而且某些类似友谊的事物促成了TaskRabbit许多最重要的交易。2014年年中，莉雅描述了这个过程：

> 在旧金山有一位母亲，她有一个二十岁的儿子住在波士顿……不幸的是，她的儿子正在接受化疗……在儿子治疗期间，她没有钱飞往波士顿去陪伴他。于是她上TaskRabbit网站找到一个人，这个人可以连续一个星期每天都去医院看望她的儿子。这个人给她儿子带饭和舒适的毯子，每天和他一起待三十分钟，然后给她打电话，汇报一下最新的情况，比如他现在身体怎么样。在波士顿接受这份工作的人其实也是一位母亲。这两位母亲之间的友谊令人难以置信。我意识到我们所提供的不仅仅是……服务，我们实际上是在重新定义谁是你的邻居，你可以依赖谁。①

在这种情况下，以及在许多其他情况下，平等的概念变得没有互惠的概念那么重要了。如果两个人之间的关系包括基于同情、同理心、情感亲密、相互关心和共同价值观的持续互动，那么某种友谊就会建立起来，不管谁是买家，谁是卖家。

今天的女性正在重塑她们的友谊，以满足她们在一个变化的社会中的需求。许多母亲和她们请的保姆发现她们在一个很深的层次上联结在一起，因为保姆被委以重任，照顾这位母亲生命中最重要

316

---

① Leah Busque, talk at ecorner, Stanford University's Entrepreneur's Corner, May, 2014. http：//ecorner. stanford. edu/authorMaterialInfo. html？mid = 3349.

的人。这种关系具有友情的很多特征——信任、忠诚、欢笑和对孩子共同的爱。当然，在雇主和雇员之间，公平的工作时间、工资和福利必须是合同的基本要素。但即使有这些重要的经济约束，这种关系也可能演变成一种友谊，这种友谊建立在比经济学更深层次的相互关怀的基础之上。

想一想下面这件轶事[①]：2013 年，在加州北部的一个高档社区，一位忙碌的职业女性和她每周来打扫一次的清洁工之间典型的闲聊家常。玛丽索尔已经为凯西工作了十多年。她们喜欢一边忙着各自手头的活儿一边聊天，玛丽索尔也很乐意帮助凯西学习西班牙语。她们了解彼此生活中的一些细节：通过为凯西打扫房子，玛丽索尔对凯西的了解无疑要多于凯西对她的了解，虽然凯西在玛莉索尔谈论她自己的家人和家庭活动时也表现出了真正的兴趣。

一天，玛丽索尔无意中抱怨她的丈夫：她有两张在圣何塞举办的音乐会（马可·安东尼奥·索利斯和露皮塔·达莱西奥）的门票，这场音乐会一票难求，可她的丈夫拒绝陪她前往。凯西也对玛丽索尔丈夫的表现感到失望，她劝玛丽索尔带一个朋友去听音乐会，不用理睬她的丈夫。玛丽索尔说她的丈夫不喜欢她在没他陪伴的情况下独自外出，但她说她会接受这个建议。第二个星期，她过来时叹着气说，她的女朋友们都不愿意去听音乐会。"她们是怎么了？"凯西愤怒地喊道，"难道她们疯了吗？我陪你去！"

玛丽索尔面露喜色："你陪我？太棒了！"凯西像朋友一样开心地跳了起来。

音乐会当晚，玛丽索尔开车去凯西家接她。凯西出门时穿着中

---

① 这件轶事的主人公的名字已经改了。

产阶级白人社区典型的音乐会服装：漂亮的牛仔裤，一件带有装饰
缝线的夹克，还穿着皮靴。玛丽索尔穿着性感的金银丝线编织连衣
裙，配以高跟绑带鞋，看到凯西，她难以置信地摇着头。她抓住凯
西的胳膊说："我们去翻翻你的衣橱。"玛丽索尔和凯西一样知道
衣橱里的东西。在那里，玛丽索尔翻出一件几乎从未穿过的低领上
衣，一条金光闪闪的腰带，还有凯西唯一的一双尖头高跟鞋。凯西
化完妆后（包括大量的彩妆），玛丽索尔审视着她，仿佛她已把手
头仅有的资源利用到了极致一般，然后催促凯西赶紧去人山人海的
音乐会现场。那里人潮涌动。什么语言都无法描述当晚的盛况。在
成千上万的观众中，几乎每个女人都穿着闪闪发光的低胸礼服。音
乐震耳欲聋，布景大气高端，让人按捺不住起舞的冲动。凯西玩得
开心极了。

　　这是朋友之间的快乐时光吗？是的。凯西和玛丽索尔会成为好
朋友吗？可能不会。她们在社会经济阶梯上的不同地位会妨碍她们
分享彼此的生活，雇佣关系固有的不平等将成为一直横亘在她们之
间的经济壁垒，即便这种关系有时是可以相互渗透的。虽然凯西和
玛丽索尔之间的关系可能不是最真或最深的，但对她们每一个人来
说，这仍然是一种重要的关系，在我们今天忙碌、压力重重的生活
中，有很多女性心怀感激地将其接纳为一种友谊的形式。

　　凯西支付玛丽索尔的家政服务费用没有问题。然而，经济现实
是，大多数职业女性负担不起管家或保姆的费用。对于几乎每个有
孩子的职业女性，尤其是单身母亲来说，朋友是绝对必要的后盾。
大约百分之七十的非裔美国家庭、百分之五十的西班牙裔家庭和三
分之一的白人家庭是由单亲妈妈组成的，这些单亲妈妈知道不能把
孩子放在一边不管。她们会遇到要去接好几个放学的孩子，生病的
孩子必须待在家里，工作很紧急等诸如此类的"恨不得有三头六

318

臂的"绝望时刻。每当这时，妈妈就会打电话或发短信给朋友，
以便将她从水深火热之中暂时解救出来。

仪式化的职场友谊：导师

如今，"导师"（Mentor）一词很流行，尤其是在雄心勃勃的
年轻女性中。它是一个多年来一直备受争议的术语，在翻译过程中
其含义也有所遗漏。正如古典学者所知，门特（Mentor 的音译）
是一位老人，在特洛伊战争爆发时，奥德修斯将儿子托付给了他。
当雅典娜来给奥德修斯的儿子特勒马库斯出谋献策时，为了避免引
起特勒马库斯的母亲佩内洛普的追求者们的怀疑，她假扮成门特。
319 乔装打扮后，雅典娜给了年轻人鼓励和建议。"导师"一词的现代
用法始于 18 世纪前后，门特是弗朗索瓦·费内隆的《特勒马库斯
历险记》中的主人公。最初故事中的一个基本面被后人遗忘，门
特曾经是一位非常强大的女神。

导师制度适用于现代企业，无疑有助于初级员工获得晋升所必
需的技能。即使"不平等"一词定义了这种关系，导师也会利用
她的个人经验，就学员在工作中遇到的问题提出好的建议。这在许
多方面难道不像一种友谊的行为吗？

快速成长的年轻企业革新食品连锁的诞生提供了一个很好的例
子。克里斯汀·格鲁斯·里士满是该公司两位女性创始人之一
（她们是商学院的朋友），她发现自己在繁忙的创业过程中怀孕了。
她的导师给她提供了改变人生的建议："我记得凯丽倚着桌子说：
'无论你做什么，都不要放弃。你能做到。如果坚持下去，追随自
己的激情，你会成为一个更好的妈妈……你会得到鼓励并且感到满
足，你会把这些传递给你的孩子。'这是人生中的一个关键时刻……

对我而言，意义重大。"①

　　幸运的是，对许多公、私部门的领导人来说，提高女性地位是一个企业目标，于是，女性获得了各种指导和帮助，这使她更容易取得事业上的成功。大多数研究行政管理的专家将导师制和赞助制区别看待。正如人才创新中心的西尔维亚·安·休利特所指出的那样："赞助对职业发展具有明显的影响，这一点不同于师徒关系。让我们明确一点，师徒关系是一种相对松散的关系。导师就像一个参谋……根据需要提供建议，根据要求提供支持和指导，他们所期待的回报也很少。"② 师徒关系确实符合亚里士多德所说的实用友谊的许多条件。然而，它缺乏平等，至少在一开始是这样。导师可能会觉得她是在给年轻时自己的替身提供建议。对于一个已经小有成就的人来说，可能会被过去吸引并沉醉其中。随着时间的推移，当师徒关系进一步深入发展时，导师与学生之间的关系可能会消失，留下的不仅是友谊的表象，还有真正的友情。赞助与友谊的关系远没有那么模糊。它是非常正式的商务活动。休利特一针见血地对此加以描述：

　　　　要想获得成功，女性需要获得一个强有力的赞助人，以帮助她们摆脱"杏仁糖层"，即难以进一步提升的次高管理者阶层，在这个阶层，很多有干劲、有才华的女性开始止步不前，

---

① 通过向学童提供健康膳食来治疗肥胖流行病的革新食品连锁，在 2012 年被 CNNMoney 列为增长最快的 100 家市中心企业。《Inc.》杂志将该公司列为第六个最具创造力的食品公司，其创始人"在《财富》杂志'40 位 40 岁以下'的年轻精英榜单上名列前茅"。Kim Girard, "Expanding the Menu," *BerkeleyHaas* magazine, Fall 2013, 11.

② Sylvia Ann Hewlett, "Mentors Are Good. Sponsors Are Better," *New York Times*, April 13, 2013.

甚至走了下坡路……与（导师）形成鲜明对比的是，赞助人更信任受赞助人，正因为这种信任，所以会提供指导和批评意见……赞助人把受赞助人推荐给重要人物并让他们承担重要任务。在做这些的时候，他们让自己看起来很得体庄重。赞助人敢于冒险，他们期待受赞助人有出色的表现和忠诚。[1]

321

第三世界的职场友谊

纵观西方历史的大部分时期，中下层阶级的女性发现，为了家庭，要想保持身体和灵魂的完整是非常耗费精力的。努力提供食物、住处和衣服使每一个清醒的时刻都倍觉煎熬。对全球处于穷困边缘的人来说，情况仍然如此。

世界银行估计，2011 年有十二亿人（占世界人口的百分之十七）生活在极度贫困之中。[2] 其中，百分之七十是女性。[3] 在发展中国家，乡村和城市社区的经济往往以当地妇女的工作和她们之间的友谊为中心。女性掌握着这些社区的经济大权，因为她们对自己孩子的生存负有责任。在过去的二十年里，这种情况引起了社会企业家和主要贷款机构的共鸣，它们以小额信贷的形式向城市和农村的贫困人口提供极少量的资金，帮助他们开创、建立和维持可赢利的经营项目。根据国际机会组织的数据，百分之九十

---

[1] Sylvia Ann Hewlett, "Mentors Are Good. Sponsors Are Better," *New York Times*, April 13, 2013.

[2] "World Bank Group: Working to End Extreme Poverty and Hunger," World Bank, http://www.worldbank.org/mdgs/poverty_ hunger.html.

[3] "Approach to Microfinance," Opportunity International, http://opportunity.org/what - we - do/microfinance.

三的小额贷款发放对象是女性。① 小额信贷机构并没有忘记，避免违约的最佳方式不是将这些贷款发放给单个女性，而是将这些贷款发放给相互信任的女性朋友群体。

在这样一个"信任"团体中，每位女商人都在实践自己的创业愿景。一个人可以买台缝纫机和一些用品，这样她就可以在家缝制衣服，同时照顾自己的小孩；另一个人可以编织传统纺织品出售。她们经营商店、小农场、美容店、兽医诊所以及许多其他企业。这样的"信任"团体提供内置的监督机制。这个团体里的妇女互相支持，分享生意经，她们互相担保贷款，所以没有必要作抵押。如果一个成员在月度还款时遇到困难，这个团体一定知道其中的原因，比如家里有人生病了，机器坏了，或者存货太多了。该团体拥有应急存储，可以帮助成员渡过难关。借方的信用得以维持，她的企业得以生存，而贷方则仍保持正常运转。这个强大的经济引擎的润滑剂是什么？是女性朋友之间的信任。

322

精打细算：婴儿潮时期出生的女性的友谊重塑

近几十年来，婴儿潮时期出生的女性往往比男性多活五至十年，延续着这个近百年的趋势。② 这些年长女性当中有很大一部分是单身，或者是因为丧偶，或者是因为离婚，或者是因为她们从未结过婚。从五十岁左右开始，许多单身女性决定采取行动，

---

① "Approach to Microfinance," Opportunity International, http：//opportunity. org/what－we－do/microfinance.

② "New England Centenarian Study," Boston University School of Medicine, http：//www. bumc. bu. edu/centenarian.

以确保她们能以一种尽可能有尊严和幸福的方式度过一生。对一些人来说，这最终将意味着投资老年公寓。近五十万婴儿潮时期出生的女性已经和室友住在一起，这种居住方式似乎有了飙升的苗头。

323　　正在形成的关于合住的一般参数表明，这个年龄段的女性更喜欢某些公共空间，如客厅和厨房。大多数人强烈认为，只要讲清楚、说明白限制条件并达成共识，例如，打扫时间、打扫什么、是否允许客人留宿，合住人就可以和平、愉快地相处。在这样的公共生活中，对大多数参与者来说，有明确界定的私人空间是非常重要的。① 许多律师和财务顾问强烈要求，即使是即将长期合住的好朋友也应该签订正式合同，因为无数意料之外的事情可能会使最善意的计划中断。现在出现了很多网站，旨在就如何构建长期合住的协议，帮助这些女性做出明智的决定。需要权衡的问题包括财务、社交互动、健康和情感需求。

　　这种"黄金女郎"的安排方式常常让女性可以住在比她们自己负担得起的更好的社区。生活开销只占一个单人家庭开支的一小部分。凯伦·布什、路易丝·米什内斯特和让·麦奎林就是这样的例子。她们合著了《我的房子和我们的房子》（*My House Our House*）一书，生动地回顾了她们在一个高雅社区组建的合住家庭的经历，她们三人中任何一个都无法靠自己单独实现这个梦想。②

　　独立女性可能会惊讶地得出结论，把自己的住房资源与一位老

① Karen M. Bush, Louise S. Machinist, and Jean McQuillin, *My House Our House: Living Far Better for Far Less in a Cooperative Household* (Pittsburgh: St. Lynn's Press, 2013), 56 – 58.

② Karen M. Bush, Louise S. Machinist, and Jean McQuillin, *My House Our House: Living Far Better for Far Less in a Cooperative Household* (Pittsburgh: St. Lynn's Press, 2013), 56 – 58.

朋友共享是一件很有意义的事情。五十九岁的佩妮和五十一岁的凯西把这个经济原则付诸行动。自十五年前各自离婚后，她们成为亲密的朋友，尽管都非常重视隐私，但有时也幻想着能够成为室友。后来，由于一次灾难性的房屋改建，凯西需要一个地方借住几周。佩妮非常愿意帮助她的朋友，但改建工程竟然持续了九个月。结果，这两个最好的朋友发现她们成了最棒的室友。佩妮解释说："在那九个月里，我们发现我们每个人都有自己想要的独处时间。继续为两户人家付房租看起来似乎很可笑。"①

这种安排有很多备选方案，包括从许多为此目的而设计的网络资料库中寻找以前不认识的室友。② 有时，对一方或双方来说，这个方案是一种过渡性安排。这让很多女性轻松地产生寻找合住伙伴的想法，如果对方很古怪或者室友很糟糕，她们还可以有别的选择。对于刚刚丧偶或离异的人来说，同住的过渡期也是天赐良机，她们可能会发现自己在应付各种复杂情绪的同时，手头还有一大笔钱。对处于过渡期的女性来说，一个不需要立即付费，而且价格公道的生活环境给了她们适应新现实的时间，使她能够做出合理的财务决定。

许多这样短期的、价格公道的合住安排最终培养出了友谊。这虽然很不可思议，但还没到令人瞠目结舌的地步。即使对那些非常注重隐私的人来说，在生病或有急事的情况下，她们知道有个人会

① Sarah Mahoney, "The New Housemates," *AARP The Magazine*, July 2007, www. aarp. org/home - garden/housing/info -2007/the_ new_ housemates.
② 为获取有用的资源列表和关于合住的好建议，参见 Karen M. Bush, Louise S. Machinist, and Jean McQuillin, *My House Our House: Living Far Better for Far Less in a Cooperative Household* (Pittsburgh: St. Lynn's Press, 2013)。一个很好的在线合住信息交换所是社区生活的女性网站，网址为 www. womenliv ingincommunity. com。

帮忙，所以，这也许还是一个不错的减压方法。据说玛格丽特·米
325 德曾说过："人类最古老的需求之一，就是当你晚上不回家时，有
人想知道你在哪里。"

虽然这一趋势刚刚兴起，但处于这种情况下的女性正在重塑女
性友谊："我们不仅仅是朋友……就像三个姐妹融洽相处，享受着
彼此的陪伴，却各走各的路。"① 随着传统的核心家庭模式失去主
导地位，友情家庭正成为另一种形式的替代家庭。

虽然我们假装生活中最珍贵的人际关系依然不受经济因素的影
响，但我们的社交和财务状况确实影响了我们形成友谊的方式。几
个世纪以来，女性友谊的基本要素一直保持不变，尽管如今寻找和
维系朋友关系的方法看起来大不相同。当代女性在离家很远的地方
工作，她们比以往任何时候都需要同时处理多项任务，而且她们正
326 在寻找创造性的方法来打好生活递到她们手里的这副牌。

---

① 为获取有用的资源列表和关于合住的好建议，参见 Karen M. Bush, Louise
S. Machinist, and Jean McQuillin, *My House Our House*：*Living Far Better for Far
Less in a Cooperative Household*（Pittsburgh：St. Lynn's Press, 2013）。一个很好的
在线合住信息交换所是社区生活的女性网站，网址为 www. womenlivi
ngincommunity. com。

第十四章

男女之间有"纯友谊"吗?

风流韵事时有发生,哪里可能有性关系,哪里就有流言蜚语。

——西尔维娅·安·休利特 (Sylvia Ann Hewlett),
人才创新中心,2013 年

只是性行为而已,这有什么复杂的? 你所做的只是定期与某个你喜欢的人一起做两个人最爱做的事。不会有事的!

——乔治娅·威兹德姆 (Georgia Wisdom),
同床好友的十条规则,2014 年

《当哈利遇到莎莉》是罗伯·莱纳和诺拉·艾芙隆这两位偶像大师联合执导的电影，由比利·克里斯托和梅格·瑞恩担纲主演。出于多种原因，它引起了一代人的共鸣，但其核心问题是永恒的：女人和男人可以"只是朋友"吗？对于那些不知何故对 1989 年这一文化水印念念不忘的人，哈利投了反对票，他说："性是男女友情的拦路虎。"然而，我们已经看到，异性之间的友谊是女性友谊史上不可或缺的一部分，尽管它有些复杂。就像两个女人之间的浪漫友谊一样，两性之间的关系从明确的无性关系发展为积极的性爱关系。

一对柏拉图式的朋友伴侣会发现自己不断地对对方说他们"只是朋友"。这种声明需要凸显了传统的社会期望，即跨性别关系会牵涉性行为，而且性关系比柏拉图式的关系更重要。时至今日，仍有一种偏见认为，男女之间的假定关系要么是恋人要么是潜在伴侣，不可能是朋友。想一想浪漫喜剧，从《无事生非》到电视节目《老友记》，其中的基本前提是，如果一对男女一开始是朋友，他们最终一定会成为恋人或者上床，不管愿意还是不愿意。

童年时期沉重的文化或宗教包袱会妨碍两性间的友谊。① 原教旨主义派别尤其反对家庭成员以外的男女接触。正如许多提倡男女分开的穆斯林酋长之一在 YouTube 上发布的那样："男孩不可能和女孩只做朋友，除非他的荷尔蒙有问题。"② 在美国的许多校园里，

---

① 有关童年社会化过程中性别隔离的讨论，参见 Eleanor E. Maccoby, *The Two Sexes*: *Growing Up Apart*, *Coming Together* (Cambridge, MA: Harvard University Press, 1998)，118 – 152。

② Sheikh Assim L. Alhakeem, "Is Friendship Between Man and Woman Allowed in Islam?" www. youtube. com/watch? v = Z8hXwIQG2sw.

男孩和女孩之间的友谊开始受到更微妙的压力，那就是来自别人的戏弄。① 随着年龄的增长，这些压力越来越大，从别人的戏弄变为八卦和夫妻间的嫉妒。友谊中的性别中立虽然越来越普遍，但在我们的文化中，就像职场平等一样，它并不是板上钉钉的。或许性别中立比职场平等更难实现，因为尽管"平等机会法"可以通过，男女员工比例和薪资水平可以衡量，但友谊无法用客观标准来评判。

328

　　当代社会学家报告说，很难确定男女之间无性友谊的性质。一项研究表明，在这样的关系中，男人会为最终的性接触敞开大门（比如哈利），而女人则会通过戴有玫瑰色彩的无性眼镜乐观地看待友谊（比如莎莉，直到她最终改变了主意）。②

　　另外，今天的西方文化认为友谊是成功婚姻的重要组成部分。这并不是一个全新的观点。即使在古典时期，也有一些哲学家认为婚姻中可能会产生某种友谊。我们注意到，亚里士多德主张丈夫和妻子在友谊中共同生活。两千年后，蒙田重申了这个观点，即美满的婚姻更像友谊而不是爱情。在 18 世纪的法国和英国，伙伴式婚姻在上层社会变得很流行。在当今美国，婚姻伴侣之间的平等是人们普遍的理想。许多结婚誓言都宣称，配偶最好是朋友。当然，结了婚的人都希望相敬如宾地与伴侣共度晚年。

---

①　"因为对方表现出'喜欢'或'爱'另一性别的孩子的迹象，所以孩子们互相取笑，这种取笑大概切断了对另一性别的孩子可能采取的行动。"参见 Eleanor E. Maccoby, *The Two Sexes*: *Growing Up Apart*, *Coming Together*（Cambridge, MA: Harvard University Press, 1998），289。

②　Adrian F. Ward, "Men and Women Can't Be 'Just Friends'," *Scientific American*, Oct. 23, 2012, http: //www. scientificamerican. com/article/men – and – women – cant – be – just – friends/.

柏拉图式友情

与男性建立柏拉图式的关系一直是女性友谊历史的一部分。举个例子，16 世纪阿维拉的特雷莎写到她和一位牧师的亲密友谊，这位牧师给她讲述了他和教区的一位女居民之间的暧昧关系。这个故事充满了性的张力。然而，特雷莎在友谊和浪漫之间保持着界限。

1631 年，在威廉·达文南特爵士创作的戏剧《柏拉图恋人们》中，英语中第一次出现了用来指代表面上没有性行为的男女关系的"柏拉图式"一词。主人公欧里西娅和坦德一开始是柏拉图式的朋友，在智力上并驾齐驱。他们最终成为顺从的妻子和控制欲强的丈夫。从达文南特到哈利身上，我们可以看出，在男女友情中，性是不能被控制的。

然而，现代社会确实为跨性别友谊提供了相当多的机会。我们希望在我们的学校里，在杂货店排队的队伍中，在下一个办公室工作站，在战区，在附近的操场上，能看到男人和女人在一起。在所有这些情况下，人类都是相互联系的。在工作中，我们与同事建立了紧密的关系，与他们在一起，我们度过的醒着的时间可能比与家人在一起的时间还要多。我们与男女室友、队友、同学、战友和父母的关系变得越来越亲密。作为一种文化，我们可能正开始超越哈利的观点——男女之间的友谊是不现实的。

大学迷情：随波逐流

今天的年轻人挑战了陈旧的文化标准，创造了一种新的美国模式：从小就成为朋友的男孩和女孩早就度过了他们的童年时代，步入二十岁和三十岁的年华。即便这些年轻人最终找到另一半结了婚

（比他们的父母和祖父母都要晚得多①），但是这些当代的友情群体仍继续接纳男性和女性、单身人士和情侣、同性恋者、双性恋者、变性者以及异性恋者。

对许多成年人来说，在学校和大学里建立的友谊仍然是最牢固的。无论是否与这些朋友保持密切的联系，他们都是一个人一生中缔结后续关系的试金石。虽然文化偏见继续阻碍女性在劳动力市场上顺利发展，但高等院校的男性再也不能轻易忽视同样受过良好教育的女同学的能力和潜在的友情。如今，在本科院校、医学院和法学院，女性人数超过了男性。因此，女大学生比以往任何时候都有更多的机会与其他女性或者男性建立深厚的友谊。当然，课堂并不是高中和大学友谊的唯一场所。有两种趋势增加了男女在校园里的互动：对女性体育运动的大力支持，以及男女混合宿舍的普及。前者为后者铺平了道路。

《教育法》第九条

1972 年通过的美国《教育法》第九条禁止在任何接受联邦资助的教育项目中实行性别歧视，包括体育项目。鉴于在男子足球和篮球项目上投入了数十亿美元，《教育法》第九条意味着对高中和大学女子体育项目的巨大的、前所未有的支持。女子团队最终获得了一些重要资金，数百万女性因此获得了参与激烈又不失愉快的团队竞争的机会。然而，很少有学校有两倍的资金为女孩复制男孩的运动。为了省钱，许多低接触运动的队伍变成了男女混合组队。尤其在高中，男女混合组队的方法适用于滑雪、冲浪、游泳、越野、

331

---

① Adrian F. Ward, "Men and Women Can't Be 'Just Friends'," *Scientific American*, Oct. 23, 2012, http://www.scientificamerican.com/article/men-and-women-cant-be-just-friends/, 169.

田径、三项全能、射箭、高尔夫和空手道等运动项目的团队。在热身赛中，运动员与同性别的对手竞争，但一起受训与搭车相处后，女孩和男孩们开始深切关注整个团队的表现。他们开始彼此关心。他们通过分享胜利的喜悦、失败的痛苦、训练的艰辛，以及作为一大群男生、女生在场外或巴士上所共同消磨的时光而相互联结在一起。（出于对传统主义和青少年荷尔蒙的考虑，更衣室仍然是男女隔离的。）非竞技课外活动也经历了同样的去性别化——比如象棋俱乐部、辩论队、机器人俱乐部等。

在女性友情方面，《教育法》第九条首先和最重要的是给予女性同等的机会，让她们获得共同取得成就的重要团队经验。它促使很多女孩尊重自己和其他女性的运动能力。它还有助于改变男孩对赛场上女孩的看法，无论她是啦啦队队长还是队友。简而言之，《教育法》第九条为体育运动中建立的友谊奠定了广泛的基础，在其颁布之前，体育运动主要是男性的特权。

在《教育法》第九条中，体育运动不仅对女孩大力开放，男女混合组队的形式还给队员更多的机会互相了解，而不是把对方视为某种神秘的"对立"生物。从教室到会议室，团队成员之间的友情很容易渗透到生活的其他方面。虽然不一定每次都顺利，但是在21世纪，招募女孩进入以前由男性主导的科学、工程、脱口秀和数学领域变得更加容易了。只要有机会，很多女孩可以和最聪明的男孩一起设计和编程。她们越来越多地以平等的地位加入传统的男性职业中，并可能在工作中找到男女朋友。

男女混宿对男孩同样意义重大

21世纪的年轻女性从小到大都是在男女合校的环境中长大的。上大学时,她们毫不费力地就适应了男女混合的宿舍条件。对于那些经历过性别革命的人来说,这种转变并非无缝对接。男女混合宿舍出现在20世纪70年代初,最初是按楼层分开的,每个走廊都有高度警惕的宿舍管理人员把守。隔离的楼层宿舍很快演变成共享的楼层宿舍,然后是共享的浴室。今天,许多校园允许男女学生共享一个房间。虽然不分性别的住宿形式仍然存在争议,但大多数年轻人普遍认为这是正常的。[①] 333

　　大学管理人员试图控制的那些疯狂的荷尔蒙究竟发生了什么?它们依然弥漫在空气中,让校园时而充满了性感的活力。结果就是:在一起畅饮啤酒,一起快乐骑行,或者一次过于激烈的谈话之后,男女感情就会溜过光滑的友谊天平,从柏拉图式的关系变成情爱关系。这些情景的结局并非必然出现的。今天的年轻女性既珍视与女性的友谊,也珍视与男性的友谊。因此,当如今的年轻人把友谊变成性行为时,除了强奸这种糟糕的可能性,还有四种可能的结果:(1)这种关系变成爱情;(2)年轻人会尴尬地承认他们只是一时情不自禁,理智被蒙蔽了,事后双方当作什么事都没发生,继续做朋友;(3)他们觉得情况变得有点失控,于是决定不再见面;(4)他们可以决定成为同床好友,继续保持性关系,但是竭力避免陷入复杂情感的旋涡。

同床好友

　　"同床好友"这个标签被越来越多的人使用。根据一个在线咨询专栏的说法:"只是性行为而已,这有什么复杂的?你所做的只

---

① J. Bradley Blankenship, "Gender-Blind Housing: College Men and Women Living Together," Kinsey Confidential, 20 Sept. 2011, http://kinseyconfidential.org/genderblind - housing - college - men - women - living/.

是定期与某个你喜欢的人一起两个人最喜欢做的事。不会有事的！"①

334　　在大多数情况下，似乎同床好友之间的友情比性更重要。② 女孩们的共识是，没有爱情的性爱迟早会失去乐趣。一名女大学生描述她最好的朋友——一个男生，和她试着谈恋爱，但没有成功，于是他们重新恢复为"只是"朋友的状态。考虑到他们对长途公路自行车共同的热爱，这个女孩继续珍惜她的这段友情："我很高兴我们尝试过了。因为现在不必再为此疑惑了，所以我们就可以在一起单纯地玩儿。"这位运动员说，她通常更喜欢和男孩交朋友，而不是和女孩交朋友，因为她不喜欢女孩"评价我和挑我的缺点，她们可能是被动攻击型的"③。

　　女性经常被指责具有被动攻击性，这种品质使一个人可以在挖苦别人的时候，假装并没有这样的意图。男性的攻击性通常被描述为直接攻击。无论这些性别刻板印象是不是真的，这位年轻女性显然发现，与男性进行友好竞争比她从其他女性那里感受到的含蓄挑战更可取。

　　另外，有些男人很自然地把女人当作他们最好的朋友。当一个这样的男人和他交往八年的浪漫女友决定结婚时，他为他的两位伴郎选择了他的两个最好的女性朋友。这两位"新郎女伴"穿的裙

---

① Georgia Wisdom, "10 Rules for Friends with Benefits," Thought Catalog, 8 Feb. 2013, http://thoughtcatalog.com/georgia - wisdom/2013/02/10 - rules - for - friends - with - benefits/.

② "（2000 年）研究人员让三百零九名大学生（男女各占一半）完成了一项关于非浪漫的跨性别友谊中的性行为的调查……百分之五十一的受访者与他们无意约会的跨性别朋友发生过性关系……百分之四十四的有性行为的人最终将这段关系转变为浪漫关系。"参见 Michael Monsour, *Women and Men as Friends：Relationships Across the Life Span in the 21st Century* (Mahwah, NJ：Lawrence Erlbaum Associates, 2002), 138 - 139。

③ 2013 年 10 月与作者的对话。

子不同于伴娘的服装，不过仍然与新娘的礼服同色系。她们站在新郎那边。

越来越多的婚礼策划者发现，男性会选择女性作为"伴郎"。相反的情况则不那么常见。虽然很多女性乐意为自己的男性朋友挺身而出，但很少有男性愿意拿着一束花做伴娘，不管新娘对他来说是多么亲密的朋友。旧的双重标准似乎在这方面起了作用：虽然女性承担男性的传统角色是一种进步，但男性承担女性的角色仍被许多人视为一种文化降级。

职场中的跨性别友谊

在学生时代就已经适应了与男性交朋友的文化氛围，如今的年轻女性在男性主导的领域中更加具有竞争力。在许多公司，相比较过去的男员工，新员工中的男性对女同事更有帮助。自女权主义革命以来，大多数成年母亲的儿子被鼓励以前辈没有的方式平等对待女性。反过来，工作场所的平等也为整个成年期的跨性别友谊铺平了道路。未来的年轻男女可能有一天会非常惊讶地发现，这样的友谊曾经被认为是不寻常的。

我们注意到，职场上的友谊，尤其是以导师和赞助人的身份出现的友谊，可以让一个人顺利地从事专业工作。然而，即使到了21世纪，"性"依然会成为障碍。这发生在比哈利想象的更广泛的背景下。近年来，与工作相关的性别问题引起了媒体的广泛关注。在讨论中，普遍存在的一个问题是，为什么女性没有按照她们的人数和能力晋升到最高管理层。一些有力的回答指出，当男性高管（目前他们占赞助人的大多数）把年轻女性置于他们的职业羽翼之下时，就会出现性陷阱。对此，人才创新中心的西尔维娅·安·休利特这样说：

工作场所总是存在性紧张。风流韵事时有发生，哪里可能有性关系，哪里就有流言蜚语……性或它的幽灵困扰着赞助人，导致男性和女性回避实现事业目标所必需的职业伙伴关系，因为他们害怕受到指责、解雇或起诉。①

随着越来越多的男孩和女孩在性别中立的环境中长大，他们对友谊的态度将在未来的工作中发挥重要作用。就像大多数文化变革一样，这个过程很可能是前进两步、后退一步的断断续续的过程。

标签之外的友情

在 20 世纪的最后几十年里，fag hag（喜欢与男同性恋相处的女性）这个带有贬义的词指的是那些通常更喜欢和男同性恋而不是女性一起出去玩的女孩或女人。这个词的造词反映了这种友谊的日益流行，至少从公众的粗略角度来看是这样的。大多数人没有意识到这样的友谊并不是新生事物。在过去相当长的时间里，许多女性与男同性恋者是最好的朋友，不管她们是否清醒地意识到她们朋友的性取向。但在 20 世纪 70 年代和 80 年代，更多的同性恋者出柜，向全世界宣布他们的性身份。不管怎样，本应与这些男性成为亲密朋友的女性，现在可以以更诚实、更开放的方式与他们相处了。

到了 20 世纪 90 年代，男同性恋者和他们的朋友们嘲讽地接纳了 fag hag 这个词，从而化解了这个词所带来的伤害。同样，在女性友谊的性别平等转折中，lesbros（喜欢与女同性恋相处的男性）得

---

① Sylvia Ann Hewlett, "As a Leader, Create a Culture of Sponsorship," *Harvard Business Review*, 8 Oct. 2013, https：//hbr. org/2013/10/as－a－leader－create－a－culture－of－sponsorship.

以堂而皇之地进入女同性恋酒吧。这些男人喜欢女同性恋朋友的陪伴，她们通常也会和他们一起出现在典型的男性活动场所。这种跨越友谊界限的不同性别认同迅速被电视节目所滥用，尤其是在《威尔与格蕾丝》和《欲望都市》等情景喜剧把有魅力的直女描绘成有魅力的男同性恋的亲密朋友之后。在荒谬地删减"净化"后，这些节目让男同性恋更容易被主流美国人所接受。就像大多数情景喜剧一样，这些节目最终失去了它们的声望，fag hag 和其他用来形容直男直女与同性恋、双性恋和跨性别者之间关系的讽刺标签也随之消失。曾经不合常理的社交关系变成了陈词滥调。2009 年，Salon. com 前艺术编辑托马斯·罗杰斯言辞犀利地将 fag hag 一词批得体无完肤：

> 如今，当一个成年女性把自己描述成一个 fag hag 时，感觉就像她随意找件名牌披在身上，或者告诉我她认识一个名人似的——一种社交炫耀性消费……那么，传说中那些热爱男同性恋的直女们究竟怎么了？希望他们能更准确地称呼自己，比如说"朋友"。①

238

离婚女性

在现代历史的大部分时间里，中产阶级的已婚妇女通过丈夫的社会地位和关系建立起友谊。当我们审视 20 世纪中期的夫妻友谊时发现，丈夫的朋友和他朋友的妻子也应该是他妻子的朋友。当

---

① Thomas Rogers, "Ladies: I'm Not Your Gay Boyfriend," *Salon*, 18 Aug. 2009, http: // www. salon. com/2009/08/18/rogers_ fag_ hag/.

然，根据不同的性格，会有不同的交叉组合。这种夫妻对夫妻的友情关系中，女性如果幸运的话，彼此会相处得非常融洽。

20 世纪 60 年代末到 70 年代，随着鼓励更宽松性观念的自由恋爱时代的到来，两对夫妻之间友谊形式的车轮停止了转动。随着文化范式的转变，两对夫妻友情中的四个人发现他们一起躺在同一张床上。1969 年上映的电影《鲍勃、卡罗尔、特德和爱丽丝》捕捉到了这种交换伴侣的趋势，以及对婚姻不忠的新倾向，打破了传统友好的友情夫妻模式。由于各种复杂的原因，婚姻从来没有重新成为一种稳定的社会结构。如今，百分之五十的初婚都以失败告终，这一统计数字对女性的友谊有着深远的影响。[1]

当夫妻离婚时，他们会让共同的朋友陷入尴尬的境地。不邀请你最好的朋友参加派对是难以想象的，但现在他们离婚了，你会邀请谁呢？前夫、前妻，还是都邀请呢？如果分手的夫妻中有一方再婚了，你是不是应该邀请那对新人，而不是被取代的那位朋友呢？就这样吗？或者，更糟的是，把两对再婚夫妇安排在同一个房间里？

许多离婚的女性在分手后的社会群体重组中遭遇挫折。即使在今天，用离婚女性来形容一个女人也会引起轻微的不满。（而与之对应的术语"离婚男性"几乎从未被使用过。）对于那些把友谊集中在婚姻上的女性来说，这可能是毁灭性的。

幸运的是，在 21 世纪，离婚女性有了新的友谊选择。众多的在线交友群体中有很多人，她们围绕某个活动寻找伙伴，而不是四处寻找伴侣。虽然没有人愿意认为婚姻不会长久，但高离婚率确实意味着，与以往任何时候相比，与处于类似境况的人交朋友，人们更容易得到慰藉。

---

① 2012 年 3 月 22 日，第 49 号国家卫生统计报告。

结识新朋友，不忘老朋友/新朋友是银，老朋友是金

虽然婚姻的持久性值得怀疑，但人们对终生朋友的重视并没有减弱。许多中年人发现，他们年轻时那些成群的男男女女现在想要偶尔重聚，尽情欢乐。20 世纪 70 年代和 80 年代，出生在婴儿潮时期的人们生活在男女混合宿舍的时代，现在，在互联网的帮助下，他们很容易在整个群体中维持友谊。1988 年毕业的一位女性 340 写了一篇关于她的男女混合宿舍室友的文章，他们在她的交际圈中仍然很重要：

> 虽然时间无情地流逝，但是我们经常保持联系，无论是在追悼会上、同学会上，还是在其他场合……在 Facebook 上，我们继续分享我们不同的生活……所以，为了两层楼的男生和一层楼的女生，为了那么多的眼泪，为了那么多的欢笑，感谢宿管办公室……朋友是我们选择的人。①

毫无疑问，美国的跨性别友谊正处于上升阶段。这就是说，哈利的确有道理。性使友谊变得复杂，常常把朋友关系变成直截了当的情爱关系。然而，真正友谊的一种崇高之美是它不受语言的限制。当我们可以简单地称一个人为朋友时，为什么还要用"普通朋友"这个词呢？

341

---

① Linda Dodge Reid， "The Family We Choose," *Stanford magazine*，2013 年 9 月 10 日。

女性友谊：地久天长

　　通过对西方世界女性友谊的文化历史研究，我们见证了其从近乎隐形状态到具有标志性突出地位的非凡演变。从大约公元前600年到公元1600年的两千多年里，男性文献记录者或文学创作者们一直忽视、贬低或公开诋毁女性之间的友谊。然而，在过去的四百年里，随着女性渐渐拥有读写能力、社会经济资源和公民权利，她们的友谊也变得越来越显性。因此，21世纪的女性正在为两性树立起友谊的典范。

　　女性作为朋友究竟有什么特别之处？几个世纪以来，在不同环境、语言和文化中，究竟是什么使女性友谊历久弥新？虽然在不同的社会背景下，朋友呈现出不同的外在表现形式，但女性之间的友谊是否具有一些普遍特质呢？两个16世纪的"爱讲闲话"的英国人、两个17世纪的法国贵族、两个18世纪的美国精英、两个19世纪的德国或美国甜心、两个20世纪的非裔美国人或女权主义"姐妹"、两个21世纪的职业女性，她们之间的友谊究竟有什么共同之处呢？从书中列举的诸多例子中，我们确定以下四点为女性友谊的基本要素。

　　1. 情感。女性之间的友谊具有情感核心，从同理心、善意到激情和爱，强度不等。"情感"这个词似乎适用于我们所研究的每一个案例。如果没有"情感"，即一种亲切的感觉或对他人的喜爱，就没有女性之间的友谊。

2. 自我表露。女性可以跟朋友坦率地交谈，不必担心遭到报复，并且期待得到同情和支持。的确，女性朋友之间交谈时会说一些闲话；她们相互吐露秘密；她们互相倾诉一些不想让父母、配偶或孩子知道的事情。很久以前，一位男士向本书的一位作者痛苦地抱怨："女人之间可谓无所不谈！"今天，他更有可能问自己，为什么在六十五岁的时候，朋友那么少。 344

3. 身体接触。女性朋友互相触摸、拥抱、亲吻（通常不触碰嘴唇），她们还互相揉背、洗头发、涂指甲油。她们交换衣服，互相打扮。她们照顾病人和处于弥留状态的人。无论什么原因——先天的还是后天的，与男性朋友相比，女性朋友之间的身体接触更加广泛。男人们确实也会相互拥抱并拍打对方的后背（或者，在体育运动中，拍打对方的屁股），同性恋伴侣有时也会手拉手在宽容的场所散步，但在美国，直男们通常不会像女性那样热情地拥抱对方。

4. 相互依赖。从少女时期到成为职业女性、母亲、离异者或寡居者，女人们一直相互依赖。女生们互相探询如何着装、如何吸引心仪的男朋友，以及如何准备下一场考试。职业女性依靠朋友来帮助辨别哪个工作环境更好，或怎样与上司协商加薪事宜，更不用说如何应对性骚扰了。妈妈们互相帮助，彼此支撑：到学校接孩子，或者开车带半支球队的孩子去足球比赛的现场。正在经历离婚的女性向朋友寻求同情和支持。单身、离异和寡居的女性定期相约 345 打网球、骑自行车、去读书俱乐部、一起度假，有时还会以两人或多人的形式生活在一起。从传统上看，女性们团结在一起是为了帮助彼此应对困难，共度时艰。

友谊的未来

纵观西方历史以及当今美国社会，我们一直走在一条曲折的女性友谊之路上。友谊被定义为一种建立在相互关爱、同情、互惠和支持基础上的个人关系，如今已成为美国人生活中的宝贵要素，尤其是对女性而言。不同于婚姻，友谊没有法律基础，没有经济义务，没有需要抚养的孩子，也没有"坚守一生"的承诺。虽然由于工作负担沉重，性欲减退，孩子无法管束，以及经济受挫等原因，许多美国人的婚姻意外搁浅或者触礁沉没，但是那里的友谊之花绽放得空前绚烂。美国社会正开始远离这样一种观念，即婚姻伴侣可以满足一个人的所有需求。无论在婚前、婚姻中，还是婚后，正是朋友填补了人们的需求缺口。他们也许是那些劳累过度、压力过大，或处于大家庭边缘地带的人的救命稻草。

346 　　我们预见，对美国的男性与女性而言，友谊的未来将包括至少三个被认为是"女性化的"侧面：情感、自我表露和相互依赖。这些特点已经被公众讨论，男人们会问，是否有必要压抑自己的情绪并且闭上嘴巴，难道只有这样才显得更有男子汉气概吗？从他们的妻子、女性同事和女性朋友那里得到启示，一些男性发现，如果与朋友分享更多的个人信息，可以激发对其人际关系和职业生涯更有价值的反应。过去，男性可能通过表现出一种强硬的独当一面的形象来维持自己的权威，但如今，对一些人（也许很多人）来说，更公开地表达自己的情感，承认自己对朋友、同事以及妻子的依赖，已不再罕见。

　　如果把友谊视为两个（或两个以上）人之间的一种自我表露或情感联系，就会偏离原有的强调同志情谊、休戚与共和公民义务的男性化观念。作为士兵并肩作战，作为队员站好队伍，这些男性形象并没有消失，同时出现了另外一幅画面：像女人一样，男人开始面对面地看着对方，开口表达自己内心最深切的关注，或者互相拥抱，并把这些视为爱的信号。[①]

正如在友谊的某些方面，男性具有了"女性化"的特征一样，女性也开始承担起曾经只属于男性的军事及公民角色。现在，她们像战友一样与其他男男女女并肩站在一起，与参众两院同僚平起平坐。亚里士多德的社会理想建立在男人与男人之间友谊的基础之上，如今，这一理想已发展成为一个由两性准备共同承担公民义务的社会。

女性和男性都进入了一个新的领域，在这个领域中，异性之间的友谊变得越来越普遍。在中小学、大学和工作场所，在教堂、俱乐部和服务机构，在网站和聚会上，男人和女人轻松地融合在一起，这可能会让他们维多利亚时代的祖先感到无比震惊。男女朋友和普通朋友构成了新的领域，在这些领域，美国人正在努力创造超越性别成见的更有价值的关系。

我们的历史表明，女性将继续向世界展示如何成为朋友。由于婚姻具有不确定性，因此友谊很可能继续为女性提供她们原本在家

[①] 从前，美国人认为法国男人很奇怪，因为他们竟然互相亲吻对方的脸颊。看到希腊男子手拉手走在大街上，美国游客不禁惊讶万分。现在，这样的情景已不再令大家诧异。我们已习惯看到男人之间礼节性的亲吻和拥抱，甚至是在他们以前从未出现过的场合里。在经历了漫长的将含蓄视为美德、禁用拥抱表达情感的阶段后，史上第一次，中国的家庭成员和朋友开始采用西方的拥抱方式。看看2014年5月9日《纽约时报》上的一篇文章，标题是《谨慎的中国人用拥抱获得慰藉》：（北京机场）一对年轻的中国夫妇用拥抱迎接一对年长的夫妇。女人们先拥抱在一起，年轻男子紧随其后，动作僵硬地拥紧年长男子。此时，在彼此的拥抱中体现出了年龄和性别问题，女人们主动示好，男人们（尴尬地）紧随其后。

庭中获得的各种支持。我们可以期待看到更多的单身女性作为室友
生活在一起，更多的老年女性拥有共享家庭。在我们乌托邦式的幻
想中有这样一个世界，在那里，无论男女都身处友爱的氛围之中，
348　这使整个社会更加关注每个个体的福祉。

致　谢

感谢诸多热心人士的帮助，感谢他们为这个项目做出的贡献。

感谢斯坦福大学的米歇尔·R. 克莱曼性别研究所的资深学者苏珊·格罗格·贝尔、伊迪丝·盖利斯和卡伦·奥芬；感谢劳工经济学家埃默里塔·迈拉·斯特罗教授、英国荣誉教授芭芭拉·盖尔皮、宗教生活学院院长简·肖教授，还有来自斯坦福大学图书馆特别藏品部的玛蒂·陶尔米娜。卫斯理大学历史系荣誉教授朱迪思·C. 布朗以及历史学家阿利达·布莱克为本书的章节提供了有益的建议。社交媒体见解由 SheWrites. com 创始人凯米·维考科夫、GirlFriendCircles. com 的创始人沙斯塔·尼尔森，以及 RedRoom. com 的创始人艾沃里·麦迪逊提供。商业顾问安妮·利特温分享了她的观点。安娜·帕特巴赫发表了富有洞察力的评论。欧文·亚罗姆阅读并评论了整部书稿。保罗、朱莉娅和格雷西·布朗使我们对 21 世纪的友谊有了新的认识。

特别感谢哈珀－柯林斯出版社的编辑盖尔·温斯顿，以及我们的文学经纪人桑德拉·迪克斯特拉，是她守护着这本书，直到最后完成。当然，还有那些分享友谊故事的慷慨女性，实在难以计数。

索 引

（索引页码为原著页码，即本书边码）

图书在版编目（CIP）数据

闺蜜：女性情谊的历史/（美）玛丽莲·亚隆，
（美）特雷莎·多诺万·布朗著；张宇，邬明晶译．——
北京：社会科学文献出版社，2020.8（2023.2 重印）
（思想会）
书名原文：The Social Sex：A History of Female
Friendship
ISBN 978 - 7 - 5201 - 5461 - 1

Ⅰ．①闺…　Ⅱ．①玛…　②特…　③张…　④邬…　Ⅲ.
①女性 - 友谊 - 人际关系 - 社会史 - 世界　Ⅳ.
①C912.15

中国版本图书馆 CIP 数据核字（2020）第 043069 号

· 思想会 ·

闺蜜：女性情谊的历史

著　者/〔美〕玛丽莲·亚隆（Marilyn Yalom）
　　　　〔美〕特雷莎·多诺万·布朗（Theresa Donovan Brown）
译　者/张　宇　邬明晶

出 版 人/王利民
责任编辑/吕　剑
责任印制/王京美

出　版/社会科学文献出版社·当代世界出版分社（010）59367004
　　　　地址：北京市北三环中路甲 29 号院华龙大厦　邮编：100029
　　　　网址：www.ssap.com.cn
发　行/社会科学文献出版社（010）59367028
印　装/北京盛通印刷股份有限公司

规　格/开　本：880mm×1230mm　1/32
　　　　印　张：10.5　插　页：0.25　字　数：258 千字
版　次/2020 年 8 月第 1 版　2023 年 2 月第 2 次印刷
书　号/ISBN 978 - 7 - 5201 - 5461 - 1
著作权合同
登 记 号/图字 01 - 2019 - 6900 号
定　价/78.00 元

读者服务电话：4008918866